조국을 위한 그리스도인의 임무

이 송 오 목사 지음

말씀보존학회

이 책을 내면서

『현명한 자의 말들은 찌르는 막대기들 같고, 집회의 선생들에 의해 박힌 못들 같으니, 한 목자에게서 받은 것이라』(전 12:11). "설교"(sermon)는 『찌르는 막대기』처럼 날카롭고 예리해야 한다. 끝이 무딘 설교가 아니라, 회중의 무지와 무감각을 일깨우고 완고한 마음과 양심을 꿰뚫을 수 있는 "날카로운 설교"가 되어야 하는 것이다. 또한 "인상적인 설교"가 되어야 하는데, 벽에 단단하게 박힌 『못』같이 "진리의 말씀"을 회중의 마음속에 잘 지워지지 않도록 충분히 각인시켜야 하는 것이다.

오늘날 배교한 기독교계의 교회들에서, "교인들 대부분이 설교에 집중하는 시간"은 10분도 채 안 된다는 기사를 읽은 적이 있다. 교인들이 "하나님의 말씀을 듣는 것"을 지루해하는 것이다. 그래서 대다수의 목사들이 설교 강단에서 "성경 말씀"을 전하기보다 소위 "쇼"와 "코미디"를 보여 주며, 많은 흥밋거리와 구경거리를 제공한다. 이런 이유로 "설교 시간"은 짧아지고, 그 자리는 "경배와 찬양," "열린 예배," "춤과 율동," "CCM과 워십," "선정적인 록과 랩," "연극과 드라마," "영화 예배," "연예인 및 스포츠 스타들의 간증(?)" 등으로 채워진다. 이런 잡다한 것들로 시간을 때우고 사람들의 감정을 고조시키지 않고서는 예배를 오랜 시간 지속할 수 없는 것이다.

그렇다면 왜 교인들은 설교에 집중하지 못하고 흥미를 잃는 것인가? 우선 "하나님의 말씀을 향한 사랑"이 없기 때문이다. 악한 현 세상에 육신의 정욕과 쾌락을 만족시켜 주는 요소들이 너무 많은 것이다. 그런 "쾌락적인 요소들"에 비해 "설교를 듣는 것"은 매우 따분하고 지루한 일이다. 또 한 가지 이유는 설교 강단에서 올바르게 보존된 성경을 가지고 진리의 말씀을 있는 그대로 선포하지 않기 때문이다. 강단이 죽어 버린 것이다! "강단이 죽었다는 것"은, "설교 말씀에 능력이 없다는 것"을 의미한다. 교인들의 마음 밭을 완전히 갈아엎어서, 그들을 주님 앞에 겸손히 부복시킬 능력이 없는 것이다. 양심에 강한 찔림을 주고, 마음에 도전과 열정과 진리의 말씀에 대한 희열을 불러일으킬 수 있는 힘이 없는 것이다. 교인들의 가슴을 뜨겁게 하고 지속적으로 뛰게 만들 능력이 전혀 없다!

예배에서 "설교"는 매우 중요하다. 설교에 실패하면, 그 교회는 죽는다! 강성한 교회는 설교가 살아 있고 힘이 있다. 성도들이 설교를 듣고 깨달아 헌신하는 데 실패하면, 영적 전쟁의 승리도, 사역의 열매도 기대할 수 없다. 정말로 하나님의 말씀의 소중함을 알고 그 말씀을 사랑하는 성도는, 설교 시간에 흐리멍덩하고 지겨워하는 눈빛으로 앉아 있지 않고, 총명하고 살아 있는 눈빛으로 진리의 말씀에 집중하고 반응한다.

"바빌론 포로"에서 돌아온 유대인들이 예루살렘 성전과 성벽을 재건한 이후, 일곱째 달 "장막절 기간"에 "물문" 앞에 있는 거리로 모였을 당시(느 8장), 그들은 서기관 "에스라"가 읽어 주는 "율법책"을 매우 주의 깊게 경청했다. "에스라"는 백성들의 감정을 고조시키기 위해 "전자 기타"나 "드럼," "경배와 찬양"을 동원하지 않았고, 그들의 주의를 집중시키기 위해 "스피커 볼륨"을 한껏 높이지도 않았다. 그는 오직 "율법책," 곧 "하나님의 말씀"만을 펼쳐 읽었을 뿐이고, 이에 백성들은 모두 일어나 단상에서 선포되는 말씀에 경청했다. 바로 그때 이 "책," 즉 "살아 있는 진리의 성경"이 바빌론 포로에서 돌아온 유대인들의 마음에 엄청난 지각 변동을 일으켰다. 백성들이 자기들의 죄에 대해 철저하게 뉘우치면서, 그에 따른 대대적인 부흥과 개혁을 경험했던 것이다.

이것이 바로 "하나님의 말씀"의 위대한 역사다! "하나님의 말씀"은 단단하게 굳어진 마음을 부드럽게 한다. 마음 밭을 파고 쟁기질하여 뒤집어엎고, 깊숙이 박혀 있는 돌들을 완전히 제거하거나 잘게 부수어 마음을 평평하고 고르게 펴 주는 것이다. "하나님의 말씀"은 교만한 마음을 낮추고 겸손하게 하며, 회중의 "옷"이 아닌 "마음"을 찢게 하여 눈물로 회개하게 만든다.

이렇듯 진정한 부흥이 일어나려면 "설교 강단"이 살아나야 한다. "피에르 베르톤"(Pierre Berton)은 "오늘날의 설교는 영이 부재하고, 부적합하며, 따분하고, 잘못 전달되고 있다."라고 말했다. 말씀을 듣는 회중의 마음속에 죄에 대한 "강한 찔림"과, 생각 및 행동의 변화를 이끌어 낼 정도의 "강한 도전"을 주어, 그들로 하여금 세상과 죄들로부터 온전히 성별케 하고, 하나님을 첫째로 사랑하고 두려워하는 신실하고 헌신적인 일꾼들이 되게 해야 할 "설교"가, 교인들의 지루해하는 눈과 가려운 귀를 즐겁게 해 줄 "만담"이나 "도덕적인 훈화" 정도로 대체되고, 심지어 "비진리를 퍼트리는 도구"가 되어 성도들의 믿음을 뒤엎고 있는 것이 오늘날 "배교한 교회들의 현실"이다. 우리나라에 복음이 전파된 이래로, 이 민족을 복음화시킨 설교자가 단 한 명도 나오지 않은 원인이 여기에 있다. 강단이 완전히 죽어 버린 것이다! 이에 대한 책임은 전적으로 "올바르게 보존된 성경"과 "성경적 교리"를 거절한 목사들에게 있다. 지금이라도 그들은 "올바른 성경"으로 돌아오든지, 아니면 지금 당장 강단에서 내려와야 한다. 자격 없는 설교자들이 계속 강단에서 설쳐 대면, 부흥과 개혁은 더욱더 요원해질 수밖에 없다.

이에 우리는 "성경침례교회" 창립 33주년, 〈한글킹제임스성경〉 출간 31주년에 즈음하여, 참된 설교의 진수를 맛볼 수 있는 "설교집," 〈조국을 위한 그리스도인의 임무〉를 출간하게 되었다. 이 책은 〈아주 중요한 약속〉, 〈진리는 먼 곳에 있지 않다〉, 〈어느 설교자의 호소〉에 이어, 이송오 목사의 "네 번째 설교집"이다. 우리의 "구주"요, 위대한 "설교자"이신 주 하나님께서는 이렇게 선포하신다. 『**하나님의 말씀은 살아 있고 능력이 있어 양날이 있는 어떤 칼보다도 예리하여 혼과 영, 그리고 관절과 골수를 찔러 가르고 마음의 생각들과 의도들을 판별하느니라**』(히 4:12). 독자들은 본 "설교집"을 읽으면서, 능력 있는 말씀이 생생하게 전파되는 "설교 현장"에 와 있는 듯한 느낌을 받을 것이다. 아무쪼록 살아 있는 성경을 통해 날카롭고 예리하게 전달되는 강력하고 도전적인 설교를 모두 다 경험할 수 있기를 바란다.

2025년 4월 12일

성경침례교회 담임목사 박 승 용

목 차

이 책을 내면서 · 3

제1장 조국을 위한 그리스도인의 임무 · · · · · · · · · · · · · · · 11

제2장 주가 말하노라 · 21

제3장 당신의 아말렉은 어떻게 되었는가? · · · · · · · · · · · · 34

제4장 주님을 기쁘시게 한 사람들 · · · · · · · · · · · · · · · · · · 48

제5장 예수님께서 전해 주신 하나님의 말씀들 · · · · · · · · · 59

제6장 지옥은 마귀를 위한 곳 · 67

제7장 누가 십자가의 원수들인가? · · · · · · · · · · · · · · · · · · 78

제8장 하나님께 경배하라 · 86

제9장 혼의 가치는 얼마나 될까? · · · · · · · · · · · · · · · · · · · 98

제10장 모세의 고뇌 · 110

제11장 버림받은 자들 · 124

제12장 카인의 종교와 아벨의 믿음 · · · · · · · · · · · · · · · · · 137

제13장 첫사랑을 저버린 교회 · 153

제14장 하나님께서 우리가 알기를 원하시는 것 · · · · · · · · · · · · · · · 166

제15장 제사장들의 왕국 · 182

제16장 하나님의 계획과 인간의 시도 · 195

제17장 성령의 전인 것을 알지 못하느냐? · · · · · · · · · · · · · · · · · · 207

제18장 썩지 않을 면류관을 바라라 · 219

제19장 세상 교인들의 영적 상태 · 231

제20장 특혜와 임무 · 244

제21장 울며 이를 갈고 있으리라 · 258

제22장 하나님을 기억하라 · 272

제23장 남을 실족시키는 죄 · 285

제24장 심판과 은혜 · 297

제25장 그리스도의 천 년 통치 · 309

이 책에 인용된 성경 구절은 〈한글킹제임스성경〉입니다.

1

조국을 위한 그리스도인의 임무

『각 사람은 위에 있는 권세자들에게 복종하라. 하나님께로부터 나오지 않은 권세는 없나니, 모든 권세는 하나님께서 정하신 것이라. 그러므로 누구든지 권세자에게 거역하는 자는 하나님의 율례를 거역함이니 거역하는 그들은 스스로 저주를 받게 되리라. 이는 다스리는 자들은 선행에 대해서는 두려움이 되지 아니하고 악행에 대해서만 됨이니 네가 권세자를 두려워하지 아니하기를 원하느냐? 선을 행하라. 그러면 그에게서 칭찬을 받으리라. 그는 너에게 선을 이루기 위한 하나님의 일꾼이라. 그러나 네가 악을 행하면 두려워하라. 이는 그가 헛되이 칼을 가지고 다니지 아니하기 때문이라. 그는 하나님의 일꾼이요, 악을 행하는 자에게 진노를 행하는 보응자니라. 그러므로 너희가 반드시 복종해야 하나니 진노 때문만이 아니라 양심 때문이기도 하니라. 이러한 연유로 너희가 세금도 내는 것이니 이는 그들이 하나님의 일꾼들로서 바로 이 일에 전념하게 하려 함이니라. 그러므로 모든 사람에게 의무를 다하되 국세를 낼 자에게 국세를 내고 관세를 낼 자에게 관세를 내며 두려워할 자를 두려워하고 존경할 자를 존경하라. 서로 사랑하는 것 외에는 아무에게도 어떤 빚도 지지 말라. 다른 사람을 사랑하는 사람은 율법을 이룬 것이니라』(롬 13:1-8).

세상에는 여러 경우의 불쌍한 사람들이 있습니다. 부모가 없는 고아, 경작할 농토가 없는 가난한 사람, 자식이 없는 무연고자, 집이 없이 떠도는 유랑자(거지)들… 이들 모두는 불쌍한 사람들입니다. 이런 경우들은 개인적인 처지와 형편이지만, 단순히 개인에게만 국한되는 것이 아니라 민족 전체가 고통과 수모를 겪는 경우가 있는데 그것은 바로 국가가 없는 무국적자들입니다.

우리는 역사에서 나라를 잃은 민족들을 보아 왔습니다. 그중 대표적인 경우가 이스라엘 민족입니다. 이 민족은 하나님께로부터 선별되어 가장 사랑받던 민족이었으나 하나님을 두려워할 줄 몰랐기 때문에 결국 B.C. 721년에 북왕국 이스라엘은 앗시리아로 잡혀갔고, 남왕국 유다는 B.C. 606년에 바빌론으로 잡혀가 70년간을 살아야 했습니다.

그런 환난을 겪으면서도 이들은 하나님의 진노에 아랑곳하지 않고 계속 말씀을 거역하는 삶을 살았고, 하나님께서도 그분의 법을 철회함 없이 여전히 엄격히 다루셨습니다. 이들이 예수님을 십자가에 처형한 이후에는 하나님께서도 이들을 버리셨습니다. A.D. 70년 이후 세계 도처에 산재해서 살았던 이들은 체류국에서 갖가지 수모와 약탈을 감수해야 했을 뿐만 아니라 제2차 세계대전 중에는 히틀러에 의해 6백만 명이 무자비하게 학살되었습니다.

나라 없는 설움은 이같이 뼈저린 것입니다. 1948년 5월 14일 그들이 팔레스타인 땅에 이스라엘 국가를 다시 세울 수 있었던 것은 성경의 예언을 하나님께서 이루신 것이며, 그분의 자비와 능력으로 가능했던 것입니다.

이스라엘이 팔레스타인에 자리 잡자 이스라엘의 부재 시에 땅을 차지했던 팔레스타인 사람들은 땅을 잃게 되었고, 정착할 땅을 차지하려는 그들과의 전쟁으로 팔레스타인에는 총성이 끊이지 않게 되었습니다. 그러다가 평화안에 합의함으로써 PLO도 팔레스타인의 가자 지역과 여리코에 최소한의 정착지를 할애받았습니다.

하나님께서 지상에 세우신 기구는 가정(창 2:18-25), 국가 정부(롬 13:1), 교회(행 2장) 이렇게 세 가지입니다. 이 중에서도 교회는 특수한 기구입니다. 이는 하나님의 영으로 거듭난 사람들만이 그 구성원이기 때문입니다. 그리스도인이 교회에 충실해야 하는 것은 두

말할 필요도 없지만 그리스도인은 가정에도 충실해야 합니다. 가정에 충실하지 못한 그리스도인은 하나님 앞에 간증을 잃게 되고 다른 사람에게 그리스도인임을 드러내지 못하게 되기 때문입니다.

본문은 그리스도인이 국가에 대하여 갖는 의무를 말해 주고 있습니다. 국가는 어머니의 품 같은 곳입니다. 우리 민족도 일본 제국주의에 36년간이나 나라를 빼앗긴 쓰라린 경험을 지니고 있습니다. 이 국가를 지키려다 무참히 생명을 빼앗긴 수많은 순국선열들이 있고, 6·25 같은 국가 위기에 국가와 민족을 지키기 위하여 산화한 전몰 용사들이 있습니다. 국가를 지키는 일은 곧 자기 가족과 친척과 이웃을 지키는 일입니다. 그리스도인에게는 일반 국민이 갖는 국가법이 명시한 국방의 의무와 납세의 의무 외에도 자신의 신앙생활을 영위할 수 있는 자유로 인하여 더욱 열심히 의무를 수행해야 합니다. 신앙의 자유를 보장하는 정부에 대해서 그리스도인들은 복종하고 거역해서는 안 됩니다.

조국을 위한 그리스도인의 임무
I. 그리스도인은 국가의 법을 준수해야 합니다.

그리스도인이 한 국가의 국민으로서 국가의 법을 준수해야 하는 이유는 다음 세 가지입니다.

첫째, 하나님께서 그 국가를 세워 주셨기 때문입니다. 통치의 권세가 주어진 근원은 하나님이십니다. 하나님의 허락 없이는 어떤 국가도 세워질 수 없습니다. 바빌론의 느부갓네살은 이 점을 깨달은 왕이었습니다(단 4:17,25,32).

둘째, 통치의 권세를 부여해 주신 분은 하나님이시기 때문입니다(롬 13:1,2). 통치권 행사에 있어 독재자의 죄까지도 하나님께서 책임지신다는 의미가 아닙니다. 권세를 부여받은 사람은 하나님을 두려워할 줄 아는 지혜를 받아야 되는데도 하나님을 두려워하지 않고 마귀와 손잡고 악정을 펼침으로써 운명을 바꾸고 패망의 길로 가는 것을 봅니다. 악정은 반드시 패망한다는 것을 지금까지 역사가 증명해 주었습니다.

셋째, 국가의 법에 저항하는 것은 하나님을 거역하는 것입니다. 왜냐하면 하나님께서 그 국가의 정부를 허락하셨기 때문입니다. 정부의 수립뿐만 아니라 전쟁 역시 하나님이 허락하지 않으시면 일어날 수 없습니다. 왜냐하면 전쟁에서의 승리와 패망 또한 하나님의 손에 달려 있기 때문입니다.

조국을 위한 그리스도인의 임무
II. 그리스도인은 선을 행해야 합니다.

그리스도인은 선을 행함으로써 의무를 다해야 합니다(3,4절). 하나님께서는 권세자들에게 칼을 주셨습니다. 체형은 창세기 9:5,6에서 제정된 후 아직 철회되지 않았습니다. 권세자들에게 주어진 이 칼은 악에 대한 보응입니다. 즉 불법, 부정, 죄악, 탈법 등을 다스리는 보응용 칼인 것입니다.

그리스도인이 준수해야 할 법은 하나님의 법이요, 세상 법보다 훨씬 우위에 있습니다. 그것은 사랑의 법입니다. 이 사랑의 법의 원칙은 포용하는 것이지만, 동시에 불의한 것은 수용하지 않는 것임을 분명히 알 수 있습니다(고전 13:6). 따라서 그리스도인은 죄를 죄라고 지적하며, 악을 악이라고 외치고, 불법은 불법이라고 드러낼 수 있어야 합니다. 그렇게 할 때 선한 대상을 악으로부터 보호할 수 있게 됩니다. 선과 악, 정의와 불의, 준법자와 불법자를 한데 섞어서 뭐가 뭔지 모르게 만드는 것은 하나님의 방법이 아닙니다. 하나님은 구분 짓는 분이시지 아무것이나 한데 묶는 분이 아니십니다. 하나님은 분리시키는 분인 반면에 사탄은 한데 결합시키는 존재입니다. 그러므로 교회 통합 운동은 하나님께서 하시는 일이 아님을 알 수 있습니다.

최근에 구속 영장이 발부된 모 기업 노조간부들이 조계사와 명동성당으로 도피하여 그들의 보호를 받으며 노동 운동을 했습니다. 노동 운동은 가입 노동자의 권익을 보호하기 위해서 조성된 합법 기구인데, 왜 이들은 절이나 성당에 숨어들어 노동 운동을 하는 것일까요? 얼핏 보아도 떳떳하지 못한 행동 같습니다.

당국이 절과 성당 관계자들에게 여러 번 그들을 내어 달라고 신

사적으로 요청했음에도 불구하고 중들과 신부들이 무슨 특권이라도 있는 것처럼 매번 거절한 채 불법자들을 보호해 주고 있습니다. 급기야 당국은 공권력을 투입하여 그들을 연행했습니다. 그런데 그 조치에 대하여 명동성당은 "대통령이 사과하라," "장관을 파면시키라"고 주장하며 "시국 선언"을 발표하고, 언론을 통해 성소를 침탈당했다고 주장합니다.

법을 위반한 쪽이 누군데 큰소리를 치는 것입니까? 이것이 바로 준법과 불법의 경계를 없애 버리는 것입니다. 이것이 바로 선과 악의 구별을 무너뜨리는 것입니다. 이것이 바로 정의와 불의 간의 경계선을 지워 버리는 행위인 것입니다.

그리스도인은 하나님이 세우신 권위에 대항하지 않습니다. 성경대로 믿는 침례교도들은 그 정부가 신앙의 자유에 간섭하거나 박해하지 않는 한 반정부시위에 가담하지 않습니다. 종교라는 명목하에 여러 가지 형태의 종교를 포함시키고 있는 것은 잘 모르는 세상 사람들의 기준일 뿐입니다. 역사적으로 볼 때, 정치에 관여한 종교 집단들은 그들이 만든 세속화된 세력을 통해서 정치 세력 가운데 어떤 기득권을 얻어 보려고 했고, 그렇게 조성된 것이 바로 바티칸 제국이 아닙니까?

그들은 종교를 이용하여 국가 권력에 힘을 써 보려는 것입니다. 그래서 정의구현사제단이나 사제평의회 같은 것을 만들어 제사보다는 젯밥에 마음이 있는 그들의 저의를 드러내고 있습니다. 그들은 콘스탄틴 이래 한 번도 주 예수 그리스도를 섬겨본 적이 없습니다. 그 대신 "하나님"이 아닌 "천주"와 "마리아"를 섬기는 것입니다. 그들은 성경대로 설교한 적이 없습니다. 그들의 미사는 사회적, 정치적, 문화적으로 세속화된 종교적 발언들로 가득 차 있는 것입니다.

조국을 위한 그리스도인의 임무
III. 그리스도인은 양심에 따라 행해야 합니다.

그리스도인들은 처벌 때문이 아니라 양심 때문에 의무를 다해야 합니다(5-7절). 사람이 처벌이 두려워서 자기 의무를 수행한다면 그것은 소극적인 자세가 될 것입니다. 우리는 양심을 거스르지 않기 위하여 의무를 수행합니다. 내가 준수해야 할 법이 나의 신앙 양심에 거리끼지 않는 한 당연히 복종해야 합니다(행 24:16, 딤전 1:19; 3:9; 4:2).

우리나라에서 세금을 가장 잘 내는 사람들은 월급을 받는 사람들입니다. 과거에 전 산업은행 총재를 지냈던 노동부 장관이 대출의 대가로 뇌물을 받아 구속되었던 적이 있습니다. 세금 횡령 공무원들이 있었고, 곳곳에서 세금 비리가 있었습니다. 그러나 그리스도인들은 국가에 세금을 내는 데 속이지 않습니다. 그리스도인들이 국가의 경영에 직접 참여할 기회는 적습니다. 그러나 국민으로서의 의무는 성실히 수행한다는 자세가 그리스도인의 원칙인 것입니다.

조국을 위한 그리스도인의 임무
IV. 그리스도인은 두려워해야 할 자를 두려워하고 존경할 자를 존경해야 합니다.

그리스도인은 두려워할 자를 두려워하고 존경할 자를 존경해야 합니다(7절). 이것을 위해 다음 두 가지를 반드시 기억해야 합니다.

첫째, 그리스도인은 대통령과 집권자들을 위해 기도해야 합니다(딤전 2:1,2). 그리고 기도의 내용에는 다음과 같은 내용들이 포함되어야만 합니다.

1. 선정을 베풀도록
2. 위로부터 오는 지혜를 얻도록
3. 선한 법을 제정할 수 있도록
4. 공정히 법을 집행하도록
5. 우상과 돼지머리 앞에서 기우제를 지내지 않도록

둘째, 치리자들을 저주해서는 안 됩니다(전 10:20). 오히려 한 사람의 국민으로서 자신의 역할을 돌아보아야 합니다. 그리스도인으로서 국민의 의무와 책임을 다해야 하는 것입니다.

한 나라의 국민 중에 하나님과 교통할 수 있는 신실한 사람들이 있다는 것은 그 나라의 재산이요, 복입니다. 이보다 더 가치 있는 일이 있겠습니까? 그 나라에 거듭난 그리스도인이 많다는 것은 곧 하나님으로부터 복을 보장받는다는 말과 같습니다. 성경대로 믿는 그리스도인이 많으면 자연히 범죄도 줄어들고, 파렴치한도 줄어들며, 교통사범도 줄어들게 되어 질서가 확립되고, 의무와 책임을 이행하는 사람의 수가 많아지는 사회를 이룩할 수 있습니다. "성경을 읽는 국민은 노예로 살지 않는다."라고 조지 워싱턴은 말했습니다.

결 론

하나님의 말씀은 국가에 의무를 다하라고 명시하고 있습니다. 선한 양심으로 하나님의 법에 복종할 줄 아는 사람은 국가의 법을 쉽게 위반하지 않는 국민입니다. 거기에다 우리는 사랑의 법을 따르고 있기에 법을 준수하는 데 좀처럼 실패하지 않습니다. 이는 신앙 따로 현실 따로인 비현실적 삶의 체계를 가진 것이 아니라 신앙의 양심을 따라 생활하는 국민이기 때문입니다.

하나님의 자녀들은 믿음의 기틀 위에서 사랑을 실천할 수 있는 사람들입니다. 향기를 지녔기에 드러내는 것이지 인위적으로 향기를 드러냄으로써 하나님의 자녀가 되는 것은 아닙니다. 그리스도인은 그리스도인 이웃에게 먼저 자신에게 믿음과 사랑이 있음을 보일 수 있어야 하고, 나아가 그것을 실천할 수 있는 인격자임을 보일 수 있어야 합니다(벧후 1:1-11).

2

주가 말하노라

『주가 말하노라. 내가 만들 새 하늘들과 새 땅이 내 앞에 항상 있는 것같이 너희 씨와 너희 이름도 항상 있으리라. 주가 말하노라. 새 달부터 그 다음 새 달까지, 또 안식일부터 그 다음 안식일까지 모든 육체가 내 앞에 경배하러 오리라. 그들이 나가서 나를 거역하여 범법했던 사람들의 시체들을 볼 것이라. 이는 그들의 벌레가 죽지 아니하며 그들의 불도 꺼지지 아니할 것임이니 그들은 모든 육체에게 **가증함이 되리라**』(사 66:22-24).

성경을 믿지 않는 사람들은 그물 없이 투망질을 하는 사람들과 같습니다. 그런 사람들은 교회를 아무리 오래 다니고 성경공부를 해도 아무것도 깨달을 수가 없습니다. 성경을 읽고 성경이 말씀하신 그대로 믿기만 하면 공부를 잘하는 것인데 어떤 사람은 자기가 성경을 해석하려고 하다가 엉뚱한 교리를 만들어 내기도 합니다. 또 성경을 영적으로 해석하려고 하는 사람이 있는데 그 사람은 아예 성경을 닫아 놓은 사람보다 못한 것입니다. 그것은 지식이 아니고 오류요, 누룩이기 때문입니다.

그렇다면 누가 성경을 영적으로 해석합니까? 성경을 믿지 않는 사람들과 성경을 나누어서 볼 수 없는, 성경을 모르는 사람들이 영적으로 해석을 하는 것입니다. 그런 사람들 중에는 칼빈, 댑니, 카이퍼, 핫지, 메이첸 등이 있고, 그와 동류를 이루는 사람들의 가르침을 분별없이 수용하는 우리나라의 개신교 목사들 98% 이상이 성경을 영적으로 해석하고 있는 것입니다.

성경을 잘못 해석해서 가르치는 사람은 극악한 죄인입니다. 무책임하게 독소를 퍼뜨림으로써 많은 사람들을 진리로부터 돌아서게 하고 결국에는 그들을 진리를 대적하는 무리들로 만들기 때문입니다. 그것은 분명히 하나님의 일이 아니며 마귀의 일인 것입니다. 그래서 『**너희는 많은 선생들이 되지 말라. 이는 우리가 더 큰 정죄를 받을 줄 앎이니라.**』(약 3:1)라고 하셨습니다. 예수님께서도 서기관들과 바리새인들에게 『**위선자인 서기관들과 바리새인들아, 너희에게 화 있으리라! 이는 너희가 박하와 아니스와 커민의 십일조는 바치면서 율법과 공의와 자비와 믿음의 더 중요한 것을 빠뜨렸기 때문이라. 너희는 이것들도 마땅히 행하고 또 저것들도 저버리지 말아야 하리라.』(마 23:23)라고 책망하셨습니다. 십일조는 바치면서도 율법과 공의와 자비와 믿음의 더 중요한 것을 빠뜨린 자들에게 『너희 뱀들아, 독사들의 세대야, 어떻게 너희가 지옥의 저주에서 피할 수 있겠느냐?』(마 23:33)고 하셨습니다.

교회만 다니면 하나님께서 다 봐 주시는 것이 아닙니다. 육신적으로 하나님의 일을 하려는 사람은 어리석은 자입니다. 그렇기 때문에 성경을 제대로 알지 못하는 사람은 잘 알기 전까지는 가르치는 위치에 서면 안 됩니다. 하나님의 진리를 잘못 전하면 혼이 영원히 멸망하기 때문입니다. 이것은 매우 심각한 일입니다. 오늘 본문은 천년왕국에서 주님이 유대인들을 어떻게 다루시는가와 성경을 믿지 않고 복음을 거부했던 자들이 지옥에서 고통받게 되는 것을 예시해 주고 있습니다.

주님께서 하신 말씀
I. 성경을 문자 그대로 믿으라고 말씀하십니다.

주님께서는 무엇에 대하여 말씀하고 계십니까? 성경을 영적으로 해석하지 말고 문자적으로 믿으라고 하십니다.

천년왕국에서 가장 획기적인 주제는 이스라엘의 회복입니다. 그

때의 세상은 예수님께서 초림 때에 이스라엘에서 수립하려고 했던 그 왕국입니다. 주님은 초림 때에 "회개하라. 천국이 가까웠느니라."고 천국복음을 전하셨습니다. 침례인 요한도 예수님과 동일한 복음을 전하였습니다(마 3:2; 4:17). 천년왕국이 세워지면 성전이 예루살렘에 세워지고, 율법이 다시 주어지며(특히 마태복음 5,6,7장), 주님은 다윗의 보좌에서 이 세상을 통치하시는 것입니다. 그때는 절기와 안식일이 회복됩니다. 안식교인들은 정신을 차려야 합니다.

사도 바울은 이방인들에게 하나님의 은혜의 복음을 전했지만 예수님은 유대인들에게 천국복음을 전하셨습니다. 『예수께서 이 열둘을 보내시면서 그들에게 명령하여 말씀하시기를 "이방인들의 길로도 가지 말고, 또 사마리아인의 성읍에도 들어가지 말고, 다만 이스라엘 집의 잃어버린 양에게로 가라. 가서 전할 때, '천국이 가까이 왔다.'고 말하고, 병든 자들을 고쳐 주고, 문둥병자들을 깨끗하게 하며, 죽은 자들을 살리고, 마귀들을 내어 쫓으라. 너희가 값없이 받았으니 값없이 주라』(마 10:5-8). 이 말씀은 예수님께서 자신의 열두 사도들에게 직접 주신 능력으로 그렇게 하라는 것입니다.

하나님의 은혜의 복음은 그리스도의 십자가 없이는 이룩될 수가 없습니다. 그런데 예수님은 니코데모에게 죄인의 거듭남을 말씀하셨습니다. 여러분이 아셔야 할 것은 이 책은 요한복음이라는 사실입니다. 예수님께서 마태복음에서는 왕으로, 마가복음에서는 종으로, 누가복음에서는 인자로, 요한복음에서는 하나님의 아들로 제시되었는데, 하나님의 아들로서 니코데모에게 말씀을 하신 것입니다.

천국복음을 전하셨던 예수님은 왕으로서 전하셨지만 이스라엘 백성이 왕을 거부할 것을 예지로 알고 계셨기에 주님께서는 제자들에게 교회를 살짝 내비추신 것입니다(마 16:17,18). 이스라엘 백성이 예수 그리스도를 왕으로 받아들이고, 왕이 왕국을 수립하실 수 있었다면, 특히 사도행전 7장에서 스데판이 마지막으로 이스라엘에게 거국적으로 복음을 전했을 때 이스라엘이 복음을 받아들였다면 교회는 필요 없게 되는 것입니다.

예수 그리스도께서는 유대인의 왕으로 오셨지 이방인의 왕국을 세우려고 오신 것이 아니라는 사실을 알아야 합니다. 유대인들은 그들의 왕으로 오신 예수 그리스도를 거부하고 그분을 십자가에 처형하고 그의 피를 "우리와 우리 자손에게" 돌리라고 했습니다. 주님의 십자가의 죽음을 통해서 인류에 대한 하나님의 구원 계획이 확정되었기 때문에 그 복음을 믿는 모든 사람들은 주님의 몸인 교회 안으로 들어와서 구성원이 되고 하나님 나라의 백성이 되는 것입니다(롬 3:29,30; 4:24).

하나님의 나라에 들어간 사람들은 천년왕국과 새 하늘과 새 땅을 기다리면서 살고 있습니다(벧후 3:12-13). 성경을 알면 천년왕국이 보이고 영원 세계가 보이고 이러한 소망이 혼의 닻처럼 확고해집니다. 반면에 그렇지 못한 사람들의 믿음은 자기 자신도 세우지 못하는 것입니다.

주님께서 하신 말씀
II. 유대인들의 민족적 회복을 말씀하십니다.

주님께서는 무엇에 대하여 말씀하고 계십니까? 주님께서는 유대인들의 민족적 회복을 말씀하고 계시는데 소위 교회들은 이것을 부인하고 있습니다(23절).

이스라엘은 하나님의 아내입니다(호세아). 하나님께서 내어버린 아내를 다시 받아들이는 것이 이스라엘의 회복입니다. 이스라엘은 하나님의 모든 이적과 능력을 보았고, 하나님의 말씀을 받았으며, 하나님의 선지자들과 그리스도의 오심을 보고서도 전부 다 거절해 버렸습니다. 참으로 슬프고 개탄스러운 일입니다.『형제들아, 너희가 스스로 지혜 있는 체하지 않게 하기 위하여 이 신비를 너희가 모르기를 내가 원치 아니하노니 이는 이방인들의 충만함이 차기까지는 이스라엘의 일부가 완고하게 된 것이라. 그리하여 온 이스라엘이 구원을 받으리라. 기록된 바와 같이 "구원자가 시온에서 와서 야곱에게서 경건치 아니한 것을 제거하리라. 이는 내가 그들의 죄들을 없앨 때 그들에 대한 나의 언약이 이것임이니라." 함과 같으니라』(롬 11:25-27). 하나님께서는 이제 곧 이스라엘을 회복시켜서 새 언약을 맺게 되는 것을 하나의 신비라고 말씀하십니다.

그런데 무천년주의자들과 후천년주의자들은 하나님께서 이스라엘에게 주셨던 모든 약속들을 철저히 무시해 버리고 이스라엘을 영원히 버림받은 것으로 여기고 그렇게 가르치고 있습니다. 또 로마카톨릭과 개신교회는 그 약속들을 모두 가져다가 자기 것으로 만들어 버렸기 때문에 성경 해석이 안 되는 것입니다. 그래서 그들은 성경을 영적으로, 은유적으로 해석할 수밖에 없는 것입니다.

세상의 98%의 신학교가 성경을 영적으로, 은유적으로 해석하면서 학교놀이를 하고 있는 것입니다. 사람들이 그 학교를 나와서 안수받고 목사를 하고 있는 것입니다. 이런 상황에서 교회의 배교나 부패는 필연적입니다. 소경이 소경을 어떻게 인도할 수 있겠습니까? 이들은 세대주의를 배격하고 언약신학을 가르칩니다. 언약신학이란 구약과 신약을 나누는 것인데 이미 나뉘어 있기 때문에 더 이상 나눌 필요가 없습니다.

성경은 유대인들이 이제 팔레스타인 땅으로 돌아오게 되어 있다고 말씀합니다. 1918년까지만 하더라도 로마카톨릭과 개신교회가 교회들을 세움으로써 천년왕국을 확장시키는 것이라고 했다면 사람들이 속을 수도 있었습니다. 왜냐하면 유대인들이 당시에 아직 팔레스타인 땅으로 돌아오지 않았기 때문입니다. 그러나 지금은 우리 눈으로 보고 있지 않습니까? 이스라엘은 1948년 5월 14일에 독립을 했고, 유엔에 가입한 국가이며 매일같이 PLO와 아랍권의 테러분자들에 의해서 피를 흘리고 있습니다.

천년왕국의 독특한 점들은 새 달과 안식일이 다시 지켜지며 성전이 세워지고 모든 민족들이 해마다 만왕의 왕 되신 예수 그리스도께 경배드리기 위해 예루살렘에 와야 합니다. 만약에 오지 않으면 그들에게 비를 안 주십니다. 또 그들은 장막절(9-10월)을 지키게 되어 있는데 이 장막절은 스카랴 14:16에 있는 대로 예수 그리스도의 재림과 관련이 있는 것입니다. 그때는 주님이 이 땅에 계시기 때문에 구령을 하지 않습니다. 성경도 가르치지 않습니다. 아주 작은 자에서부터 큰 자에 이르기까지 모두가 다 주를 알기 때문에 더 이상 사람들은 주를 알라고 말하지 않게 됩니다. 그때는 예언하는 자가 있으면 그의 부모가 그를 칼로 찌른다고 했습니다(슥 13:3). 그러나 지금은 예수 그리스도께서 여기에 계시지 않고 셋째 하늘에 계시고, 영으로 우리 마음속에 계십니다. 두세 사람이 예수님의 이름으로 모인 곳에는 예수님께서 거기에 계시는 것입니다(마 18:20). 그래서 설교할 때나 기도할 때 거짓말로 하면 안 됩니다. 교제할 때에도 육신적으로 하면 안 됩니다.

우리가 일을 할 수 있는 때는 이 시대뿐입니다. 여러분은 지금 열심히 구령하며 거리에서 설교하고 성경을 가르치지 않으십니까? 그렇게 하지 않을 때가 옵니다. 복음도 끝날 때가 옵니다. 예수 그리스도께서 재림하시어 이 땅에 계시는데 복음이 무슨 필요가 있겠습니까? 주님은 초림 때 행사하지 않으셨던 모든 권능을 가지고 영화로운 몸으로 지상에서 통치하시는 것입니다. 그것이 바로 의의 왕이시고 화평의 왕이신 것입니다. 예루살렘의 이름은 『**주께서 거기 계시다.**』(겔 48:35)로 이름이 바뀌어지게 됩니다. 주님이 거기 계시기 때문입니다.

이스라엘은 원래 하나님께서 아브라함에게 약속하신 땅입니다(창 15:18-21). 천년왕국 때 그 땅을 분배받는데 나일강에서부터 유프라테스강까지의 에덴동산입니다. 그때 자연은 새롭게 태어납니다. 그리고 우리의 대적 사탄이 묶이고 사람들은 선한 일을 할 수 있는 모든 기회를 갖게 됩니다. 지금은 사탄이 너무나 강력하게 역사하기 때문에 진리를 따라 살려고 하면 온갖 고난과 박해를 받게 되어 있습니다(딤후 3:12).

주님께서 하신 말씀
III. 믿지 않는 자들이 받을 저주를 말씀하십니다.

주님은 무엇에 대하여 말씀하고 계십니까? 말씀을 믿지 않는 자들이 받을 저주와 멸망과 지옥을 말씀하고 있습니다. 『**그들이 나가서 나를 거역하여 범법했던 사람들의 시체들을 볼 것이라. 이는 그들의 벌레가 죽지 아니하며 그들의 불도 꺼지지 아니할 것임이니 그들은 모든 육체에게 가증함이 되리라**』(24절).

성경을 문자적으로 해석하지 않고 영적으로 해석하는 자들에게 지옥은 감옥보다도 시시한 곳으로 여겨질지 모릅니다. 지옥을 아예 무시하고 생각도 하지 않고 사는 자들입니다. 그들은 성경을 믿지 않고 지옥에 가게 될 사람들이 바로 자기들이라는 사실을 알고 성경에서 지옥을 지워 버렸습니다. 그리고 지옥을 의식하지 않으려고 하는 것입니다. 본문은 마가복음 9:44,46,48절에도 있는데 〈개역성경〉은 44,46절을 삭제시켜 버렸습니다. 지옥은 잠시 갇히는 곳이 아니라 영원히 고통을 받는 곳입니다. 사람으로 태어나서 무엇 때문에 지옥에 갑니까? 하나님의 말씀을 경청하지 않은 그 죄 때문에 지옥에 가게 되는 것입니다.

인간은 지옥에서 영원히 형벌을 받아야 마땅한데 예수 그리스도의 십자가의 보혈을 믿고 지옥에서 구조된 것이 얼마나 소중하며, 세상에 나가서 그 복음을 전하는 것이 얼마나 소중한 일인가를 알아야 합니다. 우리는 하나님의 사랑과 은혜를 묵상할 필요가 있습니다. 진심으로 구원받은 것을 확인하고 감사한다면 조용한 곳에서 주님의 죽으심과 사랑과 은혜를 묵상할 수 있어야 합니다.

요한계시록 6:8을 보시면 사망과 지옥이 의인화 된 것을 볼 수 있습니다. 『**이에 내가 보니, 보라, 창백한 말 한 마리가 있는데 그 위에 탄 자의 이름은 사망이요 지옥이 그 뒤를 따르니, 그들에게 칼과 굶주림과 사망과 땅의 짐승들로 땅의 사분의 일을 죽일 권세가 주어졌더라.**』 또 요한계시록 9:1-11에는 끝없이 깊은 구렁에 살던 자들이 밖으로 나오는데 그들의 모습은 인간과 동물의 부패한 모습으로 묘사되고 있습니다. 이사야 34:8-11은 요한계시록의 이 부분을 설명하고 있는데 거기서는 사람 대신 가마우지와 해오라기, 올빼미, 까마귀 등 동물들로 묘사하고 있습니다.

그리스도인은 하나님이신 아버지를 닮기에 아담이 잃어버린 그 형상을 우리가 구원받음으로써 성령으로 거듭나서 하나님의 형상을 받는 것입니다. 그래서 우리는 재림 때 예수 그리스도의 몸을 입게 됩니다. 우리 아버지를 닮았기 때문에 그 몸을 입게 되는 것입니다. 『**사랑하는 자들아, 이제는 우리가 하나님의 아들들이라. 우리가 어떻게 될 것인지는 아직 나타나지 아니하였으나 그가 나타나시면 우리가 그와 같이 되리라는 것을 아노니, 이는 우리가 그분 그대로 그분을 볼 것이기 때문이라**』(요일 3:2). 그러나 구원받지 못한 자들은 그들의 아버지를 닮습니다. 그들의 아비가 누구입니까? 붉은 용이고, 뱀이고, 붉은 벌레인데, 지옥에서는 그들의 벌레도 죽지 않고 불도 꺼지지 않습니다. 구원받지 못한 사람들의 최후의 상태는 불못에 있는 붉은 벌레인 것입니다. 예수님께서는 우리가 죄의 형벌을 면하고 지옥의 벌레가 되지 않게 하기 위해서 스스로가 벌레가 되신 것입니다. 『**그러나 나는 벌레요, 사람이 아니라. 사람들의 비방거리요, 백성들에게 멸시거리니이다**』(시 22:6).

결 론

세상은 성경을 모르므로 제멋대로 살아가고 있습니다. 로마카톨릭과 제도화 된 개신교회들은 성경을 영적으로 해석합니다. 그들은 성경이 실제로 이루어지지 않을 것이라고 믿는 것입니다. 그러면서도 그들은 복음교회, 진리교회라고 이름을 붙입니다.

마가복음 9:48,49에서 『그곳에는 그들의 벌레도 죽지 않고, 불도 꺼지지 아니하느니라. 모든 사람이 불로 소금치듯함을 받을 것이며, 모든 제물이 소금으로 소금치듯함을 받으리라.』라고 했는데 개역성경은 『모든 제물이 소금으로 소금치듯함을 받으리라.』를 삭제시켜 버렸습니다.

지옥을 설명한 다음에 제물을 다루고 계신 점에 여러분들은 유의하셔야 합니다. 제물은 제단 위에 올려놓고 불로 태우는 것입니다. 그런데 제물에는 반드시 소금을 뿌리며 태우도록 되어 있습니다(레 2:13). 이것은 무엇을 말합니까? 지옥에서 영원히 고통을 당하지 않으려면 지상에 있을 때 구원받으라는 것입니다. 그리고 자신을 거룩한 산 제물로 드리라는 것입니다. 『그러므로 형제들아, 내가 하나님의 모든 자비하심으로 너희에게 권고하노니, 너희 몸을 하나님께서 기뻐하시는 거룩한 산 제물로 드리라. 이것이 너희가 드릴 합당한 예배니라』(롬 12:1).

사탄과 사탄의 무리들은 지금 이 세상에서 복된 삶을 살고 나중에 고통을 받으라고 계속 복만 얘기하는 것입니다. 가난은 저주라고 가르치면서 3박자니 5박자니 하면서 축복 대성회를 열고 다니느라 지옥 같은 것은 생각할 겨를이 없습니다.

이 세상에서 인간이 해야 할 가장 소중한 일은 사람들에게 지옥이 실재함을 알리는 일입니다. 주님은 이 일을 그분의 교회에게 위탁하셨습니다. 이 일을 수행하지 않는 교회는 교회가 아닙니다. 이 시대를 사는 여러분들에게 위탁하신 일입니다. 이 일은 성경을 문자적으로 믿고 아는 사람들만 할 수 있는 것입니다. 주님은 이 말씀을 우리에게 들려주시기를 원하고 계시는 것입니다.

3

당신의 아말렉은 어떻게 되었는가?

『그때에 아말렉이 와서 르피딤에서 이스라엘과 싸우니라. 모세가 여호수아에게 말하기를 "우리에게서 남자들을 택하여 나가서 아말렉과 싸우라. 내일 내가 하나님의 막대기를 내 손에 들고 산 정상에 서리라." 하니라. 그러므로 여호수아는 모세가 자기에게 말한 대로 행하여 아말렉과 싸웠고 모세와 아론과 훌은 산 정상으로 올라갔으니, 모세가 자기 손을 들면 이스라엘이 이기고, 그가 손을 내리면 아말렉이 이기더라. 그러나 모세가 손이 무거워지니, 그들이 돌을 가져다가 모세 아래다 놓더라. 그가 그 위에 앉자 아론과 훌이 하나는 이편에서 하나는 저편에서 모세의 손을 붙들어 그의 손이 해가

질 때까지 그대로 있더라. 여호수아가 칼날로 아말렉과 그의 백성을 쳐부수니라. 주께서 모세에게 말씀하시기를 "이것을 책에 기록하여 기념하게 하고 여호수아의 귀에 되풀이해서 들려 주라. 이는 내가 하늘 아래에서 아말렉의 기억을 완전히 없앨 것임이라." 하시니라. 모세가 제단을 쌓고 그것의 이름을 여호와닛시라 부르고 말하기를 "이는 주께서 대대로 아말렉과 싸우리라고 주께서 맹세하셨기 때문이라." 하더라』(출 17:8-16).

그리스도인의 삶은 그 자체가 영적 전쟁입니다. 그리스도인 개개인이 영적 전쟁에 투입된 그리스도의 군사됨을 망각한 사람은 자신을 지킬 수 없음은 물론이요 자기 가정과 교회도 지켜 낼 수가 없습니다. 그 사람이 자기의 본분을 망각하고 엉뚱한 짓을 하고 다닐 때 동료 군사들은 전쟁을 하느라 얼마나 많은 피땀을 흘리는지 알아야 합니다.

우리가 일주일에 세 번 교회에 모이는 것은 영적 전쟁에 투입된 병사들이 다시 집결지에 모여 사망 몇 명, 부상 몇 명, 실종 몇 명, 현재 몇 명 등 그 상황을 파악하는 것입니다. 모세오경의 네 번째 책인 민수기는 각 지파의 인원을 검거하고 파악하는 책입니다. 왜냐하면 광야의 이스라엘은 모두 군대였기 때문입니다.

이스라엘이 르비딤에 왔을 때 물이 없어 곤궁에 처하게 되었습니다. 이백만 명이 먹고 가축이 마시려면 얼마나 많은 물이 있어야 되는지 상상이 가실 것입니다. 주님께서는 모세에게 호렙에 있는 반석 위에 서서 네가 가진 막대기로 그 반석을 치라고 하셨습니다. 그러면 물을 얻을 수 있다고 하셨습니다. 그렇게 해서 이스라엘 백성이 물을 얻어 즐거워하고 있었을 때 아말렉이 공격을 해 왔던 것입니다. 성도들이 승리의 희열로 만족하고 있을 때 적은 절호의 공격 기회라고 본다는 것을 알아야 합니다.

　이 세상에서는 우리 그리스도인들이 환난을 당할 수밖에 없습니다. 그러나 주님은 세상을 이겨 놓은 상태에서 이 전쟁을 싸우게 하신다는 것을 알고 싸워야 합니다. 『**내가 이런 일들을 너희에게 말한 것은 너희가 내 안에서 화평을 지니게 하려 함이라. 세상에서는 너희가 환난을 당할 것이나 기운을 내라. 내가 세상을 이겼노라.**"고 하시니라(요 16:33). 여호수아는 남자들을 선별하여 아말렉과 싸우러 나갔고, 모세와 아론과 훌은 산 정상으로 가서 하나님의 방법으로 싸움을 지원하였던 것입니다.

전쟁의 교훈
I. 그리스도인에게는 적이 있습니다.

　이 전쟁이 우리에게 주는 교훈은 무엇입니까? 바로 그리스도인에게 적이 있다는 사실입니다(8,9절). 정치하는 사람들에게는 정적이 있고, 사업하는 사람에게는 경쟁자가 있습니다. 운동하는 사람들이나 대학에 들어가려는 학생, 취직을 하려는 사람에게도 경쟁자가 있어서 그 경쟁자를 물리쳐야 합니다. 따지고 보면 세상은 경쟁이요 전쟁이며 여기에서는 상대가 적일 수밖에 없는 것입니다. 국가들도 이해관계로 전쟁을 하고, 종교들도 전쟁을 합니다. 지금 인도네시아나 필리핀에서 모슬렘 테러분자들에 의해 자행되는 자살폭탄 테러들은 중동의 피들이 이제 아시아로 옮겨오는 것입니다.

우리나라도 소위 햇볕 정책이란 것을 실현하다 보니 주적 개념이 우습게 되어 버렸습니다. 적과 화해하고 동침하는 가운데 다른 한편에서는 전쟁을 준비하고 핵무기를 개발하고 있는 것 아닙니까? 이런 모든 전쟁들은 치고받고 하는 전쟁입니다. 그러나 이보다 훨씬 치열한 전쟁은 하나님과 사탄과의 전쟁으로 창세기 3:15에서 시작되어 지금도 싸우고 있으며, 요한계시록 20:10에 가서야 끝나게 될 것입니다. 그리스도인이 주적 개념이 희박하고 적의 공격이 없는 것처럼 믿음의 생활을 하고 있다면 그것은 잘못된 것입니다. 그리스도인이 되고 나면 그날부터 영적 전쟁이 시작된다는 것을 알아야 합니다.

마귀의 목적은 인간을 파멸시키는 것입니다. 마귀는 인간 개개인의 사상 체계를 혼미하게 만들어서 비정상적으로 사고하게 만듭니다. 아무리 육체가 건강하다고 해도 사고를 제대로 할 수 없는 사람은 일을 할 수가 없습니다. 술과 노름, 마약과 섹스에 중독되게 하여 수많은 사람들이 파멸의 길에 빠져들고 있으며, 가정들을 파괴시키고, 공산주의, 뉴에이지, 사탄주의, 사이비종교들로 인간을 파멸시키고 있는 것입니다.

　미국, 유럽, 일본, 동남아, 한국 등 세계 어느 곳 할 것 없이 청소년들이 많이 망가지고 있습니다. 청소년들은 그 국가의 미래 재산인데 소망이 없게 되었습니다. 교육으로는 그 침략을 당해내지 못하고 있습니다. 자유주의 신앙으로도 막아내지 못합니다. 사탄은 굉장한 기세로 공격해 오는데 이를 막아낼 방책이 없는 인간들은 그대로 쓰러지고 있습니다. 성경대로 믿는 교회에서 여러분의 자녀들이 양육받고, 영적으로 무장한다는 것은 대단한 재산입니다. 자식이 어렸을 때는 부모의 말을 잘 듣습니다만 조금 크면 그 자식을 통제할 방법이 없습니다. 교육으로는 되지 않습니다. 신앙으로밖에 잡을 수가 없는데 여러분들이 자녀들을 하나님의 말씀으로 잘 양육하고 있다면 여러분들은 대단한 재산을 보유하고 있는 것입니다. 운동 경기, 폭력과 음란 영화, 컴퓨터 게임, 채팅, 음악, 빗나간 교육, 신용카드 등이 어린이들의 순수한 마음을 침범하고, 파멸시키고 있습니다. 이처럼 아말렉의 공격은 민족과 민족 간의 전쟁에서뿐만 아니라 인간의 마음을 싸움판으로 만들어서 그 치열함을 더해 가고 있습니다.

　이 전쟁은 혈과 육에 대항하는 것이 아니기 때문에 가장 중요한 무기는 성경적 지식이고 성경적 믿음입니다. 이 전쟁은 혼을 이겨오는 전쟁인 것입니다. 예수님의 권면은 몸만 죽이는 자들을 두려워하지 말고 몸과 혼을 지옥에서 다 멸할 수 있는 그분을 두려워하라고 하셨습니다(마 10:28). 단순히 이 세상에 선한 사람들이 많다고만

해서 이 전쟁을 이기는 것이 아닙니다. 이 전쟁에서 이기려면 이 전쟁의 원리를 알아야 하고 하나님께서 제시한 방법으로 싸워야만 승리를 할 수 있습니다. 왜 이렇게 교회들이 많습니까? 왜 이렇게 학교들이 많습니까? 이 많은 교회들과 학교들이 무슨 일을 하고 있습니까? 왜 세상은 점점 더 악해져 갑니까? 영적 전쟁에서 이런 것들은 무용지물이라는 것을 알아야 합니다.

아말렉은 구원받은 성도라 할지라도 그들을 진리에서 끌어내리기 위해서 갖가지 방법으로 공격을 하고, 때로는 감언이설, 거짓 교리, 회유, 미혹, 질병의 타격, 경제적인 고난, 실직, 가정 파괴, 성도 간의 갈등과 대립 등을 통해 공격을 하고 있습니다. 교회가 지상에 존재하는 이유는 무엇입니까? 단순히 설교하고, 가르치고, 예배드리고, 교제하기 위한 것이 아닙니다. 헌금을 거두어서 선교하고 교회의 여러 가지 프로그램을 진행시키기 위한 것도 아닙니다. 교회가 지상에 존재하는 것은 우리의 원수들과 싸우기 위해서입니다. 구원받은 성도들은 자신이 이 전쟁에서 희생자가 되지 않는 것은 물론 동료들도 희생자가 되지 않게 해야 합니다. 그렇게 하려면 적의 갖가지 계략들을 빨리 발견해서 초전에 제압하며 효과적인 싸움을 싸워 승리로 이끌어야 합니다.

이 전쟁에서 이기려면 먼저 복음의 능력을 갖추어야 합니다(롬 1:16, 고전 1:18). 복음의 능력을 갖추지 못한 사람은 그리스도의 군사로서의 역할을 하지 못합니다. 두 번째는 전신갑옷을 입어야 합니다(엡 6:13-18). 하나님의 말씀으로 온전하게 무장을 해야 합니다. 그 다음에는 성령의 능력으로 무장을 해야 합니다(요일 4:4). 복음의 능력을 갖추고 전신갑옷을 입고 성령의 능력으로 무장을 해야 합니다. 마귀는 이 세 가지 외에는 무서워하지 않습니다. 이 세 가지를 갖추지 못했으면 마귀와의 전쟁에 나가서는 안 됩니다.

전쟁의 교훈
II. 우리가 피곤하고 지쳐 있을 때가 적에게는 기회입니다.

이 전쟁이 우리에게 주는 교훈은 무엇입니까? 우리가 피곤하고 지쳐 있을 때 적에게는 기회라는 점입니다(10,11절). 아말렉이 이스라엘을 공격해 오자 여호수아가 나가서 그들과 싸웠을 때 승리의 요건은 이스라엘의 비밀무기였습니다. 모세와 아론과 훌이 산 정상으로 올라갔는데 모세가 손을 들어올리면 이스라엘이 우세했고 모세가 손을 내리면 아말렉이 우세했습니다. 이 영적 전쟁에서 승리의 관건은 진지한 기도였습니다. 모세는 기도했습니다(출 9:33, 딤전 2:8). 기도는 주님이 성도들을 위해서 싸우는 전쟁에서 필수적인 것입니다. 성도가 알지 못하는 전쟁을 주님이 싸우실 수 있겠습니까? 주님이 알지 못하시는 전쟁을 성도들이 싸울 수 있겠습니까?

성도가 교회를 적의 공격으로부터 보호해 달라고 기도하지 않을 때 교회가 얼마나 무기력하게 되는지 알아야 합니다. 성도가 파송된 선교사를 위해서 기도하지 않을 때 어떻게 선교사들이 안녕을 보장 받을 수 있겠으며, 그들의 사역에 열매가 있을 수 있겠습니까?(엡 6:18,19)

여러분들은 기도하셔야 합니다. 모세는 그가 손을 들고 있으면 이스라엘이 우세하다는 것을 알면서도 사람이기에 손이 피곤하여 오래 들고 있을 수 없었습니다. 그리스도인이 비록 기도로 영적 전쟁을 하고 있을지라도 성령님의 도움이 없이는 능력을 발휘할 수 없다는 것을 알아야 합니다. 모세가 들었던 손이 내려오지 않게 하기 위해서는 하나님의 처방이 필요했습니다. 그것은 돌을 가져다가 모세로 앉게 하고 아론과 훌이 모세의 손을 양쪽에서 하나씩 잡고 받쳐주는 것이었습니다.

영적 전쟁에서 지도자의 지속되는 기도가 승리의 관건임을 알았다면 성도들은 지도자가 곤비하지 않도록 방도를 강구해야 합니다. 다른 방편은 허락되지 않았습니다. 자주 꿇는 무릎들이 많은 교회가 강성한 교회가 되는 것입니다. 이 영적 전쟁에서 승리의 비결은 인간적인 지혜나 방법이 아니라는 사실을 깨달아야 합니다. 마귀의 공격을 물리치고 승리하는 길은 인원을 증가시키는 것이나 정교하고 강력한 무기들을 보태는 것도 아닙니다. 하나님께서 세우신 사람이 곤비하지 않도록 그의 두 손을 떠받치는 것입니다. 미국과 다국적군이 알카에다와 아랍 세력을 대항해서 수십만 명의 군대와 최신 장비를 투입하고, 수천억 달러를 쓰고, 잘 훈련된 특수부대 요원들을 투입해서 전쟁을 하고 있지만, 마귀와의 전쟁은 그런 인간적인 기술과 무기로는 싸울 수 없다는 것을 알아야 합니다. 우리의 싸움은 혈과 육에 대항하는 것이 아니고 영적 세계의 정사들과 권세들과 세상의 어두움의 주관자들과 높은 곳들에 있는 영적 악에 대항하는 것이기 때문입니다. 마귀의 계략은 인간을 파멸시키는 것입니다. 하나님의 진리의 말씀을 가르치는 교회에 다니는 성도들, 즉 바른 성경을 쓰고 진리의 지식으로 무장을 하려는 사람은 마귀의 공격 대상 제1호라는 것을 알아야 합니다. 그러므로 마귀를 이기려면 우리 안에 계시는 분이 그 누구보다 크고 위대하시기 때문에 우리가 하나님의 말씀대로 하면 승리하는 것입니다. 영적 전쟁을 싸울 수 없는 교회는 교회가 아닙니다. 그들은 마귀의 수중에 들어가 있기 때문에 싸울 수가 없습니다.

그러므로 성령으로 거듭나지 아니하고, 하나님의 말씀으로 무장하지 아니하고, 하나님께 헌신하지 아니하고, 주님의 말씀에 순종하여 살 의지도 없이 교회만 오가고 있는 사람들은 이 전쟁에 투입될 수가 없습니다. 지역 교회에 신실한 믿음을 지닌 사람이 왜 필요한지 알아야 합니다. 쭉정이가 되면 왜 성도들이 교제를 회피하는지도 알아야 합니다. 영적 책임을 다하지 않은 성도는 하나님과 성도들 앞에 빚진 인생이라는 것을 알아야 합니다. 교인수를 자랑하는 대형 교회들이 하나님께서 맡겨 주신 일을 제대로 하고 있습니까? 아무 일도 못합니다. 성경침례교회는 비록 많지 않은 성도들이지만 하나님께서 맡기신 사역을 하나님의 지혜와 영력과 하나님께서 채워 주시는 물질로 잘 감당해 내고 있는 것입니다.

전쟁의 교훈
III. 승리하려면 곤비한 손을 붙들어 올려야 합니다.

이 전쟁이 우리에게 주는 교훈은 무엇입니까? 승리하려면 곤비한 손을 붙들어 올려야 한다는 것입니다.『그러나 모세가 손이 무거워지니, 그들이 돌을 가져다가 모세 아래다 놓더라. 그가 그 위에 앉자 아론과 훌이 하나는 이편에서 하나는 저편에서 모세의 손을 붙들어 그의 손이 해가 질 때까지 그대로 있더라… 모세가 제단을 쌓고 그것의 이름을 여호와닛시라 부르고 말하기를 "이는 주께서 대대로 아말렉과 싸우리라고 주께서 맹세하셨기 때문이라." 하더라』(12-16절).

우리는 모두 영적 제사를 드리는 거룩한 제사장들입니다(벧전 2:5). 지도자의 곤비한 손을 들어 올릴 수 있는 자격이 있는 사람들이 먼저 갖추어야 할 것이 몇 가지 있습니다. 첫째로 아말렉이 어떤 존재인가를 알아야 합니다. 아말렉은 에서의 후손들이며 사울왕이 죽이기를 거부했던 아각도 아말렉인으로 적그리스도의 가장 큰 예표입니다. 에스더서에서 유대인을 진멸시키려고 했던 하만도 바로 아말렉인입니다. 그리고 아말렉은 우리의 옛 성품을 말하는 것입니다(갈 5:16,17).

구원받았다는 사실만 자랑하고, 성령의 인도함을 받는 그리스도인의 삶을 살지 못하는 성도들은 영적 전쟁에서 아무 일도 할 수 없는 무익한 존재입니다. 사무엘상 15:2,3에서 주님은 사울에게 아말렉의 모든 것을 완전히 멸하라고 하셨습니다. 어찌 보면 하나님께서는 왜 이렇게 잔인하신 분인가라는 생각이 들기도 하실 것입니다. 그러나 영적 전쟁의 방해 요인으로 인해 여러분이 영적 삶을 제대로 살 수 없고, 믿음도 제대로 자라지 않는다는 것을 안다면 재빨리 그것을 제거해야 하지 않겠습니까? 우리는 하나님의 명령을 이행하고 순종하는 데 있어서 인간적인 연민을 두어서는 안 되며, 오히려 왜 사랑의 주님께서 이렇게 혹독하고 잔인한 심판을 내리시는가를 숙고해 보아야 합니다. 그것은 죄의 잔재를 일소하지 않는 한 하나님의 의를 실현시킬 수 없기 때문입니다. 육신의 일을 사랑하게 되면 성령님은 그 사람 안에서 성령의 능력을 실행하실 수가 없습니다. 자신을 부인하지 않으면 주님을 바로 섬길 수가 없습니다. 사람들이 많은 시간을 허비하고 믿음의 성장이 늦어지는 것은 자신을 사랑하고 세상을 사랑하기 때문입니다. 이것이 개인의 삶 속에서 드러납니다. 성도가 열매 없는 삶을 사는 것은 바로 자신 속에서 아말렉을 완전히 진멸시키지 못했기 때문입니다.

모세가 제단을 쌓고 그 이름을 "여호와닛시"라고 불렀습니다. 여호와닛시는 "여호와는 나의 깃발"이라는 뜻입니다. 국기는 곧 승리를 상징합니다. 그래서 전쟁의 승자는 늘 자기 나라의 국기를 가장 잘 보이는 곳에 꽂습니다. 깃발은 전쟁에서 피와 땀으로 얻어 낸 승리의 상징입니다. 그럼 그리스도인의 승리의 상징은 무엇입니까? 그리스도인은 어떤 깃발을 꽂아야 할까요? 우리의 승리의 깃발은 하나님 자신입니다. 여호와닛시입니다. 하나님이 거하실 수 있는 곳, 진리가 거부당하지 않는 곳, 기도가 거부되지 않는 곳, 성령 안에서 성도 간의 교제가 있는 곳, 신실한 사람들이 모여서 하나님의 일을 받들고 있는 교회가 바로 하나님의 깃발인 것입니다.

우리는 어떻게 지도자의 곤비한 손을 붙들어 올릴 수 있습니까? 그를 위해 기도함으로써 그 손을 붙들어 올릴 수가 있습니다. 우리가 서로를 위해 기도해 줌으로써 그 곤비한 손을 붙들어 줄 수 있습니다. 서로를 헐뜯는 비난을 중지해야 합니다. 그것은 영적 전쟁에서 아무 도움이 되지 않습니다. 사랑한다는 것이 무엇입니까? 사랑하는 것은 인내하는 것입니다. 화낼 때 사람의 표정이 제일 안 좋습니다. 사랑한다면 화를 내는 것에 유의해야 합니다. 그리고 상대를 배려해 주는 마음이 있어야 합니다. 서로를 격려해 줌으로써 허물은 덮고 좋은 면은 드러내 보이게 하는 것이 그리스도인의 삶인 것입니다. 함께 영과 진리로 경배를 드림으로써 진솔한 성도의 교제를 나누고, 서로 힘을 합해서 구령하고 주님을 섬김으로써 교회의 사역을 지원하는 것입니다. 주님의 이름으로 모이는 곳에 빠지지 않고, 결례하지 않으며, 악을 행해서는 안 됩니다. 그 다음에 교회가 영적 전쟁을 감당하도록 병참 지원을 합니다. 지금 여러 가지 사정으로 우리 교회에 출석은 하지 않지만 우리의 사역을 지원하는 사람들도 있습니다.

결 론

지역 교회는 영적 전쟁을 수행하는 그리스도인들을 위한 집결지입니다. 우리의 총사령관은 목사가 아니고 예수 그리스도이십니다. 전쟁에는 늘 희생자가 나기 마련입니다. 전쟁을 하고서도 희생자가 나지 않았다면 그것은 강한 군대요 용감한 군대라는 표시입니다. 희생자가 완전히 없을 수는 없으나 그래도 희생자를 최소화해야 합니다. 그래서 그리스도의 군사는 이 전쟁에 휴전이 없다는 사실을 알아야 합니다. 전쟁이 잠시 소강상태에 들어가 있다고 해서 쉬고 있다가는 아말렉의 기습을 당하게 된다는 것을 알고 있어야 합니다. 그래서 정신을 차리고 깨어 있으라고 하는 것입니다(벧전 5:8).

여러분의 아말렉은 어찌되었습니까? 진멸되었습니까? 아니면 아직도 잔당들이 많이 남아 있습니까? 이 전쟁에는 영적인 무기가 필요하다는 것을 알아야 합니다. 또 이 전쟁에서 승리하려면 모세의 손을 들어 올릴 수 있는 자격 있는 사람이 누구인가를 알아야 합니다. 여러분은 영적 제사장으로서 자격이 있는 사람입니까? 얼마나 많은 사람들이 마귀에게 노출되어 있으며, 마귀가 붙들어서 해치기 쉬운 위치에 있는가를 살펴보아야 합니다. 얼마나 많은 마귀의 종들이 교회라는 함정을 파 놓고 사람들을 유인하고 있는지 아셔야 합니다. 마치 소가 도살장으로 끌려가는 것처럼 무지한 사람들이 마귀에게 희생당하고 있습니다. 그들을 보고 마음 졸이며 안타까워하고 그들을 위험에서 구하려는 그 사람들이 바로 하나님의 군사들입니다. 다른 사람들은 이런 일에 관심이 없습니다. 단순히 사람 하나 빠져나갔나 보다 그렇게 생각합니다. 하나님의 군대이면 아닌 것처럼 행세하지 말아야 합니다.

여러분은 기도하고 구령하며 거리에서 설교합니까? 잘하는 것입니다. 이 일을 하지 않으면 개인이 쓰러지고, 가정이 파괴되며, 교회가 무력하고, 국가가 황폐하게 된다는 사실을 명심해야 합니다. 교회는 진솔한 그리스도인의 집결지라는 것을 알아야 합니다.

4

주님을 기쁘시게 한 사람들

『믿음으로 아벨은 카인보다 더 나은 제사를 하나님께 드림으로써 의로운 자라고 증거를 받았으니, 하나님께서 그의 예물들을 인정하심이라. 그가 죽었으나 믿음으로 아직 말하고 있느니라. 믿음으로 에녹은 죽음을 보지 않고 옮겨졌으니, 하나님께서 그를 옮기셨으므로 다시 보이지 아니하니라. 그는 옮기우기 전에 하나님을 기쁘시게 하였다는 이 증거를 지녔느니라. 그러나 믿음이 없이는 하나님을 기쁘시게 할 수 없나니, 하나님께 나아가는 자는 그분이 존재하시는 것과 그분이 자기를 열심히 찾는 자들에게 보상하는 분이심을 마땅히 믿어야 하느니라. 믿음으로 노아는 아직 보지 못한 일들에 대해 하나님의 경고하심을 받고 두려움으로 행하여 방주를 예비함으로 자기 집안을 구원하였으니, 그것을 통하여 세상을 정죄하고 믿음에 의한 의의 상속자가 되었느니라』(히 11:4-7).

하나님의 자녀가 가져야 할 가장 큰 목표가 있다면 그것은 하나님을 기쁘시게 하는 일일 것입니다. 오늘 본문에서는 세 사람의 믿음의 용사들을 제시하고 있는데 아벨과 에녹과 노아입니다. 이 세 사람과 우리들은 어떤 면이 다른 것입니까? 우리 그리스도인들도 하나님을 기쁘시게 하려고 하는 목표가 있습니다. 성도가 하나님을 기쁘시게 하려는 목표를 지녔다면 그는 바른 위치에서 하나님을 섬기고 있는 것입니다.

하나님의 자녀가 하나님을 기쁘시게 하는 것이 어떤 것인지 모른다면 그는 최우선적으로 알아야 할 것을 못 배운 사람입니다. 하나님을 기쁘시게 하지 못하는 사람들의 행보는 사람을 기쁘게 하는데 쓰임받게 됩니다. 사람이 다른 사람을 기쁘게 하면 그의 행보는 하나님을 불쾌하게 만든다는 사실을 알아야 합니다. 그렇기 때문에 하나님을 첫 번째로 사랑하지 않는 사람은 하나님을 기쁘시게 할 수 없는 것입니다. 『**이는 사람들 가운데서 크게 높임을 받는 것이 하나님 보시기에는 가증스러움이니라.**』(눅 16:15)라고 했습니다. 그럼에도 불구하고 사람들로부터 인정을 받고 높임을 받으려고 하는 사람들이 얼마나 많은지 여러분들은 알고 계실 것입니다.

하나님을 기쁘시게 하는 것은 모든 피조물들의 의무이지만 그들은 지금 그들의 의무를 소홀히 하고 있을 뿐만 아니라 오히려 갖가지 우상을 섬김으로써 하나님을 대적하고 있습니다(롬 1:21-23). 인간은 하나님께 순종하고 합당한 경배를 드려야 함에도 불구하고 오히려 하나님을 대적하며 진리를 거절하고 말씀을 멸시하고 있는 것입니다.

그러나 인간은 지금 아니면 대환란 때, 대환란 때가 아니면 천년왕국에서, 그때가 아니면 백보좌 심판에서라도 반드시 그들의 무릎을 예수의 이름에 꿇게 되고, 예수 그리스도를 주라고 시인하게 됩니다(빌 2:9-11). 먼저 이 점을 알고 실행하는 그리스도인들은 하나님으로부터 사랑받는 사람들입니다.

성경에서 우리에게 주신 말씀과 권면은 듣고 쉬 잊어버리라고 주신 것이 아닙니다. 오히려 말씀을 읽는 자들과 듣는 자들과 거기에 기록된 것들을 지키는 자들은 복이 있다고 말씀하셨습니다(계 1:3). 우리 그리스도인들은 잠시 동안 이 세상을 살면서 주님의 일을 하다가 주님이 부르시면 주님께로 가서 주님과 함께 영원히 살아야 합니다. 그러므로 우리 그리스도인들의 이 지상 삶은 주님을 기쁘시게 한 삶인가 아닌가로 그 가치가 명료해집니다. 그렇다면 어떻게 사는 것이 주님을 기쁘시게 하는 것일까요? 우리가 어떻게 살아야만 주님을 기쁘시게 할 수 있는지 위의 세 믿음의 영웅들의 삶을 조명해 봄으로써 그것을 알아보려고 합니다.

어떻게 하면 주님을 기쁘시게 하는가?
I. 믿음이 없이는 주님을 기쁘시게 할 수가 없습니다(4절).

종교적인 활동으로는 하나님을 기쁘시게 할 수 없습니다. 믿음 없는 예배, 찬양, 선교는 형식적이고 의식적이기 때문에 하나님을 기쁘시게 할 수가 없습니다. 믿음 없이 바치는 물질도 하나님을 기쁘시게 할 수가 없습니다. 그렇기 때문에 모든 것은 믿음의 토대 위에서 행해져야 하는 것입니다. 구원도 믿음으로 받습니다.『너희가 믿음으로 말미암아 은혜로 구원을 받았으니 이것은 너희에게서 난 것이 아니요, **하나님의 선물이라**』(엡 2:8,9). 기도의 응답 역시 믿음으로 받습니다(약 1:6-8). 믿음이 없으면 영적인 일들은 이루어질 수가 없으며 설령 이루었다 하더라도 하나님과 무관한 것입니다. 아벨은 카인보다 더 나은 제사를 드림으로써 의로운 자라고 증거를 받았습니다. 카인도 분명히 하나님께 제사를 드렸습니다. 자기의 땀의 결정인 가장 좋은 곡식과 잘 익은 과일들을 골라 정성스럽게 하나님께 가져왔을 것입니다. 경배를 드리기 위해 몸도 깨끗이 닦고 새 옷도 입고 경건한 마음으로 드렸을 것입니다. 그러나 하나님께서는 그 제사를 받아들이지 않으셨습니다. 카인의 정성과 자의적인 믿음과 카인의 방법을 거절하셨던 것을 알 수가 있습니다(창 4:3-5). 인간이 자의적으로 하나님을 섬기고 하나님께 경배드린다는 것은 하나님 앞에 아무 의미도 없습니다. 하나님께 제사를 드리기 전에 하나님을 기쁘시게 하는 법을 먼저 배워야 했던 것입니다. 하나님께서 가르치신 방법이 아닌 인간의 방법으로 하나님을 섬길 수 있다는 발상은 잘못된 것임을 알 수 있습니다.

그러나 하나님께서 아벨의 제물은 받으셨습니다. 하나님께서 정하신 그대로 피의 제사였기 때문입니다. 인간은 죄인입니다. 죄인인 인간의 노력으로는 하나님께 나아갈 수가 없습니다. 인간이 하나님과 관계를 가지려면 인자이신 예수 그리스도라는 중보자가 필요한 것입니다.『**나는 길이요 진리요 생명이라. 나로 말미암지 않고는 아버지께로 올 사람이 아무도 없느니라**』(요 14:6). 예수 그리스도를 통하지 않고는 아무도 하나님께 나아올 수 없습니다. 인간과 하나님 사이에 예수님 한 분 외에는 그 누구도 중보자가 될 수 없습니다. 하나님께서 지정하신 예물을 드렸을 때 아벨은 의인이라는 증거를 받았습니다. 아벨이 드린 어린 양의 피는 하나님의 어린 양이 십자가에서 흘리신 피의 모형이었던 것입니다. 아벨은 자기의 제물이 하나님께 받아들여진 것을 알고 얼마나 기뻤겠습니까? 성도들 역시 믿음으로 드린 예배와 헌신이 하나님께 받아들여졌음을 알았을 때 그것이 하나님을 기쁘시게 했음을 알고 만족할 수 있는 것입니다.

믿음이 없이는 주님을 기쁘시게 할 수 없습니다. 믿음이란 하나님의 선물입니다. 구원도 선물이고 영생도 선물이지만 구원과 영생을 얻을 수 있는 믿음을 주신 것도 하나님이시라는 것을 알아야 합니다. 믿음은 바라는 것들에 대한 실상이요 보지 못하는 것들에 대한 증거라고 했습니다(히 11:1). 우리가 믿는 것은 하나님께서 하셨던 일들과 지금도 하고 계시는 일들과 앞으로 하실 일들을 성경에 기록해 놓으신 대로 믿는 것입니다. 하나님께서 성경에 기록하신 일들은 곧 그분이 기록하신 대로 행하신다는 약속입니다. 하나님은 약속하신 것들을 지킬 수 있는 분이시기 때문에 우리가 믿는 것은 곧 바라는 그대로 이루어지는 것을 말합니다. 우리가 믿는 것은 어떤 매체를 통해서든지 반드시 그 실체를 증명하고야 마는 것입니다. 우리가 믿든지 안 믿든지 하나님의 말씀은 그 자체가 사실이지만 우리가 믿을 때 그 사실은 우리에게 확증되는 것입니다. 그러므로 주님을 기쁘시게 하려면 하나님의 말씀을 믿는 믿음은 필수적이요 가장 기본적인 요건입니다.

어떻게 하면 주님을 기쁘시게 하는가?
II. 에녹은 하나님을 기쁘시게 한 증거를 지녔습니다(5절).

창세기 5:21-24에 보면 에녹은 365세 때 하나님과 동행하다가 없어졌는데 이는 하나님께서 그를 데려가셨기 때문이라고 간단하게 기록되어 있습니다. 에녹은 어떤 사람이었기에 하나님께서 그를 데려가셨습니까? 그는 믿음의 사람이었습니다. 믿음의 사람이 갖고 있는 믿음이란 어떠한 믿음을 말하는 것입니까? 하나님의 말씀을 단 한마디도 땅에 떨어뜨리지 않고 말씀하신 대로 모두 이루어질 것이라고 믿는 믿음입니다. 그는 하나님과 동행한 사람이었습니다. 하나님과 동행했다는 것은 하나님을 첫째로 사랑하고 그분의 명령에 순종하였으며 그의 섬김에 가식이 없었다는 것입니다. 또 하나님과 동행했다는 것은 하나님과 교제했다는 말입니다. 모든 것을 통찰하시는 그분 앞에 오직 사랑과 순종과 섬김으로 영원한 것에 기대와 소망을 둔 삶의 자세를 지닌 사람이었음을 의미합니다. 에녹은 우리 그리스도인들이 이제 곧 휴거될 그리스도인들의 예표입니다.

『마지막 나팔에 눈깜짝하는 순간에 그러하리라. 나팔 소리가 나면 죽은 자들이 썩지 아니하는 몸으로 일으켜지며 우리도 변화되리라. 그리하여 이 썩을 몸이 반드시 썩지 아니할 몸을 입고 이 죽을 몸이 반드시 죽지 아니할 몸을 입으리라』(고전 15:52,53). 요한복음 11:25에서도 『예수께서 그녀에게 말씀하시기를 "나는 부활이요, 생명이니 나를 믿는 자는 죽어도 살 것이며 또 살아서 나를 믿는 자는 누구나 영원히 죽지 아니하리라.』고 했습니다. 여기에 있는 우리 그리스도인들 중에서도 죽음을 맛보지 않을 사람들이 있습니다. 『우리의 시민권은 하늘에 있으므로 우리가 그곳으로부터 오실 구주이신 주 예수 그리스도를 기다리고 있으니 그가 만물을 자신에게 복종시키는 그 능력의 역사로 인하여 우리의 천한 몸을 그분의 영광스러운 몸같이 변모시키리라』(빌 3:20,21). 『그리고 나서 살아남아 있는 우리도 공중에서 주와 만나기 위하여 그들과 함께 구름 속으로 끌려 올라가리니, 그리하여 우리가 영원히 주와 함께 있으리라. 그러므로 이러한 말로 서로 위로하라』(살전 4:17,18).

에녹은 아담의 형상을 입고서도 하나님을 기쁘시게 한 특별한 사람이었습니다. 로마서 8:8에서 육신 안에 있는 자들은 하나님을 기쁘시게 할 수 없다고 말씀하고 있습니다. 하나님께서는 구원받은 그리스도인들을 독특한 백성이라고 부르십니다(딛 2:14, 벧전 2:9). 독특한 백성은 영원히 죽음을 보지 않고 살아 있을 사람을 말합니다. 이 사람은 하나님과 동행하는 데 결격 사유가 없는 믿음의 사람을 말하는 것입니다.

어떻게 하면 주님을 기쁘시게 하는가?
Ⅲ. 노아는 하나님의 경고를 듣고 두려움으로 행했습니다(7절).

노아는 먼저 그 일로 자기의 가족을 구원하였습니다. 아담의 불순종으로 타락한 성품을 지닌 인간들이 하나님을 무시하고 저지른 타락과 부패로 인해서 무가치하게 되었을 때, 이 세상은 물로써 심판을 받았고 살아남은 것은 방주에 거하였던 노아의 가족 여덟 명과 하나님께서 보존케 하신 동물들뿐이었습니다.

창세기 6:8,9에서 『그러나 노아는 주의 눈에서 은혜를 찾았더라. 이것이 노아의 내력이라. 노아는 의인이요 그 당대에 완전한 사람이었으며 하나님과 동행하였더라.』고 했습니다. 히브리서 11:7에서는 그 사실을 보다 구체적으로 언급하고 있습니다. 선을 행하고 죄를 짓지 않는 의인은 땅 위에 한 사람도 없다고 했는데(전 7:20) 지금 하나님께서는 노아를 의인이요 완전한 사람이었으며 하나님과 동행했다고 했습니다. 어떻게 의인이 되었습니까? 노아는 아직 보지 못한 일들에 대해 하나님께서 말씀하셨을 때 그 하나님의 경고하심을 의심하지 않고 두려움으로 행했던 것입니다. 우리도 예수 그리스도의 피를 믿었더니 하나님께서 의롭다고 하셨습니다. 사람이 생각해 보고 믿는 것은 믿음이 아닙니다. 이것이 하나님의 말씀이라고 했을 때 어린아이가 자기 엄마의 말을 그대로 믿듯이 믿는 것이 바로 믿음입니다.

사람들은 하나님께서 죄를 질책하시고 하나님의 말씀을 무시한 자들을 심판하시는 분이신 것을 알고 그분을 두려워해야 합니다(마 10:28, 고전 11:32; 3:13-15). 그리스도인들은 휴거되면 살아 있을 때 몸으로 행한 일들을 주님께서 심판하심을 알기 때문에 주님을 두려워하는 것입니다(고후 5:10,11). 하나님을 두려워하지 않는 것은 하나님은 사랑이시라고만 알고 있기 때문입니다. 그러나 하나님은 죄를 질책하시는 분이심을 알아야 합니다. 하나님을 두려워하는 것이 지혜와 지식의 시작입니다(욥 28:28, 잠 9:10; 1:7). 하나님을 두려워하지 않는 사람은 기본이 없는 사람입니다. 하나님을 두려워하는 사람은 죄를 짓지 않습니다. 노아는 하나님의 경고를 두려움으로 행하여 자기의 가족을 구원시키고 왕이 되었습니다. 그것이 그의 믿음이었습니다. 노아는 두려움으로 방주를 예비하였고, 하나님의 심판을 120년 동안이나 외쳤던 것입니다. 구원받으라고 120년간이나 유예 기간을 주셨지만 인간들은 들은 체도 하지 않다가 다 멸망하고 말았습니다. 이 얼마나 자비로우신 하나님의 사랑입니까?

지금 이 시대는 어떻습니까? 예수님께서는 마태복음 24:37에서 대환란을 노아의 홍수로 비유하셨습니다. 같은 맥락에서 노아의 때는 지금 교회 시대의 마지막 때와 같습니다. 휴거도 갑작스럽게 임하지만 재림도 갑작스럽게 임합니다. 『그러므로 깨어 있으라. 어떤 시간에 너희 주께서 오실는지 너희가 알지 못하기 때문이라. 그러나 이것을 알라. 만일 그 집 주인이 도둑이 어느 시간에 올 것인지 알았더라면 그가 깨어 있어 자기 집을 뚫는 것을 허락하지 아니하였으리라. 그러므로 너희도 준비하고 있으라. 너희가 생각하지 않은 시간에 인자가 올 것이기 때문이라』(마 24:42-44).

결 론

우리는 그들의 믿음으로 하나님을 기쁘시게 했던 아벨과 에녹과 노아, 세 명의 믿음의 영웅들을 살펴보았습니다. 아벨은 하나님께서 원하시는 제사를 드렸습니다. 우리도 하나님께서 원하시는 영과 진리로 경배를 드려야 합니다. 구원받은 사람들이 그리스도의 피를 의지하는 속죄를 근거로 해서 드리는 예배입니다. 에녹은 하나님과 동행했던 사람이었습니다. 그는 하나님과 온전한 교제를 유지하다가 휴거되었고, 인간으로 태어나서 영원히 죽음을 맛보지 않은 사람이 되었던 것입니다. 요한복음 11:25을 그대로 실현시킨 사람이었습니다. 노아는 미래에 있을 심판의 경고를 두려워하며 하나님의 말씀대로 심판을 대비하였다가 자기 가족을 구원시키고 동물계를 보전한 지구의 왕이 되었습니다.

성도가 하나님의 말씀을 믿고 그대로 실행하면 하나님을 기쁘시게 할 수 있습니다. 그러나 믿음이 없으면 하나님을 기쁘시게 할 수가 없습니다. 믿음은 하나님의 말씀 자체를 믿는 것입니다. 이것이 성경적 원칙입니다. 믿음 없이 섬김이 앞서거나 행위가 앞서면 그런 일은 결코 하나님을 기쁘시게 할 수 없다는 사실을 유념해야 합니다. 우리 각자에게 그러한 믿음이 있는지 점검해 보아야 합니다. 이것이 하나님을 기쁘시게 하는 가장 소중한 요인이기 때문입니다. 그리고 이 믿음이 없으면 하나님께 기도로 간구해야 합니다.

5

예수님께서 전해 주신 하나님의 말씀들

『아버지께서 아들에게 모든 육체 위에 권세를 주신 것은 아들에게 주신 모든 사람에게 영생을 주게 하려 하심이니이다. 영생은 이것이니, 곧 사람들이 유일하시고 참 하나님이신 아버지와 아버지께서 보내신 예수 그리스도를 아는 것이옵니다』(요 17:2,3).

물이 없으면 생물은 생명을 유지할 수 없습니다. 성경에서 물은 말씀을 의미합니다(엡 5:26). 모든 생물이 물을 필요로 하듯이 영적인 사람은 영적 생명을 유지하기 위해서 하나님의 말씀이 필요합니다. 물이 육체의 생명의 근원이듯 하나님의 말씀은 영적 생명의 근원입니다.

하나님은 이 말씀으로 우주 만물을 지으셨을 뿐 아니라 하나님이 말씀 그 자체이십니다(요 1:14). 예수님께서 승천하시면서 우리에게 남겨 주신 것은 마리아가 아니었습니다. 교회 건물이 아니었습니다. 기도원이 아니었습니다. 어떤 주의, 즉 근본주의, 보수주의, 칼빈주의, 은사주의가 아니었습니다. 오직 말씀이었습니다. 우리가 거듭난 것은 이 말씀에 의해서이며 우리가 양육되는 것도 이 말씀에 의해서이고 우리가 재림의 약속을 믿는 것도 이 말씀 때문입니다. 말씀이 없으면 생명이 없습니다. 예수님께서 남겨 주신 말씀으로 우리가 어떻게 살며 성장하고 적용하는지 살펴보겠습니다.

다락방에서 제자들과 함께 지상에서 마지막 유월절 음식을 드신 예수님은 겟세마네로 향해 가시면서 찬송을 부르셨습니다(마 26:30, 막 14:26). 그 후 예수님은 아버지께 기도하셨는데 그 내용은 지상에서 자신이 맡으신 일을 온전히 수행하심으로 영광을 돌려드리는 기도였습니다. 그 기도는 가장 위대한 기도였고 우리 모두가 마땅히 본받아야 할 기도였습니다.

말씀으로 우주 만물을 지으신 그분, 말씀 한마디로 빛이 있으라 하시면 빛이 있고, 별이 있으라 하시면 별이 있게 하신 그분, 북극성 너머에 있는 셋째 하늘의 모든 영광을 누리신 그분, 하나님의 구원 계획을 실현하시기 위해 그 말씀이 육신이 되어 우리 안에 거하시러 오셨던 그분, 바로 예수 그리스도께서 이제 마지막 일을 완성하시고 다시 북극성을 넘어 아버지께 돌아가시기 직전 아버지와 기도로써 대화하신 것입니다. 예수님은 먼저 자신을 위해 기도하셨습니다. 세상에서 완성하신 일을 아버지에게 보고드린 것입니다(요 17:1-5). 예수님은 자신의 제자들을 위해서도 기도하셨습니다. 그들을 지켜 주시고 세상으로부터 성별해 주시라고 기도하셨습니다(요 17:6-19). 우리는 죽음에 자신을 내어 드리면서 제자들을 생각하신 주님을 봅니다(요 17:13). 예수님은 여러분과 나, 그분 안에서 하나 된 온 교회를 위해 기도하시면서 어느 한날 그분의 영광을 나누자고 말씀하시며 기도를 맺으셨습니다(요 17:20-26).

예수님께서 전해 주신 하나님의 말씀
I. 하나님의 시간표에 따라 일하셨음을 전해 주셨습니다.

예수님은 우리에게 어떤 말씀을 전해 주셨습니까? 주님이 지상에서 하신 모든 일들을 하나님의 시간표에 따라 하셨음을 전해 주셨습니다. 예수님은 되는 대로 행하신 것이 아니라 계획된 대로 행하셨습니다. 특히 지상사역을 시작하신 순간부터 승천하실 때까지 하나님의 시간표에 따라 행하셨습니다. 『나의 때가 주의 손에 있으니』(시 31:15). 『나의 때가 아직 이르지 아니하였나이다』(요 2:4). 『때가 오나니』(요 4:23; 5:28).

예수님이 행하신 모든 일은 아버지를 영화롭게 해 드리기 위해서였습니다. 이것은 주님의 부담이었습니다. 이것은 또한 우리들이 하나님께 갖는 부담이 되어야 할 것입니다. 십자가에서 죽으심으로 영광을 돌려 드리기 위함이었습니다.

창조 이전의 영광은 인간의 상상력으로는 알 수가 없습니다. 지상에서 보았던 솔로몬의 영광이 인간이 볼 수 있었던 극치였을 것입니다. 그러나 그것은 들에 핀 꽃 한 송이만도 못했다고 주님은 말씀하셨습니다. 그런 주님께서 그 영광을 버리고 지상에 오셔서 사람으로 태어나시고, 섬기시고, 고통받고, 죽음까지 감수하시면서 하나님의 뜻을 완성하시고 이제 창조 이전의 영광을 다시 원하고 계신 것입니다(요 17:4,5).

예수님께서 전해 주신 하나님의 말씀
II. 우리에게 하나님의 선물을 전해 주셨습니다.

예수님은 우리에게 어떤 말씀을 전해 주셨습니까? 우리에게 사랑의 선물을 전해 주셨습니다.

예수님을 구주로 영접한 사람들은 아버지께서 예수님께 주신 선물이라고 일곱 번이나 말씀하셨습니다[요 17:2,6(2회),9,11,12,24]. 요한복음 3:16에서는 하나님 아버지께서 예수님을 우리들에게 사랑의 선물로 주시더니, 이제는 예수님을 믿는 사람들이 아버지께서 예수님께 주신 선물이 되었습니다. 이것은 곧 영생과 관계가 있는데 예수 그리스도를 소유한 사람은 영생을 값없이 선물로 받게 된 것입니다(요 3:15,16,36; 6:47; 10:28).

영생은 하나님과 개인적인 관계를 맺음으로 얻을 수 있습니다. 하나님과 개인적인 관계를 맺으려면 예수 그리스도를 통해서만 가능합니다. 하나님은 영이시고 인격을 가지신 영이시기에 말씀을 통해서만 하나님을 알 수 있습니다(요 14:6-11). 그러나 하나님이 계시다는 정도의 입술의 고백으로는 영생을 얻을 수 없습니다. 마귀도 믿고 떨기 때문입니다(약 2:19). 영생은 종교적인 행위로 얻어지는 것이 아닙니다. 이 점이 예수님과 바리새인들의 논쟁의 쟁점이었습니다(요 8:12). 영생을 얻으려면 자신이 죄인임을 시인하고 자신의 죄 문제를 해결해 놓으신 예수 그리스도께서 구주임을 믿어야 합니다. 예수님께서 우리에게 전해 주신 말씀은 어떻게 하면 이 영생을 얻을 수 있는가였습니다. 이 영원한 생명과 무엇을 바꾸겠습니까? 육신의 쾌락과 바꾸겠습니까? 세상의 부귀영화와 바꾸겠습니까? 70-80년의 삶과 영원한 생명을 바꾸겠습니까?

예수님께서 전해 주신 하나님의 말씀
III. 예수님은 우리에게 오직 말씀만을 전해 주셨습니다.

예수님은 우리에게 오직 말씀만을 전해 주셨습니다. 예수님은 우리에게 아무런 유품도 남겨 주지 않으셨습니다. 로마카톨릭처럼 믿음 없는 사람들이 혹 그것들을 경배의 대상으로 삼을 수도 있었을 것이기 때문입니다. 그래서 예수님은 그런 유품 대신 말씀만을 남겨 주셨던 것입니다. 우리에게 영생을 주시는 그 말씀은 어떤 말씀입니까? 그 말씀 자체가 곧 실현되는 능력입니다. 그 말씀은 하늘과 땅을 창조하신 그 말씀이기도 합니다.

그 말씀은 모세에게 "앞으로 나가라." 하시니 홍해가 갈라진 그 말씀이었습니다(출 14:15). 그 말씀은 기드온에게 "가라." 하시니 미디안인들을 전멸시킨 그 말씀이었습니다(판 6:14). 그 말씀은 불뱀에 물린 이스라엘 백성들에게 "쳐다보라." 하신 그 말씀이었습니다(민 21:9). 그 말씀은 손이 마른 환자에게 "펴라." 하신 그 말씀이었습니다(마 12:13). 그 말씀은 "통에다 물을 가득 채우라." "이제 떠다 주라." 하신 그 말씀이었습니다(요 2:7,8). 그 말씀은 소경의 눈에 흙을 발라 주며 "실로암 못에 가서 씻으라." 하신 그 말씀이었습니다(요 9:7). 그 말씀은 38년 된 환자에게 "일어나서 네 침상을 들고 걸어가라." 하신 그 말씀이었습니다(요 5:8,9). 그 말씀은 들을 수도 없는 송장 나사로에게 "나사로야, 나오너라." 하신 그 말씀이었습니다(요 11:43,44).

바로 이분께서 『나는 부활이요, 생명이니 나를 믿는 자는 죽어도 살 것이며 또 살아서 나를 믿는 자는 누구나 영원히 죽지 아니하리라. 네가 이것을 믿느냐?』(요 11:25,26)라고 물으셨습니다. 이 말씀을 하신 분께서 또 말씀하시기를『너희가 내 안에 거하고 내 말이 너희 안에 거하면 너희가 원하는 것은 무엇이나 구하라. 그러면 너희에게 이루어지지라』(요 15:7)고 하셨습니다. 거한다는 말씀은 십자가를 통하면 내가 그리스도의 몸 안에 들어갈 수 있다는 말씀입니다. 구원받은 우리가 바로 그 안에 들어가서 살고 있다는 말씀인 것입니다.

고린도전서 12:13에 따라 죄인이 그리스도를 영접한 순간 그리스도의 몸 안에 들어가게 됩니다. 이것이 성령침례입니다. 이것은 신비입니다. 아무도 설명할 수 없는 신비인 것입니다. 이 유기체가 보이지 않는 교회인 그리스도의 몸인 것입니다. 이것이 보이는 상태로 나타나는 것이 성경대로 믿는 지역교회인 것입니다.

거한다는 말씀은 말씀이 육신이 되신 그분께서 구원받은 그리스도인의 몸을 성전으로 삼아 주시어 그 안에 들어오셔서 살고 계신다는 말씀입니다. 그분이 거하시기에 썩을 몸이 썩지 않음을 입고, 죽을 몸이 죽지 않음을 입게 된 것입니다. 이것이 영생입니다. 예수님은 하나님께서 주신 말씀을 그대로 전하셨으며 그 말씀을 믿고 순종한 사람들은 하나님의 자녀가 되었고 사망에서 생명으로 옮겨졌습니다. 영생을 선물로 받은 것입니다(요 5:24). 그분이 다시 한번 말씀하고 계십니다.『성경을 상고하라. 이는 너희가 성경에 영생이 있다고 생각함이니 그 성경은 나에 관하여 증거하고 있음이라. 너희는 생명을 얻으려고 내게 오기를 원치 아니하는도다』(요 5:39,40).

결 론

　여러분은 영원한 생명을 지니셨습니까? 영원한 생명의 가치를 알고 있습니까? 우리에게 영생을 주신 그분께서 이제 다시 돌아오신다고 약속하셨습니다. 그분이 다시 오시지 않는다면 영생이든 부활이든 무슨 소용이 있겠습니까? 교회는 다녀서 무엇하겠습니까? 세상과 분리된 삶은 살아서 무엇하겠습니까?
　이제 그분께서 곧 오십니다. 영생은 형식적으로 받을 수 없습니다. 그러나 어려운 것이 아닙니다. 자신이 죄인인 것을 알고 그분을 구주로 영접하면 성령으로 다시 태어나게 됩니다. 그렇게 해서 영생을 받는 것입니다.『내가 너희를 고아처럼 남겨 두지 아니하고 너희에게 오리라. 잠시 후면 세상이 더이상 나를 보지 못하리라. 그러나 너희는 나를 보리라. 이는 내가 살고 너희도 살겠음이라. 그 날에는 내가 내 아버지 안에 있고 또 너희가 내 안에, 내가 너희 안에 있는 것을 너희가 알게 되리라』(요 14:18-20).

6

지옥은 마귀를 위한 곳

『네 손이 너를 실족케 하거든 잘라 버리라. 두 손을 가지고 결코 꺼지지 않는 불 속인 지옥에 들어가는 것보다 불구자로 생명에 들어가는 것이 더 나으니라. 그곳에는 그들의 벌레도 죽지 않고, 불도 꺼지지 아니하느니라. 네 발이 너를 실족케 하거든 잘라 버리라. 두 발을 가지고 결코 꺼지지 않는 불 속인 지옥에 던져지는 것보다 절름발이로 생명에 들어가는 것이 더 나으니라. 그곳에는 그들의 벌레도 죽지 않고, 불도 꺼지지 아니하느니라. 네 눈이 너를 실족케 하거든 뽑아 버리라. 두 눈을 가지고 지옥불에 던져지는 것보다는 한 눈으로 하나님의 나라에 들어가는 것이 더 나으니라. 그곳에는 그들

의 벌레도 죽지 않고, 불도 꺼지지 아니하느니라』(막 9:43-48).

　사람은 누구나 죽습니다. 연수를 다 살고 죽는 것이 자연적일 것 같은데 사람은 늙어서 죽지 않습니다. 불행하게도 병으로 죽는 사람들이 있는가 하면 예기치 않은 시각에 예기치 않은 사고로 죽는 일이 허다합니다. 우리나라는 교통사고 세계 제1위라는 기록을 보유하고 있으며 교통사고로 죽는 인구가 1년에 1만 명이 넘습니다. 이것은 무서운 숫자입니다. 월남전 이래로 1년에 1만 명의 목숨을 앗아가는 전쟁은 없었습니다. 교통사고로 1년에 1만 명 이상이 죽고 수십만 명의 부상자가 생기며 또 교통사고로 인해 부모를 잃어 고아가 된 아이들이 20만 명이 넘습니다.
　사람은 누구나 죽습니다. 한 가지 모르는 것은 언제 죽느냐 하는 그 시간뿐입니다. 사람이 죽으면 그 다음은 어떻게 됩니까? 몸은 무덤으로 가 썩어지게 되고 혼은 지옥에 가든지 셋째 하늘에 가든지 합니다. 구원받은 혼은 하나님께로 가고 구원받지 못한 혼은 지옥에 갑니다. 얼마간 있게 됩니까? 그곳에서 영원을 보내게 됩니다. 혼이 불멸한다는 이 사실 때문에 또 지옥이 있다는 사실 때문에 종교가 생기게 되었고, 그곳에 가지 않으려면 죄를 짓지 말아야 하고 자선을 베풀어야 하고 심지어는 금기 사항까지 두며 성결한 삶을 살아야 한다고 가르칩니다. 다 나쁜 말은 아닙니다. 그러나 그대로 실행하면 지옥에 가지 않는다는 보장은 신뢰할 수 없습니다.

저는 오늘 성경 말씀을 근거로 지옥에 관해 증거해 보이겠습니다. 지옥을 설명해 놓은 책은 이 세상에 성경밖에 없기 때문입니다. 성경은 하나님의 말씀이요, 사람이 신뢰하기에 이보다 더 권위 있고 참된 책은 없습니다.

지옥은 사람을 위한 곳이 아니라 마귀를 위한 곳입니다. 따라서 사람이 지옥에 가는 것은 하나님의 뜻이 아닙니다.

지옥은 마귀를 위한 곳
I. 혼은 죽지 않고 영원히 살아 있습니다.

혼이 어떻게 생겼을까요? 여러분은 혼을 보신 적이 있습니까? 혼이 어떻게 생겼는지 아십니까? 사람은 몸과 혼과 영으로 되어 있습니다(살전 5:23). 이 세 부분으로 이루어진 우리 인간은 마치 축구공과 같습니다. 축구공이 가죽으로 싸여 있고 그 가죽 안에 튜브가 있는 것과 똑같은 이치입니다. 몸은 가죽이고 혼은 튜브입니다. 혼은 몸의 모양과 같습니다(눅 16장, 계 6:9,11).

영은 어떻게 생겼을까요? 영은 공기(바람)입니다. 하나님이 아담을 지으셨을 때, 흙으로 형체를 만드시고 거기에 생명의 호흡을 불어 넣으셨더니 살아 있는 혼이 된 것입니다. 흙에다 생명을 넣으셨더니 한 인격체가 된 것입니다. 이때 넣으셨던 생명의 호흡이 곧 영입니다. 아담이 타락함으로 인해 인간은 영이 죽은 채 태어나게 되었습니다. 영이 죽었다는 말은 공에 공기가 빠졌다는 말과 같은 뜻입니다. 바람 빠진 공을 어디에다 쓰겠습니까? 영이 거듭나지 않은 사람은 하나님께서 보시기에 죽은 사람입니다. 자기는 살아 있다고 생각할지 모르지만 사실은 죽은 사람이 살아가고 있는 것입니다. 영이 죽은 사람이 죽게 되면 지옥에 가서 영원을 보내게 됩니다.

지옥은 마귀를 위한 곳
II. 구원받지 않은 혼은 지옥에 갑니다.

신약 성경에서는 지옥을 162군데나 언급하고 있습니다. 이중에서 70군데는 예수님이 직접 말씀하신 것입니다. 지옥을 말씀하실 때면 늘 경고가 뒤따랐습니다. 그곳은 사람이 가서는 안 될 곳이기 때문입니다. 모리스 로링스 박사는 혈관 질환 전문의인데 〈지옥에 다녀온 사람들〉(Beyond Death's Door)이란 책을 썼습니다. 그는 무신론자로 성경을 믿지 않았고 지옥의 실체도 믿지 않았습니다. 그런데 그가 인공호흡기를 사용해 심장이 멎어 버린 환자들의 심장을 다시 뛰게 하는 과정에서 환자의 맥박이 되살아날 때마다 울부짖는 것을 듣게 되었습니다. "나는 지옥을 보았습니다. 나를 제발 지옥으로 보내지 말아 주세요!" 그런 소리를 자주 듣다 보니 그는 무신론자이면서도 지옥의 실체를 알게 되었습니다. 그리고 그의 생애에 변화를 가져오게 되었습니다. 그의 환자들 중 지옥을 본 사람들의 말을 빌리면 지옥은 땅 속 어디엔가 있습니다.

예수님은 마태복음 12:40에서 그곳을 "땅의 심장"이라고 하셨으며 바울은 땅의 낮은 부분이라고 했습니다(엡 4:9). 2,000년 전에 성경이 지구의 심장에 지옥이 있다고 말했던 것을 과학이 뒤늦게 찾아냈을 때 그 실상은 동일했던 것을 알 수 있습니다.

1987년 4월 10일 미국 앨라배마주 버밍햄 뉴스에서는 과학자들이 지구 중심부의 온도를 약 6,000도라 했습니다. 이 온도는 태양의 표면 온도보다 높습니다. 이 지하에는 유황이 널려 있다고 했습니다. 『또 그 사람은 거룩한 천사들의 면전과 어린양의 면전에서 불과 유황으로 고통을 받으리니』(계 14:10). 『멸망이 그의 장막 안에 거하리니 이는 그의 것은 아무것도 없음이요, 유황이 그의 처소에 흩어질 것임이라.』(욥 18:15)라고 성경은 말하고 있습니다. 화산에서 뜨거운 용암이 솟아나오는 것만 봐도 그 밑이 뜨겁다는 것을 알 수 있습니다.

헬싱키 신문 〈아메누사스티아〉가 소련 지질학자 드미트리 아차코프가 실제로 경험했던 일을 다룬 적이 있습니다. 아차코프와 그의 일행은 시베리아에서 시추를 하고 있었는데 15km쯤 시추했을 때 시추봉이 겉도는 것을 감지할 수 있었습니다. 시추봉이 닿은 자리에 굉장히 넓은 공간이 있음을 알게 되었습니다. 그들이 두 번째로 놀란 것은 그 시추기의 온도계가 지시하는 온도가 1,000도까지 올라갔었다는 사실이었습니다. 이 온도는 그들이 예측했던 것보다 훨씬 높은 온도였습니다. 이것은 땅의 심장이 화염의 장소일 것이라는 짐작을 가능케 합니다. 그리고 시추봉을 빼내자 그 구멍으로 무섭게 생기고 날개 달린 짐승 한 마리가 날아올라 갔습니다. 조금 후에는 그들이 좀 더 알아보려고 마이크를 아래로 내리자 울부짖는 소리가 들렸는데 그것은 사람들이 고통 속에서 울부짖는 소리였습니다. 처음에 그들은 그들이 쓰고 있는 장비에서 나는 잡음으로 알았으나 곧 사람의 소리인 것을 알게 되었으며 그 소리는 한 사람의 목소리가 아니라 수많은 무리가 고통 때문에 울부짖는 소리였습니다. 그들은 첨단 음향 측정기를 시추 구멍에 넣어 큰 소리를 녹음할 수가 있었다고 했습니다.

아차코프는 이어 말하기를 "나는 무신론자요, 공산주의자로 성경도 천국도 안 믿는 과학자이며 지옥은 더더구나 믿지 않는 사람이지만 음향 측정기를 통해 들었던 울부짖음은 분명히 지옥에서 고통받는 사람들의 목소리였으며 그 숫자는 수천에서 수백만일 것으로 여겨집니다."라고 했습니다.

요셉 웰레스가 쓴 〈깊은 바다〉(Deep Sea)라는 책에는 기다란 튜브같이 생긴 2.5m의 벌레가 있습니다. 이 벌레에 관해서는 〈내셔널지오그래픽〉이란 잡지에서도, TV 프로그램에서도 여러 번 방영한 적이 있습니다. 또 바다의 갈라진 해변에서 불길이 솟아났는데 그 틈에 2.5m 길이의 긴 벌레가 있었음을 과학자들이 근간에 발견하였습니다.

오늘 본문에서 말하는 벌레는 한 마리가 아닙니다. "그들의 벌레"(막 9:44,46,48)라고 말씀하신 것으로 보아 여러 마리인 것입니다. 그리스도인들이 휴거될 때 예수 그리스도의 몸을 입듯이 지옥에 있는 사람들은 그들의 아비인 마귀의 모양을 입습니다(요 8:44). 혼은 영원히 죽지 않습니다. 지옥은 사람을 위한 곳이 아닙니다.

지옥은 마귀를 위한 곳
III. 지옥은 참혹한 곳입니다.

누가복음 16장에서 부자와 거지 나사로가 죽어 음부로 내려가서 어떻게 되었습니까? 나사로는 낙원으로, 부자는 지옥으로 갔던 것입니다. 그리고 부자는 손가락 끝에 물을 찍어 혀끝에다가 대어 주기를 바랐습니다. 이 지상에서 어려운 일을 겪으면 마치 지옥 같다고 하는 소리를 종종 듣습니다. 시베리아 집단 수용소, 북한의 정치 수용소, 월맹의 포로 수용소 등을 지옥 같았다고 말합니다. 그러나 인간이 상상할 수 있는 어떤 상황도 지옥과는 비교할 수 없고, 어떤 악몽도 지옥과 비교할 수 없으며, 어떤 영화도 지옥을 묘사할 수 없습니다. 인간의 상상력으로는 결코 묘사할 수 없는 곳이 지옥입니다.

성경에서는 지옥을 말할 때 운다고 했으며(마 8:12), 통곡한다고 했고(마 13:42), 이를 갈며(마 13:50), 어둡고(마 25:30), 화염 속에서(눅 16:24), 불타고(사 33:14), 고통받고(눅 16:23), 영원히 형벌 받는 곳이라고 했습니다. 지옥은 처절한 곳이고 어둡고 뜨겁고 고통스러운 곳이며 영원히 고통받는 곳입니다. 지옥은 인간을 보내려고 만든 곳이 아니라 마귀와 그의 천사들을 보내려고 하나님께서 만드신 곳입니다. 하나님의 권위에 대적하여 하나님의 계획을 방해하고, 인간들을 미혹하여 하나님이 가르치신 진리를 못 믿게 하였던 어두움의 세력들, 악과 죄를 실행하는 그들의 하수인들을 보내기 위하여 예비하신 곳입니다. 구원받지 않은 자들, 믿지 않는 자들, 범죄한 자들이 가는 곳입니다.

하나님의 경고를 무시하면 이 지옥으로 가야 하는 것입니다. 지옥이 없고 인간이 죽어서 그냥 없어져 버리는 것이라면 왜 종교가 필요하며, 교회가 필요하고, 구원이 필요한 것입니까? 지옥이 없다면 하나님을 왜 믿어야 하며 성경의 가르침을 왜 중요시해야 하는 것입니까? 여러분은 생애 동안 지옥에 관하여 몇 번이나 설교를 들어 보셨습니까? 지옥을 설교하지 않는 교회는 하나님의 피로 사신 하나님의 교회라고 할 수 없습니다. 지옥을 설교하지 않고, 가르치지 않는 목사는 하나님의 종이라고 할 수 없습니다.

예수님께서 지옥에 대하여 여러 번 경고하신 것은 그곳은 사람이 갈 곳이 못되기 때문입니다. 예수님은 오른쪽 눈이 잘못하면 그 눈을 빼 버리고서라도 지옥에만은 가지 말라고 말씀하셨고, 범죄하는 오른손을 절단시켜서라도 지옥에만은 가지 말라고 말씀하셨습니다

(마 5:29,30).

만일 지옥이 실재하지 않는데 실재한다고 했다거나, 예수님께서 다시 오시지 않는데도 다시 오신다고 했다거나, 인간이 죽은 뒤에 심판이 없는데 심판이 있다고 했다면 예수님은 완전한 거짓말쟁이가 되셨을 것입니다. 그러나 예수님은 지옥을 분명히 가르쳐 주셨고 사람이 갈 곳이 못 된다고 강력하게 경고하셨습니다. 마귀와 그의 천사들을 위해 예비하신 그 지옥에다 인간을 보내려고 하시면서 하나님이 세상을 이처럼 사랑하시어 독생자를 주셨으니 이는 그를 믿는 사람은 누구든지 멸망하지 않고 영생을 얻게 하려 하심이라고 말씀하셨겠습니까? 예수님이 인간에게 무엇 때문에 거짓말을 하셨겠습니까?

지옥은 실제로 존재합니다. 그것을 알 수 있는 것은 어떤 과학자가, 의사가, 해저 탐사자가 말해서가 아닙니다. 그들이 지옥이 존재한다는 증거를 보여 줬기 때문이 아닙니다. 하나님의 말씀으로 예수님께서 직접 말씀하셨기 때문입니다. 지옥을 만드신 그분께서 직접 그렇게 말씀하시고 계시기 때문입니다.

『그러나 기록된 바와 같으니, "하나님께서 자기를 사랑하는 자들을 위하여 예비하신 것들은 눈으로 보지도 못하였고 귀로 듣지도 못하였으며 인간의 마음속에 들어온 적도 없었느니라."한 것이라. 그러나 하나님께서 이것들을 우리에게 그의 영으로 나타내셨으니 이는 성령께서는 모든 것 심지어 하나님의 깊은 것들까지도 통찰하시기 때문이라. 사람의 일을 그 사람 안에 있는 사람의 영이 아니면 누가 알리요? 이와 같이 하나님의 일도 하나님의 영이 아니면 아무도 모르느니라』(고전 2:9-11).

예수 그리스도의 경고를 무시하고 사탄의 속임수에 놀아나게 되면 어느 한 날 지옥에서 깨어나게 될 것입니다. 그때는 자신이 마귀에게 속았다는 사실을 뒤늦게 깨닫지만 너무 늦어 버린 때입니다. 그때는 후회도 발악도 저주도 소용없고 오직 고통만이 있게 될 것이며 고통을 영원히 받게 될 것입니다.

결 론

왜 우리는 입이 닳도록 복음을 전하는 것입니까? 왜 자신이 죄인인 것을 알고 예수 그리스도를 구주로 영접하라 외치는 것입니까? 이 모두가 지옥에 보내지 않기 위해서입니다. 인간은 단 몇 초 앞을 예측할 수 없습니다. 자기가 언제 죽을지 아는 사람은 아무도 없습니다(잠 27:1). 다만 한 가지 분명한 성경적 사실은 구원받지 않은 혼은 영원을 지옥에서 보낸다는 것입니다. 복음을 전하는 궁극적인 목적은 인간을 지옥에 보내지 않게 하기 위함입니다. 구원은 하나님께서 주신 선물입니다. 아들까지 제물로 주시어 여러분의 죄들을 용서해 놓으심으로 여러분이 지옥에 가지 않게 해 놓으셨습니다. 이제 여러분이 할 일은 이 사실을 믿고 예수님을 자기 자신의 구주로 영접하시는 일입니다.

인간의 첫 번째 출생에는 문제가 있었습니다. 아담의 죄를 물려받아 영이 죽은 채 태어난 것입니다. 이제 우리에게는 두 번째 출생이 필요합니다. 영이 다시 태어나야 하는 것입니다. 육신으로 난 것은 육이요 성령으로 난 것은 영이기 때문입니다. 영이 거듭나게 되면 혼이 구원을 받게 됩니다. 구원받은 혼은 죽어도 다시 살며 살아서 믿는 사람은 주님 오실 때 들림받게 됩니다.

지옥은 사람을 위해서 마련된 곳이 아니라 마귀와 그의 추종자들을 위해서 마련된 곳입니다. 그 누구도 그곳에 가서는 절대로 안 됩니다. 예수 그리스도를 믿고 구원받아 안전한 삶을 살아야 합니다.

7

누가 십자가의 원수들인가?

『형제들아, 너희는 모두 나를 따르는 자가 되라. 그리고 너희가 우리를 본으로 삼은 것같이 그렇게 행하는 자들을 주시하라. (내가 자주 너희에게 말하였고 지금도 눈물로 말하지만 많은 사람이 그리스도의 십자가의 원수들로 행하고 있느니라. 그들의 종말은 파멸이며 그들의 하나님은 자기들의 배요, 그들의 영광은 자기들의 수치 속에 들어 있고 그들은 땅의 것들을 생각하느니라.) 우리의 시민권은 하늘에 있으므로 우리가 그곳으로부터 오실 구주이신 주 예수 그리스도를 기다리고 있으니 그가 만물을 자신에게 복종시키는 그 능력의 역사로 인하여 우리의 천한 몸을 그분의 영광스러운 몸같이

변모시키시리라』(빌 3:17-21).

    세상에서의 원수란 적대 관계에 있는 상대를 말합니다. 개인이든, 단체이든, 국가이든 적대 관계에 있는 대상을 말하며 그 대립이 이념이든, 인종이든, 어떤 이익이든, 영토 확보를 위한 것이든 간에 적대 관계에 있는 상대를 말합니다. 이런 적대 관계는 힘의 우위로나 상대편의 몰락으로나 혹은 어느 한쪽이 생을 마감하게 될 때 끝나게 됩니다.

    그러나 영적 적대 관계는 창세기 3장에서 시작되어 지금도 계속되고 있으며 요한계시록 20장에 가서야 끝나게 되어 있습니다. 이 적대 관계는 하나님의 섭리적인 계획에 따라 하나님께서 직접 개입하지 않고서는 끝나지 않는 것이 그 특징입니다. 이 영적 적대 관계는 치열하고 치밀하며 방대하여 인위적인 해결책이 없으며, 오직 우리의 구주이신 예수 그리스도께서 사탄을 끝없이 깊은 구렁에 가두시고 이 땅에 천년왕국을 세우셔서 직접 통치하실 때에만 종결이 나게 될 것입니다.

    십자가의 원수란 예수 그리스도의 원수라는 말과는 다릅니다. 십자가의 원수란 예수 그리스도의 원수도 포함되지만, 실은 교회 안에 성도로서 들어온 사람이 예수 그리스도의 명령에 순종하지 않음으로써 오히려 주님의 뜻을 대적하는 상태로 남아 있는 것을 말씀하시는 것입니다.

누가 십자가의 원수들인가?
I. 그 종말이 파멸인 자들입니다(18절).

그 종말이 파멸인 자는 지옥이 그 목적지인 자들입니다. 아담이 범죄했을 때 죽었던 것은 영이기에 이 영이 성령으로 거듭나지 않게 되면 혼의 구원은 없습니다. 혼은 영원히 멸망당하지 않기 때문에 영원을 살게 되는데 문제는 어디서 영원을 보내느냐는 것입니다. 구원받지 못한 혼은 지옥에서 영원을 보내게 되며 구원받은 혼은 죽으면 부활하고, 살아 있다면 휴거되어 주님을 만나게 됩니다.

하나님께서 아담을 창조하셨을 때(창 2:7) 흙에다 생명의 호흡을 불어넣으시니 살아 있는 혼이 되었습니다. 개역성경은 생령이 되었다고 틀리게 번역함으로써 사람이 몸과 혼과 영으로 구성된 것이 아니라 몸과 영혼으로 구성되었다는 이원론의 근거가 된 것입니다. 이에 따라 고린도전서 15:45에서도 **"첫 사람 아담은 살아 있는 혼이 되었느니라." 함과 같이 마지막 아담은 살려 주는 영이 되었느니라.**』인 것을 개역성경은「첫 사람 아담은 산 영이 되었다 함과 같이 마지막 아담은 살려 주는 영이 되었나니」라고 함으로써, 아담도 산 영이 되고 그리스도도 살려 주는 영이 되어 무슨 말을 하고 있는지 혼미하게 하고 있습니다. 개역성경도 성경이라고 하는 사람들은 신학과 교리를 알고 있는지 의심스럽습니다.

구령하다 보면 자기가 죄인이라는 사실도 인정하지 않고 예수님이 구세주라는 사실도 인정하지 않으면서 지옥에 가겠다는 자들도 있고 또 죽는데 지옥이면 어떠냐고 하는 자들도 있습니다. 그러나 막상 사람들은 지옥에 가라고 하면 화를 냅니다. 지옥이 어떤 곳인지 일생 동안 한 번도 들어 보지 못한 사람들도 있습니다. 왜냐하면 지옥에 대해서 설교하지 않는 교회가 많기 때문입니다. 예수님께서 지상에 계실 동안에는 천국보다 지옥에 대하여 더 많이 언급하셨던 것을 알 수 있습니다. 사람은 누구나 죽는데 사후의 생에 대해 정확히 밝혀 주는 것은 이 세상에 성경밖에 없습니다.

누가 십자가의 원수들인가?
II. 그리스도인들 가운데 많은 사람이 십자가의 원수들로 남아 있습니다(19절).

이들은 예수 그리스도의 원수들이 아니라 십자가의 원수들입니다. 그리스도인이면 마땅히 져야 할 십자가를 지지 않는 것입니다. 갈라디아서 2:20, 6:12과 마태복음 10:38은 십자가를 지는 삶인데 많은 교회가 성도들에게 십자가를 지는 삶을 권고하지 않고 있습니다. 그 이유는 세상을 비관적으로 보지 않게 한다는 것입니다. 성경에서 조명한 세상은 모두가 부정적입니다. 성령님은 심지어 세상도, 그 안에 있는 것들도 사랑하지 말라고 하셨습니다(요일 2:15).

그 대신 성령화대회, 경배와 찬양, 민족복음화, 세계복음화, 21세기 운동, 방언신유대회, 교회성장, 통일성취대회, 국토 쓰레기 줍기 대회, 교회하나되기운동, 초교파 기독 청년회 등을 들고 나오고 있습니다. 이것들은 모두 주님이 사랑하지 말라는 세상을 잘사는 곳으로 만들어 보자는 것입니다.

이 시대의 교회들은 찬양, 기도, 사랑, 평화운동은 전개하면서도 정작 십자가를 지는 삶은 가르치지 않고 있습니다(마 11:28,29,30).

누가 십자가의 원수들인가?
III. 자기들의 배를 하나님으로 섬기는 자들입니다(18절).

성경대로 믿지 않는 자들은 자기들의 배를 섬기는 자들로 먹고살면서도(롬 16:17,18) 자기들이 하나님의 일을 한다고 자랑합니다. 구원받은 많은 사람들이 땅에 있는 것들에서 영광을 취합니다. 성경을 모르는 세상 사람들의 인정을 자기들의 교리를 인정하는 것으로 착각하며 삽니다(눅 16:15).

스스로 임명한 대사와 하나님이 기름부으신 대사가 있습니다. 먹고 사는 것이 자기들의 일이지 어찌 하나님의 일입니까? 성도에게는 헌신만 있을 뿐 쓰임받는 일은 스스로 정할 수 없습니다. 예수 그리스도를 주라고 부르는 사람은 자기가 종이요 노예임을 알아야 합니다. 종에게 무슨 불평이 있으며 선택권이 있습니까? 우리가 누리고 있는 것이나 소유하고 있는 것 모두가 주님으로부터 받은 것이기에

받지 않은 것처럼 자랑하는 것은 어리석은 것입니다(고전 4:7).

자기 배를 위해 사는 사람들은 예수 그리스도께서 오시는 것을 기다리지 않습니다. 예수 그리스도의 재림을 기다리며 사는 사람은 매사를 하나님의 뜻에 합당하게 행하려고 노력합니다.『**그러므로 깨어 있으라. 너희는 인자가 오실 그 날과 시간을 모르기 때문이라**』(마 25:13)라고 하셨습니다. 배를 위해 사는 사람들은 다가올 세대의 영광이 무엇인지를 모르고 삽니다.

누가 십자가의 원수들인가?
IV. 땅에 있는 것들을 생각하는 자들입니다(18절).

무엇이나 자기 뜻대로 해놓고 하나님의 뜻대로 했다고 하는 자들도 있습니다. 너무 바빠서 전화받을 시간도 없고, 성도를 만날 시간조차 없는 자들, 이런 자들이 언제 성경을 읽고 기도할 시간이 있겠습니까? 성경도 없으면서 성경을 논하는 학자들도 있습니다. 이들은 성경도 없으면서 성경의 영감설, 무오성, 영적 양식 등을 논하는 자들이며, 성경을 옹호하는 채 할 뿐 성경을 파괴하고 부정하여 믿지 못하게 하고 있는 자들입니다. 결국 이들은 하나님의 최종권위를 찬탈하려는 자들입니다.

이러한 자들은 사람을 두려워하고 하나님을 두려워하지 않는 자들(갈 1:10)입니다. 세상에 속한 자들은 세상에 관해서 말하며(시

17:14), 세상도 그들의 말을 수용합니다(요일 4:5). 땅에 있는 것에 소망을 둔 자들은 하늘에 있는 것의 가치를 모르고 사는 것입니다.

누가 십자가의 원수들인가?
V. 시민권이 하늘에 있지 않은 자들입니다(20절).

시민권이 하늘에 있지 않고 그저 자기 배만 섬기는 자들의 종말은 멸망입니다. 계속해서 자기 아비 마귀의 형상만을 닮을 것이기 때문입니다. 반면에 하늘에 시민권을 가진 사람들의 종말은 영광입니다. 그들은 예수 그리스도의 몸과 같은 죄 없는 몸을 가지게 될 것이기 때문입니다(빌 3:21, 요일 3:1,2). 하늘에 시민권이 있는 자들은 상이 있고 유업이 있기에, 예수 그리스도의 재림을 기다릴 소망이 있습니다.

그리스도인이라고 하면서도 제자의 자격을 포기한 자들이 있습니다. 주님은 **『누구든지 나를 따라오려거든 자기를 부인하고 자기 십자가를 지고 나를 따르라.』**라고 하셨습니다(마 16:24, 막 8:34, 눅 19:23). 참된 제자는 그리스도와 함께한 공동 상속자들이며, 주님과 함께 영광을 받기 위해서는 고난도 함께 받아야 합니다. 이 세상에서 자기 십자가를 지지 않으면 면류관이 없습니다. 악하고 험난한 이 세대에서 진리대로 믿음을 실행하는 삶은 자기를 부인하는 삶뿐입니다(롬 8:17).

결 론

그리스도인의 생활규범은 다음으로 한정되어 있습니다.『내가 그리스도와 함께 십자가에 못박혀 있으나 그럼에도 나는 살아 있노라. 그러나 내가 사는 것이 아니요 그리스도께서 내 안에 사시는 것이라. 내가 이제 육신으로 사는 삶은 나를 사랑하시어 나를 위해 자신을 주신 하나님의 아들을 믿는 믿음으로 사는 것이라』(갈 2:20).

자기 십자가를 지지 않는 자는 하나님을 기쁘시게 해 드리지 못하는 그리스도인으로 삽니다. 그리스도인이면서도 자기 십자가를 지지 않는 자는 위선자입니다. 자기 십자가를 지지 않는 자는 십자가의 원수로 남아 있는 것입니다. 자기 십자가를 지지 않는 자는 주님의 명령을 거절한 자이기에 예수 그리스도를 주님이라 부를 자격이 없는 사람입니다.

8

하나님께 경배하라

『내가 그에게 경배하려고 그의 발 앞에 엎드리니 그가 내게 말하기를 "삼가 그리하지 말라. 나는 예수의 증거를 가진 네 형제들과 같은 동료 종이니, 하나님께 경배하라. 이는 예수의 증거가 예언의 영이기 때문이라."고 하더라』(계 19:10).

성경의 마지막 책 요한계시록 22:9에서는 『하나님께 경배하라.』라고 말씀하고 있습니다. 하나님의 성품과 그분의 독특하신 속성은 그분의 권능이십니다. 그분은 권위가 있으신 분이시기에 자신이 만드신 피조물들에게 순종을 요구하실 수 있으며 그분은 거룩하신 분이시기 때문에 정직하게 살 것을 요구하실 수 있습니다. 또한 거짓말하지 말고 속이지 말고 숨기지 말라고 요구하실 수 있습니다. 또 그분은 피조물들에게 살아 있는 동안에 열심히 일하라고 명령하실 수 있습니다. 또 피조물들에게 미워하지 말고 사랑하라고 명령하실 수 있습니다.

하나님께서는 특히 그분의 자녀들에게 하나님께 경배하라고 말씀하시고 있습니다. 경배받으시는 것은 하나님의 속성입니다. 하나님께서는 경배받으시기를 좋아하시는데 그렇다고 해서 아무에게나 받으시는 것은 아니며, 인간들이 제멋대로 하는 경배를 받으시는 것도 아닙니다. 하나님께서는 그분의 자녀들이 그분이 정하신 규례대로 경배를 할 때 받으신다는 것입니다.

오늘날 하나님을 바로 알지 못하는 사람은 제멋대로 하면서 하나님을 경배한다고 합니다. 과연 인간들의 그 다듬어지지 않은 행위들이 경배에 합당하겠습니까? 창조주이시고 구속주이신 하나님, 그분은 제국의 흥망성쇠를 주관하시고 인간의 생사화복을 주관하시며 세계 역사를 주관하시고 성경대로 그분의 시간표를 이행하시고 계십니다. 바로 그분께서 지금도 여전히 경배를 원하고 계시다는 것입니다. 그래서 오늘도 우리는 주님께 경배를 드리려고 이 자리에 모인 것입니다. 그러나 자기 백성들로부터 경배를 원하시는 것이지, 아무나 찬송 부르고 손뼉을 친다고 해서 경배를 받으시는 것이 아닙니다.

요한복음 4:23은 아주 의미심장한 말씀입니다.『그러나 참된 경배자들이 아버지께 영과 진리로 경배드릴 때가 오나니 바로 지금이라. 이는 아버지께서 자기에게 경배드리는 그런 자들을 찾으심이니라.』하나님께 영과 진리로 경배드릴 자격이 있는 사람이 누구입니까? 하나님께서는 그 의미를 알고 영과 진리로 예배드리는 그 자격 있는 사람을 찾고 계시는 것입니다. 경배라는 것은 예수 그리스도의 피 뿌림을 받은 하나님의 자녀들만이 영과 진리로 하나님 앞에 드릴 수 있는 것입니다. 또한 하나님의 자녀라 할지라도 자기 몸을 드리는 헌신된 사람만이 참된 경배자로서 합당한 예배를 드릴 수 있는 것입니다.

여러분, 하나님께 몸을 드리지 않은 채로 앉아서 마음으로는 다른 생각을 하고 있다면 그것은 참된 경배가 될 수 없습니다. 여러분, 하나님을 속일 수는 없습니다. 경배를 드리는 사람의 수가 중요한 것이 아니라, 그 경배를 누가 어떻게 드리느냐가 중요한 것입니다. 막상 경배를 드려야 할 성도들이 경배보다 더 소중한 일이 있다는 것은 하나님보다 더 소중한 일이 있다는 것이며, 그것은 바로 우상인 것입니다.

경배자가 경배의 대상을 잘 알지 못하고 경배드리게 되면 우상에게 경배하는 것입니다. 그러므로 하나님께 경배드리지 않고 우상에게 하고 있다면 하나님께는 모독이요 성도에게는 수치로 돌아오는 것입니다.

하나님께서는 참된 경배자를 찾고 계십니다
I. 예수 그리스도 앞에 어떤 것도 두어서는 안 됩니다.

참된 경배자는 예수 그리스도 앞에 어떤 것도 두어서는 안 됩니다. 예수님께만 경배를 드려야지 다른 것이 있어서는 안 됩니다. 예수 그리스도를 위해서 순교한 사람들도 있었고, 예수 그리스도를 위해서 복음을 전해 수십만 수백만 명을 주님께로 인도한 부흥사도 있었고, 또 예수 그리스도를 위해서 아프리카 오지에 파송되어 그 사람들과 함께 생활하면서 복음을 전했던 사람도 있었습니다. 파푸아뉴기니나 남태평양 식인종들이 사는 곳에 가서 그 사람들에게 죽임을 당한 선교사들도 있었습니다. 그 많은 수난을 겪은 존 페이튼 같은 선교사들도 있었습니다. 그 외에도 공산주의국가들이나 모슬렘 국가에서 복음을 전하던 훌륭한 선교사들도 있었습니다. 그 나라의 언어를 배워서 성경을 번역하고자 갖은 노력을 다한 선교사들도 있었습니다. 그 사람들 중에는 감옥에 갇히고 풍토병을 못 이겨서 요절한 사람들도 있었습니다.

그러나 우리가 한 가지 알아야 할 것은 그 사람들의 영향력이 예수 그리스도의 광채를 흐리게 해서는 안 된다는 것입니다. 빌리 그래함이나 존 칼빈이나 요한 웨슬리나 그 누구든지 간에 그들의 말이 예수님의 말씀보다 중요할 수 없습니다. 그 누구라도 인간은 우리 주 예수 그리스도보다 위에 있을 수 없습니다. 『**아무도 자의적인**

겸손과 천사들을 숭배함으로 너희의 상을 속여 빼앗지 못하게 하라. 그는 보지 않은 것을 억지로 주장하고 자기 육신의 생각으로 헛되이 과장하며, 머리를 붙들고 있지 아니하니 온 몸이 머리에서 마디와 힘줄을 통하여 영양을 공급받고 엮어져서 하나님께서 자라게 하심으로 자라느니라』(골 2:18,19). 그들의 교리가 성경적인 가르침보다도 우선되어서는 안 됩니다. 그들의 유명세가 그리스도보다 높아서도 안 됩니다. 그들이 무슨 일을 했든지 간에, 교회를 수백 개 세우고 수십만 명을 예수 그리스도께 인도했다 하더라도 그들의 영향력이 예수 그리스도의 영광을 가려서는 안 됩니다. 그 어떤 명분일지라도 예수 그리스도 앞에 두는 것은 우상 숭배인 것을 알아야 합니다.

하나님께서는 참된 경배자를 찾고 계십니다
II. 경배받으실 분과 경배자 사이에 약속이 있어야 합니다.

참된 경배를 위해서는 경배받으실 분과 경배하는 자들 사이에 약속이 맺어져 있어야 합니다. 여러분, 잠시 출애굽기 24:1-8을 주의 깊게 읽어 보시기 바랍니다. 모세는 이스라엘 백성들이 하나님과 언약을 맺을 때 단지 백성들에게 하나님의 말씀만 전달했습니다. 모세가 먼저 결단해서 백성들에게 "너희들은 무조건 하나님께 경배드려야만 한다."고 하지 않았습니다. 출애굽기 24:3에서 『**모세가 와서**

백성에게 주의 모든 말씀들과 모든 명령들을 말하였더니 모든 백성이 한 음성으로 대답하여 말하기를 "주께서 하신 모든 말씀들을 우리가 행하리이다."』라고 기록하고 있습니다. 하나님께 순종하고 하나님께 경배하겠다고 백성들이 동의했습니다.

모세가 말씀을 전달하고 백성들이 그 말씀을 듣고 동의하니까 그때야 비로소 5절에서 보듯이 번제와 화목제를 드렸습니다. 그 다음에는 그 동물을 잡아 가지고 대야에 담은 피를 반은 제단에다 뿌리고 반은 백성에게 뿌렸습니다. 『**모세가 피를 떠서 백성에게 뿌리고 말하기를 "언약의 피를 보라. 이는 주께서 이 모든 말씀에 관하여 너희와 맺으신 언약이라." 하더라**』(출 24:8). 대야에 담아서 반은 제단에다 뿌리고 반은 백성에게 뿌렸는데 제단에 뿌린 피는 죄를 용서해 주셨다는 것을 의미합니다. 이는 죄인과 하나님과의 관계를 정상화한 것입니다. 죄가 있는 상태에서는 인간과 하나님과의 관계는 정상화되지 않습니다. 또한 백성에게 뿌린 피는 하나님과 관계를 정상화한 백성이 하나님께 순종의 생활을 약속한 것입니다. "아, 우리가 하나님께서 명령하신 대로 하겠습니다."라고 약속한 것입니다. 그중 첫째가 경배인 것입니다. "제가 하나님께 순종하고 하나님께 경배를 드리겠습니다."라고 피로 언약을 맺은 것입니다.

신명기 5:3을 보면 『**주께서는 이 언약을 우리의 조상과 더불어 맺으신 것이 아니고 우리와 더불어 맺으신 것이니, 우리 곧 오늘 여기에 살아 있는 우리 모두와 맺으신 것이라.**』고 말씀합니다. 오늘 여기에 모인 여러분들 가운데도 예수 그리스도의 피뿌림으로 인해서 하나님께 경배드리겠다고 언약을 맺으신 분만이 경배드릴 수 있는 것입니다. 신명기 6:4,5에 보시면 『**오 이스라엘아, 들으라. 주 우리 하나님은 한 분 주시니 너는 네 마음을 다하고 네 혼을 다하고 네 힘을 다하여 주 너의 하나님을 사랑할지니라.**』고 말씀합니다. 이것이 경배하는 사람이 갖추어야 할 자격인 것입니다. 이 의미를 모른 채 앉아서 찬송가만 따라 부르는 것은 참된 경배가 아닙니다.

저는 여러분들에게 이스라엘이 피로 언약을 맺었고, 성도들이 피로 언약을 맺었다고 말씀드렸는데, 그러면 하나님과 피로 언약을 맺은 이스라엘이 이 약속을 이행했습니까? 아닙니다. 이스라엘은 3주도 채 안 되어서 우상을 만들어 경배함으로써 순종하겠다고 동의한 그 약속을 파기시켜 버렸습니다. 오늘날도 많은 자칭 그리스도인들이 예수 그리스도의 피로 약속해 놓고서 갖가지 이유와 핑계를 대면서 그 약속을 파기해 버리고 있습니다. "저는 하나님의 명령에 순종하고, 저는 하나님께 어떠한 일이 있어도 경배드리겠습니다."라고 해 놓고 그 약속을 지키지 않는 것입니다. 하나님의 명령을 무시하는 것입니다. 이것은 마치 순종을 약속하고 경배를 약속하고서도 자기 우상에게로 돌아서 버리는 것과 같습니다. 이스라엘은 우상에게로 돌아갔습니다. 결과적으로 그런 행동은 하나님 아버지를 슬프게 하는 것입니다.

우리 하나님은 한 영이시지만 인격을 가지신 영이십니다. 우리가 죄를 지으면 슬퍼하시고 진노하십니다. 우리가 불순종하면 반역이라고 여기시는 것입니다. 악한 사람은 반역만을 찾습니다. 우리가 이 악한 세상에서 육신을 입고 진리를 실행하는 삶을 살기 위해서는 하나님의 도움이 없이는 불가능합니다. 이것은 그리스도인이면 누구나 시인하는 것입니다. 우리는 하나님께서 지속적으로 보호해 주실 것을 원하는 것입니다. 우리들의 건강도 지속되어야 하며 우리가 하는 일의 번영도, 우리의 가정의 안정도, 무사고도 지속되어야 합니다. 언제까지입니까? 다시 오실 주님을 만날 때까지입니다. 그래서 우리는 매일, 매순간마다 주님께 기도합니다. 그래서 그 기도로 지속적인 하나님의 도우심을 받는 것입니다.

사실 모슬렘들은 아무리 가난해도 성지 순례를 하라고 합니다. 그래서 그들은 그 명령을 누가 했을지라도 성지 순례를 합니다. 아마 그리스도인들에게 당신이 구원받기 위해서 평생 동안에 세계일주를 해야 한다고 하면 그 일을 할 것입니다. 그런데 쉬운 일을 요구하면 너무 쉽기 때문에 안 합니다. 제도화된 교회에 가 보십시오. 제가 성경핵심강연회를 하면서 미국 서부에서부터 동부까지 12일 동안에 열 곳을 다녔습니다. 로스앤젤레스에서 시작해서 샌프란시스코, 산호세, 보스턴, 뉴욕, 뉴저지, 워싱턴 D.C.까지 한인들의 큰 교회들은 거의 다 가 보았습니다. 그러면서 자매들이 잘 차려입고 부산하게 점심 준비는 잘 하는데 정작 강연회에는 참석하지 않았습니다. 그들에게는 교회에서 밥하는 것이 더 중요하고 하나님의 말씀을 듣고, 깨닫고, 하나님의 말씀의 존귀함을 아는 것은 덜 중요했던 것입니다. 이것이 인간이라는 것을 여러분은 아셔야 합니다. 사람들은 어려운 일은 해 내면서 가장 쉬운 일을 하라고 하면 하지 않습니다. 경배드리는 것은 마음의 자세에 달려 있는 것입니다. 그래서 하나님께서는 그 마음의 자세를 요구하시는 것입니다.

하나님께서는 참된 경배자를 찾고 계십니다
III. 참된 경배는 영과 진리로 드리는 경배이어야 합니다.

참된 경배는 영과 진리로 드리는 경배이어야 합니다. 오늘날 소위 교회라는 곳들에서 사람들이 경배를 드린다고 하고 있으나, 예수님께서 말씀하시는 그 경배와는 거리가 멀기 때문에 그 경배는 진정한 경배가 될 수 없습니다. 열린 예배, 찬송가, 율동, 악기들, 박수, 이런 것들로 참석자들의 감정을 고조시켜서 흥분하게 만드는 것입니다. 일부러 감정을 고조시켜 기분을 좋게 만들어서 쓸데없이 서원하게 만들고, 돈 내게 만들고, 약속하게 만들고, 거짓 충성을 도출해 내는 것이 현대판 경배입니다. 모두가 성경에 근거하지 않은 것들입니다. 그래서 성경에 근거가 없기 때문에 문화라고 이름 붙이고 있는 것입니다. 이것을 경배 문화라고 합니다. 그러나 대부분의 제도화된 교회들에서 이러한 문화 행사를 자행하고 있는 것이 오늘날의 실정입니다. 그것이 또 하나의 우상이라는 사실을 아셔야 합니다.

예수 그리스도께서는 참된 경배는 영과 진리로 드리는 경배라고 말씀하고 있습니다.『그러나 참된 경배자들이 아버지께 영과 진리로 경배드릴 때가 오나니 바로 지금이라. 이는 아버지께서 자기에게 경배드리는 그런 자들을 찾으심이니라. 하나님은 한 영이시니 그분께 경배드리는 자들은 영과 진리로 경배드려야만 하리라."고 하시니라』 (요 4:23,24). 성도는 성령으로 충만한 가운데서 하나님의 말씀에 순종하겠다는 자세로 주님 앞에 서는 것입니다. 그래서 제가 여러분에게 하나님의 뜻에 합당한 말씀을 전파하면 여러분들이 "아멘" 하게 되는 것입니다.

하나님께서는 우리가 모든 죄를 자백하며, 육신적이지 아니하고 주님으로 채워지기를 원하시는 것입니다. 자신의 몸만 예배실에 있고 마음은 자기가 원하는 곳에 둔다면 영으로 드리는 예배가 될 수 없습니다. 바쁘다는 핑계라든지 그 어떤 이유도 정당화 될 수 없습니다. 여러분, 대통령이 언제 한번 만나자고 한다면 핑계를 대겠습니까? 우리 주님이 대통령보다 못한 존재입니까? 그러나 우리는 주님의 피 뿌림을 받은 사람들이기 때문에 주님의 명령에 순종하겠다고 약속했습니다.

"진리"가 무엇입니까? 마음속에 어떤 거짓도 없는 것입니다. 그리스도인은 거짓말하지 않는 사람입니다. 어떤 속임수도 없는 것입니다. 저는 어떤 비성경적인 교리도 수용하지 않습니다. 경배에는 의식과 형식이 필요 없는 것입니다. 그렇게 드리는 경배를 순수한 경배라고 하는 것입니다. 자기의 주장을 굴복시키고 오직 진리만을 실행하고 진리만을 사랑한다는 자세로 하나님 앞에 나올 때 진리로 드리는 예배가 되는 것입니다.

때로는 이 "진리"라는 것은 진실을 말합니다. 거기에는 거짓이나 가식이 없습니다. 주님 앞에 진실되이 나아가는 것입니다. 성경적 교리와 교단 교리는 다릅니다. 교리에는 성경적인 교리도 있고 마귀의 교리도 있다는 것을 알아야 합니다. 성경으로 검증되지 않은 모든 교리는 마귀의 교리입니다. 성경으로 검증되지 않은 모든 것은 비성경적이고 비성경적인 것은 이단적인 것입니다. 요한복음 4:24에 보면 경배를 드리는 것이 단지 좋다고 말씀하시지 않았습니다. 『영과 진리로 경배드려야만 하리라』고 말씀하셨습니다. 반드시 그렇게 해야 한다고 하신 것입니다. 이렇게 드리는 경배가 바로 하나님께서 성도들로부터 받기를 원하시는 경배입니다.

우리 성도들은 반드시 영과 진리로 하나님께 경배드려야만 합니다. 주님께서는 제 인생의 여러 경우들을 통해서 "네가 나를 사랑하느냐?"고 확인하셨습니다. 저는 한 번도 제가 주님을 위해서 무엇을 희생하고 있다고 말씀드린 적이 없습니다. 제가 현재 이렇게 복음을 전하고 진리를 가르치면서 사는 것이 인생을 사는 가장 정확한 방법이라고 주님께서 가르쳐 주셨습니다. 그렇기 때문에 저는 전혀 후회하지 않습니다. 주님께서는 제가 가져야 할 그 이상으로 저에게 너무 많은 은혜를 베푸셨습니다. 주님께서 저를 용서해 주시고 저를 받아주셨을 때 그때 저는 죽었습니다. 저는 한참 후에야 그것을 깨달았습니다. '아, 내 인생은 덤이구나. 진작 죽었어야 했는데.' 사실 1978년에 제가 예수님과 함께 십자가에 못 박혀서 죽었을 때 그때 저도 죽었어야 했는데, 실제적으로 죽었어야 했는데, 지금 살아있는 것입니다. 덤으로 사는 인생인 것입니다.

결 론

주님께서 여러분들에게 똑같은 질문을 하고 계십니다. "너희는 나를 사랑하느냐?" 주님께서 그 질문을 저에게만 하시는 것이 아니라 여러분에게도 하시는 것입니다. 여러분이 잘못 깨닫고서 나는 주님을 위해서 너무 많이 희생하며 살고 있다고 착각할지 모르지만, 주님은 이렇게 묻고 계십니다. "나는 영과 진리로 나에게 경배드리는 참된 경배자들을 찾고 있다. 네가 나를 사랑하느냐?" "네. 사랑합니다." "그래, 바로 너와 같은 참된 경배자를 찾고 있었다. 고맙다. 과연 네가 나의 피 뿌림을 무시하고 있지 않았구나!"

주님께서 참된 경배자들을 찾고 계시다는데 여러분은 그것을 무시하시겠습니까?

9

혼의 가치는 얼마나 될까?

『사람이 온 세상을 얻고도 자신의 혼을 잃는다면 무슨 유익이 있겠느냐? 또 사람이 자기 혼을 무엇과 바꾸겠느냐?』(막 8:36,37)

인간의 혼은 어떻게 생겼으며 도대체 그 값이 얼마나 되기에 주님께서 우리를 위하여 십자가에 못박혀 죽으셨으며, 또 온 세상과도 바꿀 수 없다는 것입니까? 여러분도 아시는 바와 같이 하나님께서 흙으로 사람을 만드시고 그의 콧구멍에다 생명의 호흡을 불어 넣으시니, 사람이 살아 있는 혼이 된 것입니다. 이렇게 태어난 혼은 영원히 죽지 않는 불멸하는 존재입니다.

여러분은 이 세상에 영존하는 것이 무엇이라고 생각하십니까? 영원히 지속되는 것이 무엇입니까? 영원히 지속되어 향유할 수 있는 것이 있다면 그것이 바로 진리입니다. 제국의 권세들을 보십시오. 그리스의 알렉산더나 칭기즈칸, 나폴레옹 등 많은 사람들이 자기가 세계를 제패한 줄 알았습니다. 그러나 한때 세계를 제패했던 앗시리아, 바빌론, 메데페르시아, 그리스, 로마 등 그 어떤 제국도 300년 이상 존속하지를 못했습니다. 지금 미국이 세계를 시장화하여 막대한 부를 누리고 있지만 미국의 힘이 얼마나 오래가겠습니까? 원유가는 오르고, 그 매장량이나 재고도 바닥이 나고 있습니다. 미국은 도덕적으로도 퇴폐해 버렸습니다. 세상은 어디로 가며, 무엇이 존속되는 것입니까?

혼의 가치는 얼마나 될까?
I. 혼은 불멸입니다.

혼은 불멸입니다. 해와 달과 별, 지구가 다 소멸되어도 혼은 살아 있습니다. 혼은 몸과 똑같이 생긴, 지성과 감정과 의지를 가진 그 사람의 인격입니다. 우리는 육신 안에 '나'라는 자아를 가지고 있는데 바로 그것이 혼입니다. 화장터에 관을 집어넣으면 몸은 타 버리지만 혼은 타지 않습니다. 혼은 불멸이기 때문에 세상의 모든 보물을 다 주고도 살 수 없습니다. 특히 구원받은 혼은 소중합니다. 수

천, 수만 명의 피를 가지고도 한 사람의 혼을 살 수는 없습니다. 오직 예수 그리스도의 보혈만이 혼을 구속할 수 있습니다. 다른 사람은 구속할 수 없습니다. 그렇기 때문에 하나님께서 이 땅에 내려오셨습니다.

혼은 불멸이기 때문에 이 세상에 갖가지 종교들이 생겨났습니다. 그러나 혼의 문제는 어디에서 영원을 보내는가에 있습니다. 천상의 낙원인가, 아니면 지옥인가? 이것이 성경의 가르침이며, 이것이 하나님의 지식입니다. 혼의 불멸, 혼의 중요성을 증거하지도 못하면서 여러 가지 종교들이 생겨나서 진리를 가르친다고 거짓말을 합니다. 많은 교회들이 거짓 확신을 주면서 사람들을 안심시키고 있는데 그것은 어리석은 사람들이 받을 몫입니다. 로마카톨릭의 종부성사는 죽어가는 사람을 두고 신부가 가족들을 안심시키려고 행하는 거짓말입니다.

구원받은 혼은 낙원에서 영원을 보내기 때문에 그 가치를 말합니다. 반면에 구원받지 못한 혼은 그 자체가 저주입니다. 우리는 이 지상에서도 낙원과 지옥을 구별할 수 있습니다. 성경에서 묘사하고 있는 그런 낙원과는 비교도 안 되지만 깨끗한 환경, 쾌적한 생활 공간, 친절한 사람들과 질서가 있는 곳, 아름다운 꽃들과 수림, 맑은 물과 풍성한 음식, 사랑하는 사람들이 있는 곳을 낙원 같다고 합니다. 사람들은 이런 곳들을 찾아 여행을 떠나며 이민을 갑니다. 반면에 지저분하고, 덥고, 추우며, 시끄럽고, 배고프며, 무서운 사람들이 싸우고 도둑질하는 그런 곳을 지옥 같다고 합니다. 사람들이 동경하는 것은 낙원이지 지옥이 아닙니다.

하나님의 사랑은 어떤 것입니까? 하나님의 사랑은 무엇을 말하고 있습니까? 이 세상에 왜 교회가 존재해야 하며, 교회는 무엇을 해야 합니까? 무엇이 가장 중요한 일이며, 우리 교회는 이 일을 잘 하고 있습니까? 혼의 가치를 모르는 사람들이 교회를 운영하고 있다면 그것은 한낱 교회 놀이에 불과합니다.

여러분은 혼의 가치를 알고 있습니까? 구원받은 혼과 구원받지 못한 혼은 그야말로 낙원과 지옥의 차이입니다. 인간은 그 몸속에 혼이라는 자아를 담고 있습니다. 몸은 늙고 병들고 죽으면 썩지만 혼은 영원히 사는 것입니다. 예수 그리스도께서 말씀하시고 성경이 말씀하십니다. 『**사람이 온 세상을 얻고도 자신의 혼을 잃는다면 무슨 유익이 있겠느냐?**』(막 8:36)

혼의 가치는 얼마나 될까?
II. 하나님의 뜻을 행하는 자는 영원히 거하게 됩니다.

세상은 사라지지만 하나님의 뜻을 행하는 자는 영원히 거한다고 했습니다(요일 2:17). 하나님의 뜻을 행하는 사람이 누구입니까? 하나님께서 말씀하신 대로 믿고 구원받은 혼들을 말합니다. 모든 육체는 풀과 같고 사람의 모든 영광은 풀의 꽃과 같으며, 풀은 마르고 꽃은 져도 주의 말씀은 영원토록 남아 있다고 하셨습니다(벧전 1:24,25). 봄에 자라나서 겨울까지 가는 풀이 없는데, 사람의 모든 영광은 그 풀의 꽃과 같다고 하지 않았습니까? 인간의 생명은 잠깐 보이다가 사라지는 안개라고 했습니다(약 4:14). 그렇다면 영원히 남는 것이 무엇입니까? 하나님의 말씀입니다. 하나님의 뜻을 행하는 자입니다.

사람들은 인생이 덧없음을 알면서도 진리를 구하러 예수 그리스도께 오지 않습니다. 그들은 인간의 말을 믿으려 하고, 종교를 믿으려 하면서도 하나님께서 하신 말씀은 믿으려 하지 않는 것입니다. 예수 그리스도께서는 『**나는 길이요 진리요 생명이라. 나로 말미암지 않고서는 아버지께 올 사람이 아무도 없느니라.**』(요 14:6)라고 말씀하셨습니다. 영생이 아닌 것을 찾으려면 종교를 찾고, 사람을 따라가도 됩니다.

그러나 길과 진리를 찾고 영원한 생명을 찾으려면 예수 그리스도를 찾아야 합니다. 하나님이시며 인간이신 그분을 찾아 만나야 합니다. 예수 그리스도가 어떤 분이신 줄 모르는 사람은 인생을 허망하게 보내다가 지옥에 가서 후회를 하게 됩니다. 무엇이 똑똑한 것입니까? 진리를 깨닫지 못하고 현재와 사후의 생에 대해 확신 없이 사는 사람인가요? 진리를 안다고 말하면서 계속 내일로 미루다가 병들어 죽게 되었을 때 후회하는 사람입니까? 단 2분 후에 자신이 탄 버스가 사고 날 것도 모르고 웃으면서 버스를 타는 것이 인생입니다.

인생은 고작 70년을 살기 위해 일하고 공부하며 애쓰다가 가 버립니다. 너무 아깝고 짧은 것입니다. 성공한 사람이라도 겨우 얼마의 재물을 자식에게 남겨 주는 것으로 위안을 삼을 뿐입니다. 마귀는 이생이 전부라고 사람을 속입니다. 그러나 창조주시며 구세주이시고 우리의 혼을 구속하시기 위해 십자가에서 죗값을 치러 놓으신 주님께서는 『**사람이 온 세상을 얻고도 자신의 혼을 잃는다면 무슨 유익이 있겠느냐?**』(막 8:36)라고 선언하십니다.

중국내지선교회를 설립했던 허드슨 테일러에게는 연년생의 형이 있었는데 두 사람은 각기 다른 가치관을 가지고 있었습니다. 형은 영국 의회 의원이 되길 원했고 동생은 중국 선교를 갈망했습니다. 〈대영 백과사전〉(The Encyclopedia Britannica)을 보면 허드슨 테일러에 대하여 "선교의 선구자이고, 중국내지선교회 설립자이며... 모든 선교사의 귀감이다."라고 쓰여 있습니다. 그런데 그의 형의 무덤비석에는 단지 '허드슨 테일러의 형'이라고 되어 있습니다. 영원의 가치를 위해 산 사람과 사라져 버릴 것들을 위해 산 사람의 가치관의 차이입니다.

아프리카에서 선교를 하고 그 심장을 아프리카에 묻었던 선교사 데이비드 리빙스턴의 한 친구 이야기가 있습니다. 수많은 군중들이 운집한 가운데 리빙스턴의 시체가 영국에 도착했을 때 그의 가장 친했던 한 친구는 "내가 엉뚱한 단어에다 관심을 두었었구나!"하고 울었다는 것입니다.

혼의 가치는 얼마나 될까?
III. 지옥은 무서운 곳입니다.

여러분은 지금 영원에 대해, 영생에 대해, 지옥에 대해, 주님의 재림에 대해, 구원에 대해 너무 많이 들었습니다. 그래서 무감각하게 들릴 수도 있습니다. 그러나 그렇게 들어서는 안 됩니다. 우리는 심각한 말들이기 때문에 계속적으로 반복하는 것입니다. 여러분의 생각을 다른 것에 두면 안 됩니다.

지옥은 무서운 곳입니다. 이 지구상의 어떤 무섭고 더러운 곳, 고통과 배고픔, 슬픔과 탄식이 있는 곳도 지옥에는 비교될 수 없습니다. 시베리아의 강제 수용소나 북한의 정치범 수용소, 월남의 포로 수용소와도 다릅니다. 지옥은 마귀와 그의 천사들을 위하여 준비한 영원한 불구덩이(마 25:41)입니다. 누가복음 16장에 나오는 부자는 비유가 아닌 실제입니다. 예수님께서는 여러 곳에서 비유들을 말씀하셨지만 누가복음의 부자와 거지 나사로의 이야기는 실제입니다. 지금 그 부자는 어디에 있습니까? 그는 2,000년 동안이나, 그리고 지금도 계속 지옥에서 고통을 당하고 있는 것입니다. 그가 원하는 것은 손가락 끝에 찍은 물 한 방울입니다.

누가 그곳에 갑니까? 술 마시고 거짓말했다고, 도둑질하고 음행했다고 가는 곳입니까? 아닙니다. 예수 그리스도를 거절한 사람이 가는 곳입니다. 예수 그리스도를 구세주로 영접하기를 거절한 죄는 하나님의 은혜를 저버린 죄입니다. 참으로 큰 죄입니다. 지옥에 가야할 죄입니다. 예수 그리스도를 메시아로 받아들이기를 거절한 유대인들을 보십시오. 그들은 메시야를 거절한 죄로 1,900년 동안이나 극심한 고난을 받고도 아직 야곱의 고난의 때라는 7년의 고통이 남아있습니다. 사도 바울은 3년 동안 밤낮 쉬지 않고 눈물로 훈계했다고 했습니다(행 20:31). 자기의 사랑하는 사람이 예수 그리스도를 거절하면 지옥에 가는 줄 알고서도 눈물로 베개를 적시지 않는 그리스도인이 있습니까? 하나님을 믿는다고 말하면서도 예수 그리스도를 대적했던 자들에게 예수님께서는 『**너희 뱀들아, 독사의 세대야, 어떻게 너희가 지옥의 저주에서 피할 수 있겠느냐?**』(마 23:33)라고 하셨습니다.

한 사람의 혼을 위해 예수님이 죽으셔야 했다면 그 혼의 값은 얼마나 될까요? 마태복음 13:45,46에서 한 상인은 자기 소유를 다 팔아서 값진 진주 한 개를 샀습니다. 그는 세상을 사지 않고 값진 진주 한 개를 샀습니다. 구원받은 혼은 예수 그리스도의 신부입니다. 신랑이 신부를 사기 위해 자신을 죽여서 핏값으로 산 것이 신부입니다. 예수 그리스도의 피 말고는 혼을 구원시킬 수가 없기 때문입니다. 죄인이 예수 그리스도를 구세주로 믿는 순간에 하늘은 모든 보화를 넘겨 줄 용의가 있는 것입니다. 죄인이 예수 그리스도를 구세주로 믿고 영접하면 하늘에서는 천사들이 헨델의 메시야 중 할렐루야 코러스 같은 찬양을 하지 않겠습니까? 그래서 우리가 구령하는 그 일을 천사들도 흠모하는 것입니다.

하늘의 영광과 영원의 차원에서 볼 때 구원받은 혼의 가치는 얼마나 될까요? 마태복음 6:29에서 예수님은 솔로몬의 영광을 한 송이 들꽃보다 못하다고 했습니다. 우리는 축하하기 위해서 꽃다발을 선물합니다. 또 한 송이 장미꽃으로 프러포즈도 합니다. 낙원은 수많은 장미꽃이 영원히 지지 않는 곳입니다. 늙거나 병들지 않고, 슬픔과 고통, 걱정과 염려가 없으며 미움도 이별도 없는 곳입니다. 이 땅에서는 70년을 살기 때문에 시간을 보고 살지만 영원의 세계에서는 시간을 계산할 필요가 없기에 시계가 없을 것입니다. 해와 달이 뜨고 지는 일이 없으니까요. 영원히 사는 곳에서는 생일도 없을 것입니다.

구원의 가치를 두고 예수 그리스도께서 지신 십자가를 말하면 어린 아이들도 감동을 합니다. 그런데 복음을 전하는 소위 목사라는 자들은 마음이 얼마나 단단한지 끄떡도 않습니다.

사도행전 2:27에서 주의 혼이 지옥에 버려지지 아니하였으며, 또 주의 육신도 썩어짐을 보지 아니하였다고 말씀하십니다. 처녀가 남자 없이 임신하는 것을 보았습니까? 창세기 3:15은 여자의 씨를 말하고 있습니다. 우리 주님은 처녀에게 성령으로 잉태되어 동정녀 탄생을 하셨습니다. 그렇게 태어난 사람은 지옥에 가지 않습니다. 한편 첫 번째 출생이 잘못된 인간은 예수 그리스도께서 우리 죄를 위해 대신 십자가에 못박혀 죽으셨다는 사실을 믿고 그분을 구세주로 영접하면 성령이 우리 안에 들어오셔서 우리의 죽은 영을 살려 주십니다. 이렇게 해야 우리의 영이 거듭나는데, 이것은 예수님의 출생과 똑같은 효과입니다. 예수님께서 처녀에게 성령으로 잉태되어 태어나신 것과 우리가 성령으로 태어난 것은 똑같은 것입니다. 따라서 우리도 지옥에 가지 않습니다. 영이 다시 태어나야 혼이 구원을 받습니다.

마태복음 16:26,27은 오늘의 본문과 같지만 재림을 언급하고 있습니다.『**사람이 온 세상을 얻고도 자신의 혼을 잃는다면 무슨 유익이 있겠느냐? 또 사람이 자기 혼을 무엇과 바꾸겠느냐? 이제 인자가 자기 아버지의 영광으로 자기 천사들과 함께 오리니, 그때에 그가 각자에게 그들의 행한 대로 상 주실 것이라.**』

히브리서 10:35-39은 큰 상이 있고, 재림이 있으며, 혼의 구원에 이름을 믿는 자들을 말하고 있습니다.『**그러므로 너희의 확신을 버리지 말라. 그리하면 큰 상이 있느니라. 너희에게 인내가 필요함은 너희가 하나님의 뜻을 행한 후에 그 약속을 받기 위함이라. 조금 있으면 오실 이가 오시리니 지체하지 아니하시리라. 이제 의인은 믿음으로 말미암아 살리라. 그러나 누구라도 뒤로 물러나면 내 혼이 그를 기뻐하지 아니하리라. 그러나 우리는 뒤로 물러나서 멸망하게 될 자들에게 속하지 아니하였고, 오히려 혼의 구원에 이름을 믿는 자들에게 속하였느니라.**』

『**또 사람이 자기 혼을 무엇과 바꾸겠느냐?**』이것은 단순한 생명이 아닙니다. 이것은 영원을 사는 생명입니다. 이 생명을 소유하는 길과 이 생명을 아는 길이 진리입니다. 이 일을 위해 전력을 쏟는 것이 하나님의 일입니다. 교회를 하는 것이 목적이 아닙니다. 복음을 전하고, 이 진리를 전하는 것이 우리 그리스도인들의 목적이 되어야 합니다.

    예수님은 하늘에 머물러 있는 것을 기뻐하지 않으시고, 자신이 그 길이요, 진리요, 생명이심을 알게 하시려고 이 땅에 내려오셨습니다. 복음의 진수를 알았던 사람이 누구입니까? 바로 인간의 혼의 가치를 알았던 사람입니다. 이렇게 인간의 혼의 가치를 아는 사람만이 모든 것을 뒤로하고 70년도 못 사는 인생을 투자해서 복음을 전하고 있는 것입니다. 그러나 하나님의 말씀을 믿지 못하고 혼의 가치를 모르는 사람들은 리빙스턴의 친구나 허드슨 테일러의 형처럼 자신을 위해 70년을 살아 버립니다.

결 론

    오늘날 세계 인구의 10명 중 9명이 구원받지 못했다는 사실을 알아야 합니다. 복음을 전하는 것은 단순한 사역이 아닙니다. 구원받은 사람이 해야 할 가장 소중한 일입니다. 왜냐하면 이것이 주님께서 관심을 가지신 첫 번째 일이고, 이 일을 위해서 주님이 자신의 생명을 주셨기 때문입니다. 복음을 전파하지 않는 교회, 교회를 유지하기 위해 복음을 흉내 내는 교회, 그들은 지상에 존재할 가치가 없는 것입니다. 성경은 우리에게 『주의 약속은 어떤 사람들이 더디다고 생각하는 것같이 더딘 것이 아니라 오직 우리에 대하여 오래 참으시어 아무도 멸망하지 않고 다 회개에 이르게 하려 하심이라』(벧후 3:9), 『하나님께서 세상을 이처럼 사랑하셔서 그의 독생자를 주셨으니, 이는 그를 믿는 사람은 누구든지 멸망하지 않고 영생을 얻게 하려 하심이니라.』(요 3:16)라고 하셨습니다. 주님께서 왜 안 오십니까? 지금 주님께서 오시면 어떻게 됩니까? 수많은 사람들이 구원받지 못한 채 멸망으로 가게 됩니다. 주님께서 조금이라도 늦게 오시는 것은 우리에게 구령할 수 있는 기회, 주님을 위해 살 수 있는 기회, 주님을 위해 일할 수 있는 기회를 주시기 위함이라고 저는 믿습니다.

이 시대를 살아가는 가장 훌륭한 사람은 혼의 가치를 아는 사람입니다. 여러분은 혼을 새롭게 조명해야 합니다. 여러분의 혼을 구원하기 위해 십자가에 못박히신 예수 그리스도를 아신다면 구원받지 못한 다른 사람들의 혼의 중요성도 알아야 합니다. 그것은 단순히 이 세상만 사는 생명이 아니기 때문입니다.

10

모세의 고뇌

『**주**께서 모세에게 말씀하시기를 "가라, 너는 내려가라. 이는 네가 이집트 땅에서 데리고 나온 네 백성이 부패하였음이라. 그들이 내가 그들에게 명령한 그 길에서 급히 벗어났으며 그들이 자신들에게 주조한 송아지를 만들고 그것에다 경배하며 거기에다 희생제를 바치며 말하기를 '오 이스라엘아, 이것들이 너를 이집트 땅에서 데리고 나온 너의 신들이라.' 하였도다." 하시고 또 주께서 모세에게 말씀하시기를 "내가 이 백성들을 보았더니, 보라, 목이 굳은 백성이로다. 그러므로 이제 나대로 하게 하라. 그들에 대한 내 진노가 맹렬해져 나로 그들을 진멸하게 하라. 내가 너로 큰 민족이 되게 하리라." 하시니 모세가 주 그의 하나님께 간구하여 말씀드리기를 "주여, 주께서 위대하신 능력과 능하신 손으로 이집트 땅에서 데리고 나오신 주의 백성에 대하여 어찌하여 주의 진노가 맹렬하시나이까? 어찌하여 이집트인들로 말하여 이르기를 '주가 그들에게 악을 가져와서 그들을 산에서 죽이고 지면에서 진멸하려고 데리고 나왔도다.' 하게 하시나이까? 주의 맹렬한 진노에서 돌이키시고 주의 백성을 향한 이 재앙에서 마음을 돌리소서. 주의 종들, 아브라함과 이삭과 이스라엘을 기억하소서. 주께서는 스스로 맹세하여 그들에게 말씀하시기를 '내가 너희 씨를 하늘의 별들처럼 번성시키고 또 내가 말한 이 모든 땅을 너희 씨에게 주리니 그들이 그것을 영원히 유업으로 받으리라.' 하셨나이다." 하니 주께서 주의 백성에게 행하려고 계획하신 그 재앙에서 돌이키시니라』(출 32:7-14).

이집트에서 약 200만 명이나 되는 이스라엘 자손들을 이끌고 가축과 더불어 홍해를 건너 시내산까지 왔는데 배은망덕하게도 이스라엘 자손이 지금 광야에서 반역을 한 것입니다. 이스라엘은 다른 사람들과 어떻게 다릅니까? 하나님께서는 이스라엘 자손에게 보이셨고, 그들에게 말씀하셨으며, 그들도 대답하였고 무서워하였습니다 (출 24:9-18). 또 많은 이적과 표적으로 보여 주셨고, 반역하는 그 순간에도 하나님께서 주시는 물을 마시며, 하늘로부터 내려온 만나를 먹고 자기들의 생명을 유지하고 있었습니다. 그런데도 이들은 하나님께 반역을 한 것입니다.

『**우리 앞에 갈 신들을 우리에게 만들라...**』(출 32:1). 모세가 40일 동안 금식하며 율법을 받는 그 기간을 기다리지 못하고 백성들이 아론에게 몰려갔습니다. 이에 아론은 그들에게 굴복하고 타협하여 백성을 선동했습니다. 『**아론이 그들에게 말하기를 "너희 아내들과 너희 아들들과 너희 딸들의 귀에 있는 금 귀고리를 빼어 내게로 가져오라." 하니 모든 백성이 그들의 귀에 있는 금 귀고리를 빼어 아론에게 가져왔더라. 그가 그들의 손에서 그것들을 받아서 주조한 송아지를 만든 후에 새기는 도구로 모양을 만드니 그들이 말하기를 "오 이스라엘아, 이것들이 너를 이집트 땅에서 데리고 나온 너의 신들이라." 하더라**』(출 32:2-4).

참으로 어리석은 백성입니다. 그들은 수치스러운 짓을 서슴지 않았습니다. 주조한 송아지를 만들어 놓고 "이것들이 너를 이집트 땅에서 데리고 나온 너의 신들이라."고 했습니다. 또 아론은 그것을 놓고 그 앞에 단을 쌓은 다음, "내일은 주께 명절이니라."라고 공표했습니다. 그들은 아침 일찍 일어나 번제와 화목제를 드리고, 화목제물을 가져다가 잔치를 벌였습니다. 백성들이 앉아서 먹고 마시며 일어나서 뛰놀았습니다. 그들은 벌거벗은 채 수치를 드러내고 노래하며 춤추었습니다(출 32:17-25).

이스라엘 자손 200만 명이 하나님을 완전히 망각해 버렸습니다. 그들이 정상적인 사람들이었다면 그들을 노예에서 구속하신 분을 어떻게 그토록 쉽게 잊어버릴 수 있을까요? 그들은 놀라운 기적들을 체험했습니다. 하나님께서는 홍해를 가르시고 이스라엘 자손들로 바다 한가운데를 통과하여 마른 땅을 밟고 건너가게 하셨고, 추격해 오던 파라오의 병거들과 기병들은 바다 한가운데서 뒤집어 엎으셨습니다. 메마른 광야에서 반석을 쳐 물을 주시고, 하늘로부터 만나를 주셔서 먹이시며 밤에는 불기둥으로, 낮에는 구름기둥으로 그들을 인도하셨습니다. 젖과 꿀이 흐르는 약속의 땅을 소망으로 주셔서 인도하시는 그 하나님을 여러분 같으면 잊어버릴 수 있겠습니까?

이스라엘이 하나님을 망각하게 된 이유
I. 영적 분별력이 없었기 때문입니다.

이스라엘 백성들은 영적 분별력이 없었습니다. 하나님의 능력과 두려움만 알았지 마귀의 존재와 그의 계략을 몰랐던 것입니다. 마귀가 얼마나 교활하며, 인간에게 침투하여 하나님을 대적하도록 책동하는지의 영적 지식에 무지했던 것입니다. 오늘의 본문에서 우리는 형식적인 믿음을 가진 자들은 마귀의 밥이라는 교훈을 받습니다.

그들의 지도자 모세는 지금 불타는 시내 산에서 40일 간을 먹지도 마시지도 않고 하나님으로부터 말씀을 받고 있는데 어떻게 그들의 지도자를 그렇게 쉽게 잊어버릴 수 있었을까요? 이스라엘 백성들은 출애굽기 19:8에서 『**주께서 말씀하신 모든 것을 우리가 행하리**

이다.』라고 다 같이 대답을 했습니다. 그런데 왜 이런 반역들이 일어났습니까?

하나님을 대적하는 마귀의 세력들이 강력한 세력으로 포진하여 갖가지 계략들과 공격으로 진리를 실행하는 교회와 그리스도인들을 대항하고 있다는 사실을 모르면 우리도 아론과 더불어 시내 광야에서 하나님을 배반하고 반역했던 그 무리들처럼 될 수 있다는 것입니다. 우리는 적과의 대결 구도를 확실하게 알고 있어야 합니다. 진리와 비진리, 의와 악의 대결 구도를 피상적으로만 알지, 영적으로는 모르기 때문에 세상 판사들의 판결이 엉뚱하게, 때로는 억울하게 내려지는 것을 봅니다.

거듭난 사람이 판사가 되었다면 얼마나 잘하겠습니까? 이 세상은 의와 불의, 참과 거짓의 대결입니다. 에덴동산에서 시작한 이 전쟁은 한 번도 중단된 적이 없습니다. 세계 모든 전쟁은 쌍방간의 합의로 휴전이 있을 수 있지만 영적 전쟁에는 휴전이 없습니다. 밤과 낮도 없고, 단 한순간의 휴전도 없다는 것을 여러분은 아셔야 합니다.

이스라엘이 하나님을 망각하게 된 이유
II. 지식이 없었기 때문입니다.

이스라엘은 왜 그리 쉽게 하나님을 망각하게 되었습니까? 첫째로 그들은 지식이 없어서 망하게 된 것입니다. 하나님을 두려워할 줄도 알고 이적을 행하시는 분이라는 것도 알았지만 지식이 없었습니다. 그리스도인도 지식이 없으면 무력하게 됩니다. 종교심은 얼마간의 열성으로 유지되지만, 그런 인간의 속성은 지속적으로 열성을 유지시킬 수가 없습니다. 왜냐하면 환경이 인간의 감정을 변화시키기 때문입니다. 그래서 사도 바울은 이스라엘을 향해 『**그들에게는 하나님께 대한 열성은 있으나 지식을 따라 된 것은 아니니라.**』(롬 10:2)라고 증거했던 것입니다. 호세아 4:6에서도 『**내 백성이 지식의 부족으로 멸망하는도다.**』라고 하셨고, 디모데전서 2:4은 『**하나님께서는 모든 사람이 구원을 받고 진리의 지식에 이르기를 원하시느니라.**』라고 했습니다.

성경적 지식은 우리의 믿음을 세워 주는 필수 요소입니다. 종교적인 감정은 조금 지탱하다가 없어지지만, 확실하게 알고 있는 성경 지식은 우리로 하여금 믿음에 견고하게 하고 흔들리지 않도록 세워 줍니다. 저는 여러분에게 성경을 많이 알라고 하지 않았습니다. 적게 알아도 확실하게 알아야 합니다. 마귀의 존재와 활동, 그들의 계략과 접근 방법 등을 모르는데 어떻게 그들과의 싸움에서 이길 수 있겠습니까? 성경적인 지식은 참으로 소중합니다. 그 소중한 것을 소홀히 했기 때문에 마귀에게 점유당하고, 어설프게 알았기 때문에 실족한 것입니다.

마귀들은 진리가 진리 되지 못하도록 훼방을 하고, 성경적 지식을 지식이 되지 못하게 진리를 변질시킵니다. 그래서 성경을 뜯어고치거나 사람들이 알지도 못하는 원어들을 들먹이며 어리석은 사람들을 회유시킵니다. 『이제 성령께서 분명히 말씀하시나니, 마지막 때에 어떤 자들이 믿음에서 떠나 미혹하는 영들과 마귀들의 교리들을 따르리라』(딤전 4:1).

마귀의 세력들은 그리스도인들을 바른 교리에서 이탈시킵니다. 그러나 성령님이 하시는 일은 진리의 영으로 우리 안에 계시면서 우리를 모든 진리로 인도하시는 것입니다. 『그러나 진리의 영이신 그분이 오시면 너희를 모든 진리로 인도하시리라. 그분은 스스로를 말씀하지 아니하시며, 무엇이나 들은 것을 말씀하실 것이요, 또 너희에게 다가올 일들을 알려 주시리라』(요 16:13).

악령이 하는 일은 무엇입니까? 『우리는 하나님께 속하였으니, 하나님을 아는 자는 우리의 말을 듣고 하나님께 속하지 아니한 자는 우리의 말을 듣지 않느니라. 이로써 우리가 진리의 영과 미혹의 영을 아느니라』(요일 4:6) 악령에게 속한 자들은 성경적인 교리를 모릅니다. 진리의 지식을 알지 못합니다. 그래서 그리스도인이 하는 말을 모르며, 듣지도 않고, 그리스도인이 펴낸 책들을 못 읽습니다. 진리의 영과 미혹의 영을 이로써 구별하게 됩니다. 진리의 영께서 참 선지자와 교사들에게 역사하시는 것과 마찬가지로 미혹의 영은 세상에 퍼져있는 많은 거짓 선지자들에게 역사합니다. 『사랑하는 자들아, 모든 영을 다 믿지 말고 그 영들이 하나님께 속하였는지 시험하라. 이는 많은 거짓 선지자들이 세상에 나왔음이니라』(요일 4:1).

그러므로 여러분에게 성경적 지식이 없다면 어떻게 분별하시겠습니까? 마귀는 교리적 오류를 퍼뜨리기 위해 자기 사람들을 필요로 합니다. 그 마귀에게 쓰임받는 자들이 바로 미혹의 영들이고 마귀의 군대들로서 믿는 자들을 실족시키려고 우는 사자처럼 삼킬 자를 찾아 활보하고 있는 것입니다. 여러분은 제도화된 교회에서 마귀에 대해 설교하는 것을 들어본 적이 있습니까? 카톨릭 교회가 마귀에 대해 설교하는 것을 들어봤습니까? 많은 악의 무리가 있고, 마귀는 사람들을 써서 진리를 변개시키며, 진리에서 이탈하게 합니다.

모세는 역부족이었습니다. 모세 한 사람만이 하나님과 교제했을 뿐, 하나님의 말씀도 없었고, 훈련받은 교사도, 진리의 영도 없었으며 게다가 그들은 이동 중이었습니다. 오늘날 우리처럼 그리스도인 안에 성령님이 내주하셔서 개별적인 교제가 있었던 것도 아닙니다. 하나님을 알리는 방법도 표적뿐이었습니다. 광야에서 200만 명에게 마이크도 없이 어떻게 하나님의 말씀을 전달하였겠는지 한번 상상해 보셨습니까? 그 무리가 어떤 무리였는지 짐작이 가십니까? 자기들의 지도자가 빵도 물도 없이 40일 동안 금식하면서 하나님을 만나는 동안에 반역해 버린 정욕적이고 마귀적인 무리였던 것입니다.

마귀에게는 종교심만 있고 지식으로 무장되지 않은 무리가 가장 좋은 공격 대상입니다. 종교심이 있고, 교회에 다니면서 하나님께 경배한다고 하지만 성경적 지식이 없고 믿음이 진리의 지식에 뿌리내리지 못한 사람이라면 그는 마귀가 자기 수중에 넣기 안성맞춤입니다. 마귀는 그들을 회유하고 거짓 교리로 세뇌시켜 갖가지 이단 교리를 실행하게 합니다.

이스라엘이 하나님을 망각하게 된 이유
III. 확고한 믿음이 없었기 때문입니다.

 믿음은 바라는 것들에 대한 실상이요 보이지 않는 것들에 대한 증거라고 했습니다(히 11:1). 표적을 보고 믿는 것은 믿음이 아닙니다. 이스라엘은 표적만 바라보았습니다. 하나님의 말씀을 믿는 자들에게는 믿음이 생기지만 표적을 구하는 사람들에게는 믿음이 생길 리 없습니다. 반역은 믿음 없는 자들에 의해 저질러집니다. 믿음이 없었기 때문에 그들은 뭔가 볼 수 있는 것을 갖고 싶어 했습니다. 인내심이 없고 믿음이 없는 사람은 불안정하게 되고, 그러한 심리가 우상 숭배로 이어지면 각종 부도덕을 동반합니다. 많은 사이비 교단들이 우상 숭배와 더불어 음행으로 물의를 일으키는 사실을 보면 아실 것입니다.

 『이로써 우리에게 지극히 크고 귀한 약속들을 주심은 너희로 하여금 이 약속들을 통해서 정욕으로 인해 세상에 있게 된 타락을 피하여 하나님의 본성에 동참하는 자가 되게 하려 하심이라. 이뿐만 아니라 너희가 더욱 전심전력하여 너희의 믿음에 덕을, 덕에 지식을 지식에 절제를, 절제에 인내를, 인내에 경건을 경건에 형제 우애를,

형제 우애에 사랑을 더하라. 이런 것들이 너희 안에 있어 풍성해지면 그것들이 너희로 우리 주 예수 그리스도에 대한 지식에 관한 한 게으르거나 열매 없는 자가 되지 않게 할 것이라』(벧후 1:4-8).

하나님께서는 우리에게 주신 약속을 통해서 어떠한 형태로든지 정욕으로 인해 세상에 있게 된 타락을 피해서 하나님의 본성에 동참하는 자가 되게 하는 방법을 제시하셨습니다.

마귀는 믿음 없는 자들을 정확히 압니다. 마귀는 믿음 없이 교회를 흉내 내고 사역을 흉내 내는 자들을 선동해서 권위에 반역하게 합니다. 모든 반역은 권위에 대항합니다. 마귀는 거짓말의 아비이기에 마귀에게 점유당한 자들은 모두 서슴지 않고 거짓말을 합니다. 거짓말로 사람들을 회유하고서는 진리를 가르친다고 합니다. 사람들이 거짓말에 속아 넘어가니까 자신이 대단히 똑똑한 줄로 착각을 하고는 엘리트라고 우쭐댑니다.

마귀에게 쓰임을 받으면 거짓말의 전문가가 됩니다. 그래서 마귀는 이런 수단을 써서 거짓말을 퍼뜨리고 사람들을 탈선하게 만듭니다. 공산주의자들이 세뇌되는 것도 바로 그것입니다. 빨치산들은 공산주의에 세뇌되어 무엇인가를 위해서 싸웠지만 결과적으로 그들에게 돌아온 것은 아무것도 없었습니다. 선과 악의 대결 구도를 피상적으로 아는 것은 여러분에게 아무런 도움이 안 됩니다. 그것은 공산 진영 대 자유 진영의 대결 구도와는 다른 것입니다. 우리는 영적 전쟁을 말하고 있습니다.

마귀는 파괴자입니다. 개인 관계를 파괴시키고, 가정을 파괴시키며, 교회를 파괴시킵니다. 그들의 끝은 멸망입니다. 그래서 대부분의 사교집단들이 자살로 그 끝을 맺습니다. 왜 이러한 사람들이 멸망합니까? 뉘우칠 줄 모르기 때문입니다. 마귀들은 뉘우치지 못하게 합니다. 뉘우치는 자는 반역자가 됩니다. 함께 망하고 함께 죽음으로써 파멸을 나누는 것입니다. 하나님은 어떠한 죄인이라도 회개하는 자를 용서하시고 받아주시는 줄 알기 때문에 회개하지 못하도록 만들어 버리는 것입니다. 아론과 이스라엘도 하나님을 배반하고 종교심을 무시하며 딴 짓을 한 것이 아니라, 금송아지를 만들어 그것을 섬김으로써 다른 종교를 만든 것입니다. 하나님께서 제시하는 진리의 길에서 벗어나 사람들을 잘못된 길로 오도한 것입니다. 하나님이 가장 싫어하시는 일을 한 것입니다. 이스라엘이 하나님을 그토록 쉽게 망각한 또 다른 원인은 그들이 지도자의 말을 신뢰하지 않았기 때문입니다.

하나님께서는 율법을 주시기 전에 놀라운 축복을 약속하셨습니다. 『'너희는 내가 이집트인들에게 어떻게 하였으며, 내가 어떻게 독수리의 날개들로 너희를 실어 내게로 데려왔는지를 보았느니라. 그러므로 이제 만일 너희가 참으로 내 음성에 복종하고 나의 언약을 지키면 너희는 모든 백성보다 나에게 독특한 보물이 되리니, 이는 온 땅이 내 것임이라. 너희는 나에게 제사장들의 왕국이 되며 거룩

눈을 가려서 진실을 보지 못하게 만듭니다. 그들은 자기들의 제도화된 교회를 성경보다 하나님보다 더 중요하게 여깁니다.

우리가 알아야 하고 깨우쳐야 할 것은 종교적인 열성이나 거짓된 의, 형식적인 도덕성, 위선, 자부심 등은 마귀가 들어갈 수 있는 좋은 조건들을 형성시켜 줄 뿐 진리와는 무관하다는 것입니다. 마귀에게 조종당하면 성경이 제시하는 생활 방식을 따를 의지가 없게 됩니다. 그래서 그들의 지도자가 사라지면 거기에는 싸움과 분파만 남는 것입니다. 만약에 그들이 진리를 위해 일했다면 진리가 남을 텐데 그렇지 못한 것은 그들이 무엇을 위해 수고했는지를 보여 주는 것이지요. 성경을 벗어나서 비진리를 실행하는 사람들을 교회라고 불러서는 안 됩니다. 진리를 사랑하면 비진리를 거부하는 사람으로 살아야 합니다.

이스라엘은 많은 표적을 보고서도 성령과 지식이 없으므로 하나님을 망각했지만 우리 그리스도인들에게는 성령님이 내주하시고 진리가 자리 잡고 있습니다. 진리가 뿌리를 내리기만 하면 됩니다. 여러분의 마음속에 이것을 깊이 자리 잡게 하면 희생자가 되지 않을 것입니다.

11

버림받은 자들

『세상의 창조 때부터 그분에 속한 보이지 않는 것들이 분명히 보여졌고 심지어는 그분의 영원한 능력과 신격까지도 만들어진 것들에 의해 알려졌으므로 그들이 변명하지 못하느니라』(롬 1:20).

인간의 역사는 인간이 하나님을 알기 시작하면서부터 시작된 것입니다. 인간을 지으시고 생태계를 조성하신 하나님께서 그 인간의 삶을 주관하시고 그들이 무슨 일을 하고 무엇을 먹고 살며 어떻게 하나님을 알고 섬기며 무엇을 어떻게 하다가 죽을 것인가를 알려 주신 것입니다. 그 중에서도 가장 중요한 일은 인간이 하나님을 바로 알고 섬기는 일입니다.

그래서 하나님께서는 인간이면 누구나 하나님을 알 수 있도록 만들어 놓으셨습니다. 천둥 번개가 치더니 벼락이 동네 정자나무를 치고 밭 갈던 소와 사람을 쳤을 때 인간들은 누군가가 하늘에서 불을 내려 심판하시는 것을 알 수 있었습니다. 뿐만 아닙니다. 홍수가 나서 사람들이 물에 휩쓸려 빠져 죽고, 산사태가 나서 마을이 순식간에 다 사라져 버렸을 때 사람이 생각하는 것이 무엇입니까? 자식 자랑뿐만 아니라 집 자랑, 자기 자랑, 자기가 가진 것들을 자랑해도 아무 소용이 없다는 것을 알게 하신 것입니다.

계절이 바뀌면 얼었던 땅이 녹고 새순이 돋아납니다. 등산을 하다가 눈 속에서 새 풀이 돋아나는 것을 보면 너무 반갑습니다. 꽃들이 피고 새들이 찾아와서 노래를 합니다. 조금 있으면 날씨가 더워지고 심었던 작물들은 색이 짙어지고 알곡을 맺어 누런색으로 변하면서 추수를 재촉합니다. 추수를 마치면 날씨가 추워지고 난로가 그리워집니다. 눈이 내린 날 방안에서는 추수한 곡식으로 맛있는 음식을 만들어 먹으면서 삶을 이야기하고 사는 것입니다. 이를 아는 사람들은 하나님의 질서, 자연의 질서에 감사를 하게 됩니다. 창조하시고 운행하시는 하나님의 도움이 없이는 이런 일들이 차질 없이 이루어질 수가 없기 때문입니다. 이 감사를 아는 사람들이 주일이면 교회를 찾아가 경배를 드리는 것입니다.

그런데 너무나 많은 사람들이 이를 모르고 있습니다. 그래서 『이제 짐승들에게 물어 보라. 그들이 너를 가르치리라. 공중의 새들에게 물어 보라. 그들이 너에게 말해 주리라. 아니면 땅에게 고하라. 그리하면 그것이 네게 가르쳐 주리라. 또 바다의 고기들도 네게 선포하리라.』(욥 12:7,8)라고 하십니다. 그러시면서 『**이것들 중 그 어느 것이 주의 손이 이 일을 이루신 줄 알지 못하겠느냐?**』(욥 12:9)라고 말씀하셨습니다. 누가 모르는 것입니까? 하나님께서는 짐승들도 알고 새들도 알고 물고기도 알고 땅도 안다고 하셨는데 이것을 모르는 것은 누구입니까? 어리석은 인간들입니다. 성경을 기록하신 분께서 자연을 만드셨기에 우리는 자연을 배울 때 성경을 알 수 있습니다. 무신론자들은 자기가 잘났다는 것을 무지한 인간들에게 인정받으려고 일부러 하나님을 부인하는 자들입니다. 하나님을 부인했던 프랑스 철학자 볼테르가 남긴 그의 마지막 독백은 "나는 차라리 태어나지 않았더라면 좋았을 것을..."이었습니다. 나는 볼테르의 책을 읽지 않지만 그 말은 참으로 맞는 말입니다. 하나님을 제대로 섬기지 않으려면 태어나지 않는 게 좋은 것입니다.

이 세상에 태어난 인간은 보고, 듣고, 생각할 수 있는 한 "하나님을 알 만한 지식"을 얻을 수 있습니다. 다만 어떤 사람들이 그 지식을 일부러 거부할 뿐입니다. 우리 인체의 구조만 봐도 알 수 있지 않습니까? 과학이 아무리 발달했다고 하지만 인간의 피는 만들 수 없지 않습니까? 그것은 하나님께서 인간을 만드셨기 때문입니다. 윌리엄 하비는 1615년에 위대한 발견을 선언했는데 "육체의 생명은 피에 있다"고 했습니다. 그러나 그것은 이미 3천 년 전에 레위기 17:11에 말씀해 놓았습니다. 코페르니쿠스가 1475년에 "지구는 둥글고 허공에 매달려 있다"고 했습니다. 성경을 모르는 사람들은 코페르니쿠스가 위대한 발견을 했다고 합니다. 그러나 성경은 뭐라고 말씀하고 있습니까? 그보다 2천 년 전에 『**원형의 지구 위에 앉으신 분이 그분이시니 그곳의 거민들이 메뚜기 같으며, 하늘들을 휘장같이 펼치셨으며, 그 안에 거할 장막처럼 펴셔서**』(사 40:22)라고 하시면서 지구가 둥글다고 선언하셨고, 3천 년 전에 『**그는 북쪽을 빈 자리에 펼치시고 땅을 허공에 매다시는도다.**』(욥 26:7)라고 말씀하셨습니다. 1840년에 로스 경(Lord Rosse)이 세계에서 가장 큰 망원경을 만들어서 알아낸 것은 우주 북쪽에 엄청난 공간이 있다는 것이었습니다. 그러나 성경은 이미 3,500년 전에 『**그는 북쪽을 빈 자리에 펼치시고 땅을 허공에 매다시는도다.**』(욥 26:7)라고 밝혀 놓으신 것입니다.

인간이 인간을 대단하다고 생각하면 안 됩니다. 인간의 육체는 쓰레기와 같기 때문에 불에 태우기도 하고 땅에 묻기도 하지만 인간의 혼은 불멸입니다. 인간의 혼은 불멸이고, 사후에 그 혼이 어디에 있게 되는지를 알려 주는 책은 세상의 2천3백만 권의 책 중에서 유일하게 하나님의 말씀인 성경밖에는 없습니다. 사람이 죽으면 어떻게 되는지 하나님만이 가르쳐 주실 수 있는 것입니다. 하나님께서 계획하시고, 모든 것을 마련해 놓으시고, 모든 것을 창조하셨기 때문에 하나님밖에 모르시는 것입니다. 그런데 그런 인간이 성경에 역행하게 되면 어떻게 됩니까? 하나님께서 그 사람을 내버리십니다.

하나님께서는 어떤 인간을 버리시는가?
I. 하나님께 돌릴 영광을
새들과 짐승의 형상에게 돌리는 자들입니다.

『이는 하나님을 알되 하나님께 합당한 영광을 돌리지 아니하고 감사치도 아니하며 도리어 그들의 상상들이 허망하여지고 그들의 어리석은 마음이 어두워졌기 때문이니 그들은 스스로 현명하다고 말하나 우둔하게 되었고 썩지 아니하는 하나님의 영광을 썩어질 사람의 형상과 새들과 네 발 달린 짐승들과 기어다니는 것들과 같은 형상으로 바꾸었도다. 그러므로 하나님께서도 그들을 자기들의 마음의 정욕에 따른 더러움에 내버려 두시어 그들의 몸을 서로 욕되게 하도록 하셨으니 이는 그들이 하나님의 진리를 거짓말로 바꾸어 피조물을 창조주보다 더 경배하고 섬겼음이라. 하나님은 영원토록 찬양받으실 분이로다. 아멘.』(21-25절).

인간은 하나님을 부인할 수 없음에도 불구하고 고의로 하나님을 알지 않으려고 하는 자들이 있습니다. 이런 사람은 하나님을 알지 않으려고 하는 데 그치지 않고 하나님께 영광을 돌리지 않으려고 합니다. 영광을 돌린다는 것은 그분을 인정하고, 그분을 높이며, 그분을 찬양하는 일입니다. 우리는 창조주이시며 구속주요, 심판주이신 하나님을 마땅히 찬양해야 합니다. 그래서 우리가 모이면 찬양을 합니다. 이 일은 성경을 거부하는 사람들에게는 결코 일어날 수 없습니다. 왜냐하면 하나님을 알고 싶어 하는 인간은 자연을 통해서는 막연한 하나님의 존재와 능력을 인정할 수 있겠지만 인격적인 하나님을 만나려면 성경에서만 만날 수 있기 때문입니다. 하나님께서는 성경을 통하여 어떻게 하면 인간이 하나님과 만날 수 있고, 교제하며, 섬길 수 있는지를 자세히 기록해 놓으셨기 때문입니다.

하나님께 감사하지 않는 민족은 모두 굶주리고 있습니다. 공산주의 국가들은 하나님을 거부하기 때문에 모두 가난합니다. 북한은 백만 명 이상이 굶어 죽고, 지금도 계속 남의 나라의 도움을 받고 있습니다. 식탁에서 감사 기도를 드리고 있는 한 그 사람은 먹을 음식을 얻게 됩니다. 하나님은 식물을 자라게 하시며 열매를 주시는 분이십니다. 비가 없으면 농사를 지을 수 없습니다.

인간들은 하나님으로부터 혜택을 받으면서도 그분께 경배드리기를 싫어합니다. 구원받은 성도의 경배는 최상의 순종입니다. 하나님께서는 영으로 거듭난 성도들이 영과 진리로 드리는 예배만 받으십니다. 그 대신 쭉정이들이 끼어들어서 거짓 찬송을 하며, 거짓 교제를 하는 것을 혐오하십니다. 바람에 날리는 쭉정이(시 1:4)가 되지 말라고 했습니다. 쭉정이는 쓰레기입니다. 『**주께서 세상의 모든 악인들을 찌꺼기같이 버리시므로**』(시 119:119), 『**불타는 입술과 악한**

마음은 은 찌끼를 입힌 질그릇과 같으니라』(잠 26:23), 『그러므로 주 하나님이 이같이 말하노라. 너희가 모두 찌꺼기가 되었으니』(겔 22:19). 하나님께서 버리시기에 합당하지 않습니까? 하나님으로부터 은총을 입고서도 하나님께 찬양과 경배를 드리지 않게 되면『그들의 상상들이 허망하여지고 그들의 어리석은 마음이 어두워』지게 됩니다(21절). 그리스도인들은 귀합니다. 성령으로 거듭난 사람들을 만나기가 그렇게 쉬운 것이 아닙니다. 여러분 주위에 있는 그리스도인들을 귀하게 여겨야 합니다.

우리도 하나님을 알지 못했을 때에는 이런 상태에 있었습니다. 하나님께서는 이렇게 사는 자들을 버리신다고 했습니다(롬 1:24). 이들은 하나님의 진리를 거짓으로 바꾸어 피조물을 창조주보다 더 경배하고 섬겼기 때문입니다. 우상 숭배자는 거짓 신을 섬기는 사람을 말합니다. 거짓 신이란 자기가 알지 못한 채 섬기는 신입니다. 죄인이 회개 없이 경배를 드리려고 하면 그렇게 되는 것입니다. 하나님께 나아오는 자는 반드시 자기의 죄 문제를 예수 그리스도의 피로 씻고 나아가야 합니다. 영과 진리로 경배한다는 것은 경배하는 자가 경배하는 대상이 누군지 알고, 경배받는 분도 누구에게서 경배를 받는지 아신다는 것입니다. 그러나 우상 숭배자들은 경배하는 사람들도, 경배받는 자도 서로 모르는 것입니다(요 4:22,23). 돌이나 나무에 사람의 얼굴이나 짐승들을 새기고 새나 곤충에게까지도 경배를 합니다. 그래서 내버리시는 것입니다.

하나님께서는 어떤 인간을 버리시는가?
II. 자기 몸을 수치스러운 데 쓰는 자들입니다.

『이로 인하여 하나님께서 그들을 수치스러운 욕정에 내버려 두셨으니 심지어 그들의 여자들까지도 본래대로 쓰는 것에서 본성을 거역하는 것으로 바꾸었음이라. 마찬가지로 남자들도 여자들을 본래대로 쓰는 것에서 벗어나 서로 음욕이 불일 듯하니 남자들이 남자들과 더불어 부끄러운 일을 행하여 그들의 그릇됨에 상당한 보응을 자기 자신들에게 받았느니라』(26,27절).

하나님을 두려워하는 것이 지혜와 지식의 시작입니다(욥 28:28, 잠 1:7; 9:10, 시 111:10). 하나님을 두려워하지 않는 사람의 특징은 자기 몸을 자기 마음대로 쓰면서 사는 것입니다. 적그리스도는 하나님을 두려워하지 않기 때문에 자기 멋대로 하는 것입니다. 하나님의 법을 무시하기 때문에 자기 멋대로, 자기 마음대로 사는 것입니다. 그러므로 하나님의 법을 무시한 자는 하나님의 자녀가 아닙니다. 마귀의 자녀들입니다. 하나님의 자녀들은 하나님의 법을 준수하고, 묵상하며, 사랑합니다.

어떤 사람이 성적으로 타락하고 동성연애자들이 됩니까? 우상 숭배자들과 하나님을 두려워하지 않는 자들입니다. 동성연애는 성경에서 반복해서 정죄했습니다(창 18:20, 고전 6:9,10). 그런 자들은 하나님의 나라를 상속받지 못한다고 했습니다.

우리는 성경에서 인간에게 두 가지 계시가 주어진 것을 알 수 있습니다. 첫째는 로마서 1:17에서 복음 안에는 하나님의 의가 계시되어 의인은 믿음으로 말미암아 살리라고 했습니다. 그리고 또 하나는 『하나님의 진노가 불의 가운데서 진리를 붙잡는 사람들의 모든 불경건과 불의에 대하여 하늘로부터 계시되거니와』(18절)라고 했습니다. 왜곡된 것을 진리로 바로잡을 수 있고, 바른 성경을 가질 수 있는데도 불구하고 틀린 성경으로도 복음을 전할 수 있다고 고집을 부리며 틀린 성경을 움켜잡는 사람들의 모든 불경건과 불의에 대하여 하나님의 진노가 하늘로부터 계시된다는 것입니다.

하나님을 두려워하지 않고 권위를 무시하며 질서를 파괴하고 제멋대로 행하는 사람들에게 하나님께서는 진노하셔서 하늘에서 불을 내려 벌주시는 대신 그들이 그런 멸망의 짓을 하다가 죽도록 내버려 두시는 것입니다. 그중에는 구원받은 자들도 있을 수 있겠지만 이미 믿음을 잃어버린 쭉정이들입니다. 누구나 죄를 지으면 죄의 종입니다. 구원받은 그리스도인이라도 죄를 지으면 죄의 종이 됩니다. 누구나 정복을 당하면 정복한 자의 종이 되는 것입니다. 이 점을 오해해서는 안 됩니다.

하나님께서는 하나님의 자녀가 잘못을 저지르면 징계를 하시지만 마귀의 자녀들이 제멋대로 죄를 지으면 징계하지 않으시고 내버려 두셔서 그 짓을 하다가 파멸되게 하십니다. 거기에는 아무런 보장도 없습니다. 술 취해 길거리에서 자다가 강도들에게 얻어맞고 카드를 빼앗기고 빈털터리가 되는 것은 그 사람 자유입니다. 하나님께서는 그런 자들을 자기 멋대로 살도록 내버려 두시는 것입니다. 하나님을 두려워하지 않는 자들의 특색은 죄를 지어도 아무런 벌도 안 받고, 강도들의 장막이 더 번성하니까 속으로 생각하기를 "아 하나님은 없나 보다." 하는 것입니다. 그래서 그 사람의 믿음도 사라지게 되는 것입니다. 그는 버림받은 자입니다. 설교에서 마귀를 비난할 때면 회중 가운데 기분 나빠하는 사람들이 있습니다. 그 사람이 마귀의 지배하에 있기 때문입니다. 그렇기 때문에 로마카톨릭이나 제도교회, 은사주의교회들은 마귀를 힐난하는 설교를 하지 않습니다. 동시에 그런 교회들은 지옥도 설교하지 않습니다. 그들은 마귀의 교회이기 때문입니다.

하나님께서는 어떤 인간을 버리시는가?
III. 자기 지식 가운데 하나님 두기를 싫어하는 자들입니다.

『뿐만 아니라 그들은 자기들의 지식 가운데 하나님 두기를 싫어하니 하나님께서 그들을 버림받은 마음에 내버려 두시어 온당치 아니한 일을 하게 하셨도다. 그들은 모든 불의, 음행, 사악, 탐욕, 악의로 가득 찼으며, 시기, 살인, 분쟁, 사기, 악독이 가득하며, 수군거리는 자들이요, 비방하는 자들이요, 하나님을 미워하는 자들이요, 모욕을 주며, 교만하며, 자기 자랑만 하며, 악한 일들을 꾀하는 자들이요, 부모를 거역하며, 몰지각하며, 약속을 저버리며, 무정하며, 화해하지 아니하며, 무자비한 자들이라』(28-31절).

어떤 사람이 자기의 죄를 자백하고 뉘우칩니까? 죄의 결과가 비참하다는 것을 아는 사람입니다. 유흥비를 벌려고 강도짓을 하다가 감옥에 가는 사람, 카드 함부로 쓰다가 사채업자들에게 몇 배로 돈을 뜯기는 사람, 처녀들이 가출해서 함부로 놀아나다가 사창가에 팔려 가는 것 등 죄의 비참한 결과들을 많이 봅니다. 지금 읽은 성경에서 24가지 죄목을 열거하고 있습니다. 자기들의 지식 가운데 하나님 두기를 싫어하는 자들은 뉘우칠 줄 모르기 때문에 하나님께서는 그들에게 타락한 마음을 주셔서 더 많은 죄들을 짓도록 내버려 두시는 것입니다.

타락한 마음이란 바른 판단을 하지 못하는 마음을 말하는 것입니다. 무엇이 옳고 무엇이 그른지를 모르기 때문에 참된 것을 거짓되다고 하고 거짓된 것을 참되다고 믿어 버리는 것입니다. 이것이 마귀의 무기인 것입니다. 여기에 한번 걸려들면 다시 빠져 나오지 못하고 파멸되어 버리는 것입니다. 이런 자들은 죄의 삯은 사망이라는 사실을 무시해 버리고 하나님의 징벌과 심판도 무시해 버립니다. 죄로 찌든 양심은 반응할 수 없게 되어 무슨 말을 해줘도 듣지 않게 됩니다. 한번 마귀에게 넘어가 버리면 어떠한 말을 해도 안 믿고 점점 더 멀리 가 버리는 것입니다. 이런 자들은 하나님을 대적하는 죄들을 공개적으로 지을 뿐만 아니라 이런 일들을 하는 사람들을 독려하고 부추깁니다. 아모스 3:3에서 사람이 동의하지 않고 함께 걸을 수 있겠느냐고 말씀하십니다. 같은 부류에 속한 사람들이 동의하는 것입니다. 마귀에게 귀를 주고 마음을 빼앗겼으면 동의하는 것입니다. 하나님의 교회를 섬기지 못하고 대적한 자들이 모여서 어떠한 모임을 만든다면 그것이 무슨 교회가 되겠습니까? 마귀들의 모임이 되는데 세상은 그것도 교회라고 불러 주고 있습니다.

하나님을 두려워하지 않고 하나님의 법을 무시하며 제멋대로 하고 사는 자들, 즉 자기들의 지식 가운데 하나님 두기를 싫어하는 자들은 하나님께 합당한 찬양과 감사와 경배를 드릴 수 없는 자들입니다. 그래서 하나님께서 이들을 버리시는 것입니다. 타락한 사람이 내놓는 말과 행동에 신뢰를 주면 안 됩니다. 인간이 예수 그리스도를 만나기 전에는 결코 이 타락한 성품에서 벗어날 수 없고 고칠 수도 없습니다. 인간의 노력으로 이것을 개선해 보려고 시도했던 사람들은 모두 다 실패했습니다.

결 론

하나님께서는 인간의 이러한 범죄들에 대해 기꺼이 그 값을 치르시려고 갈보리의 십자가에서 그분의 사랑을 실현하셨습니다(요 3:16). 죄는 율법이 요구하는 완전한 정도에 이르기까지 그 대가를 치러야 하는 것이 하나님의 법이기 때문입니다(롬 6:23). 하나님은 거룩하시고 의로우신 분이시기에 하나님의 기준에 만족해야 하는 것입니다. 자기가 지은 죄에 대해서 하나님께서 분노하시지 않을 것이라고 짐작하는 자들은 성경을 잘 모르는 자들입니다.

하나님은 인간이 죄를 뉘우치고 자백하면 용서하시며 회개한 죄인에게 자비를 베푸십니다. 이것이 하나님의 사랑입니다. 하나님의 사랑을 이해하고 하나님의 사랑을 받기 원하면 그렇게 해야 합니다. 자기 지식 안에 하나님을 둘 수 있다는 것은 하나님과 지속적으로 교제를 유지할 수 있는 길임을 알아야 합니다.

12

카인의 종교와 아벨의 믿음

『아담이 자기 아내 이브를 알았더니 그녀가 임신하여 카인을 낳고 말하기를 "내가 주로부터 남자를 얻었다." 하니라. 그녀가 또 카인의 아우 아벨을 낳았는데 아벨은 양 치는 자였으나 카인은 땅을 경작하는 자였더라. 시간이 흐른 후에 카인은 땅에서 나는 열매를 가져와서 주께 제물로 드렸고, 아벨도 자기 양떼 가운데서 첫배 새끼들과 그 살진 것을 가져왔더니, 주께서 아벨과 그의 제물은 받으셨으나, 카인과 그의 제물은 받지 아니하셨더라. 그러므로 카인이 몹시 격노하고 안색이 변하더라. 주께서 카인에게 말씀하시기를 "네가 어찌하여 격노하느냐? 어찌하여 네 안색이 변하느냐? 네가 바르게 행하면 받아들여지지 않겠느냐? 네가 바르게 행하지 아니하면 죄가 문 앞에 엎드리느니라. 죄의 욕망이 네게 있으니, 너는 죄를 다스릴지니라." 하시니라. 카인이 그의 아우 아벨과 이야기하더라. 그들이 들에 있을 때 카인이 그의 아우 아벨에게 달려들어 그를 죽이니라』(창 4:1-8).

종교 행위와 신앙을 어떻게 구별합니까? 죄인의 구원과 관계없는 모든 종교 행위는 그 의식과 제도, 율법이나 건물이 아무리 훌륭하고 오래되었을지라도 단지 인간의 발상에서 비롯된 하나의 종교일 따름입니다. 신앙과는 관계가 없습니다. 그래서 종교는 아무리 오래 숭앙해도 구원이 없습니다. 다시 말해서 불교, 힌두교, 이슬람교, 유교, 도교 등 구원이 없는 종교는 신앙이 아닙니다.

성경에 어긋나는 어떤 교단 교리도 구원과 비교해 보면 그 사람들이 잘하고 있는지 잘못하고 있는지 쉽게 알 수 있습니다. 많은 사람들이 동조하여 강력한 주장을 편다고 해서 성경적인 교리인 양 받아들여질 수 있습니까? 그런 교리들을 수용한다는 것은 성경대로 믿는 사람들의 양심에 허락되지 않는 것입니다. 이것으로 인해 교회사 전체를 통해서 피를 불러왔고 죽음과 박해를 불러왔습니다. 가짜 교리를 따르는 사람들이 진리를 신봉하고 실행하는 성도들을 핍박하고 죽였던 것입니다. 이 일은 지금도 직간접적으로 여러 곳에서 자행되고 있습니다.

종교라는 것은 시대와 풍토와 내용과 사람들만 조금씩 다를 뿐이지 실제로는 하나님의 호의를 얻어 내기 위해서 인간이 만들어 낸 하나의 신앙 체계에 불과한 것입니다. 오늘날 많은 사람들이 복음을 거절하는 것은 믿음이 아닌 종교를 선호하기 때문입니다. 자기들의 인간적인 기준으로 선호하는 종교를 선택하는 것입니다. 소위 교회라는 곳들도 그들의 회중에게 복음을 전하여서 성경적인 그리스도인들을 낳기는커녕 교단의 종들로 만들었기 때문에 그렇게 배교로 치닫는 것입니다. 사람이 성령으로 다시 태어나서 하나님의 말씀으로 양육되지 못하면 그는 교회에는 다니지만 진리를 배우지 못한 종교인이 되고 마는 것입니다.

카인의 방식을 따르려는 자들은 그들 나름의 정당성을 얻기 위해 야고보서 2:24,26의 말씀을 인용하면서 하나님께 나아가려고 합니다. 『이제 너희가 알거니와 사람이 행함으로써 의롭게 되는 것이요, 믿음으로만 되는 것이 아니니라… 영이 없는 몸이 죽은 것같이 행함이 없는 믿음도 죽은 것이니라.』 야고보서는 흩어진 이스라엘의 열 두 지파를 대상으로 쓴 것입니다. 성경이 모두 진리라고 해서 성경의 모든 부분을 다 자기에게 주신 말씀으로 믿고 실행하려고 하는 것은 성경을 잘 모르기 때문입니다. 많은 사람들이 야고보서의 이 말씀을 인용하면서 하나님 앞으로 나아가려고 하지만 그들이 붙든 이 말씀은 카인의 종교에 불과합니다. 이것은 카인의 믿음과 카인의 행위에 불과한 것입니다.

카인의 종교와 아벨의 믿음
I. 카인의 길은 잘못된 길입니다.

카인의 길이 왜 잘못된 것입니까? 구원을 얻기 위해 노력하면서 최선의 결과를 얻으려고 기대하기 때문입니다. 세계의 모든 종교의 핵심이 바로 이것입니다. 세계의 모든 종교는 의롭게 되기 위해 스스로 노력하는 것입니다. 종교라는 것은 인간이 스스로 노력해서 의롭게 되려는 시도인 반면에 믿음은 자기 스스로는 의롭게 될 수 없는 것을 알고 하나님의 의를 받아들이는 것입니다. 이 의를 얻는 것은 행위로는 얻을 수 없습니다. 이 구원 계획을 만드신 분의 말씀을 믿는 것이 바로 하나님의 의를 받아들이는 것입니다. 이처럼 카인의 종교와 아벨의 믿음은 다릅니다.

이 대결 구도는 태초부터 있어 왔습니다. 그렇다면 악의 씨와 약속의 씨는 어떻게 다르며 악의 씨와 약속의 씨의 차이는 무엇일까요? 『**아담이 자기 아내 이브를 알았더니 그녀가 임신하여 카인을 낳고 말하기를 "내가 주로부터 남자를 얻었다." 하니라. 그녀가 또 카인의 아우 아벨을 낳았는데 아벨은 양 치는 자였으나 카인은 땅을 경작하는 자였더라**』(1,2절). 사람들은 막연히 생각할 때 카인을 낳고 한참 있다가 아벨을 낳은 것으로 알고 있을 것입니다. 그러나 성경은 그렇게 되어 있지 않습니다. 『**그녀가 또 카인의 아우 아벨을 낳았는데**』라고 했습니다. 무엇을 말하는 것입니까? 쌍둥이일 가능성이 크다는 것입니다. 성경에 그렇게 되어 있습니다. 우리는 추측하지 않습니다.

이브는 카인을 낳았을 때 창세기 3:15에서 말한 "여자의 씨," 즉 약속의 씨를 낳은 줄로 생각했습니다. 『**카인같이 되지 말라. 그는 악한 자로부터 나왔으며 자기 아우를 살해하였으니, 무슨 연고로 그를 죽였겠느냐? 이는 그 자신의 행위는 악하고 그 아우의 행위는 의로웠기 때문이라**』(요일 3:12). 카인은 처음부터 뱀의 씨로 멸망의 아들인 적그리스도였습니다. 카인은 적그리스도와 마찬가지로 살인자요, 거짓말쟁이며 저주받은 씨였습니다. 악의 씨와 약속의 씨를 구별할 수 있다는 것은 곧 영적 분별 능력을 갖추었다는 것입니다. 구원받은 사람은 영적 분별 능력을 갖추기 시작합니다. 그래서 속지 않는 것입니다. 영적 분별 능력을 갖추지 못한 사람은 악의 씨가 행한 일을 약속의 씨가 행한 것으로 착각하여 많은 오류를 범합니다. 무섭지요? 무수한 사람들이 가고 있으니까 잘 가고 있는 것으로 생각합니다. 그러나 예수님께서는 좁은 문으로 들어가라고 하셨습니다. 통일교나 여호와의 증인, 은사주의자들을 따라가는 사람들만을 비평하지 말고 진리를 대적하면서도 주님을 따르고 있다고 하는 그런 사기꾼들을 주의해야 합니다.

많은 사람들이 로마카톨릭을 교회라고 알고 있고 불교, 유교, 도교, 이슬람교에도 기독교와 같은 구원의 복음이 있는 것으로 착각하고 있습니다. 심지어는 돼지 머리에도 무엇이 있는 것으로 착각하고 있습니다.

어떤 경우는 도덕적으로나 영적으로 구별이 어려운 것도 있습니다. 개신교회는 카톨릭에 항거한 사람들을 말하는 것입니다. 그러나 신약 교회 시작부터 성경대로 믿는 사람들은 카톨릭에 악을 행한 적이 없습니다. 오히려 카톨릭이 성경대로 믿는 사람들에게 악을 행했습니다. 도덕적 영적 구별이 어려운 경우를 살펴보면 에서와 야곱(둘 다 아브라함의 자손), 사울과 다윗(기름부음받은 이스라엘의 왕), 아론과 모세(금송아지를 만든 사람과 하나님의 말씀을 받아 온 사람), 베드로와 바울(예수 그리스도를 세 번이나 부인한 사람과 예수 그리스도의 명령에 철저하게 순종한 사람), 물 뿌리는 자들과 침례 주는 사람들, 무천년주의 혹은 후천년주의와 전천년주의 등이 그렇습니다. 심지어는 근본주의자들과 성경대로 믿는 사람들도 구별하기 어렵습니다. 근본주의자들은 무엇입니까? 구원받은 사람을 데려다 놓고 구원의 복음을 전하는 자들입니다. 악의 씨들은 이런 구별을 없애려고 부단히 노력하지만 이런 구별들은 영적인 문제들에 있어서 절대로 필요한 것입니다. 여러분, 타협과 성별을 한번 보십시오. 교회통합 운동이나 뉴에이지 운동, 인종을 섞는 국제결혼, 유전자 조작 등은 혼합과 타협의 작태입니다. 혼합 대 구별 이것이 종교 대 신앙을 구별 짓는 것입니다.

이 세상은 악과 선이 확연히 구별되어 있습니다. 부정과 긍정, 거짓과 참, 비진리와 진리, 음극과 양극이 있습니다. 이런 구별이 없으면 아무것도 아닙니다. 사탄과 하나님 사이에서 어느 쪽을 선택하느냐는 인간이 스스로 할 일입니다. 공자나 노자, 장자 같은 사람들은 중용을 주장합니다. 극단적으로 가지 말라는 것입니다. 그러나 만일 영적인 문제에서 극단적이지 않고 우유부단하게 되면 어떻게 되는지 아십니까? 중용은 정지를 말합니다. 저울추가 이쪽으로도 저쪽으로도 기울지 않는 상태를 말합니다. 악과 선의 대결 구도에서 중용은 기회주의이며 자기 선택권의 포기를 말합니다. 중립국이 많아지면 전쟁이 줄어듭니까? 중립국만 되면 세계는 평화를 유지할 수 있습니까? 중립국은 우세한 편에 서게 되어 있습니다. 정치에서도 무소속은 비겁한 기회주의자입니다. 그래서 중립은 불법과 불의가 강자가 될 때 비겁하게도 정의와 진리를 억압하는 편을 들게 된다는 사실을 알아야 합니다.

악의 씨가 강하게 되면 약속의 씨가 죽음을 당하게 됩니다. 이리와 양과의 싸움은 악과 선의 싸움입니다. 기독교계의 이리들은 모두 양의 가죽을 입고 복음과 진리를 흉내 낼 뿐입니다.

카인의 종교와 아벨의 믿음
II. 악의 씨와 약속의 씨는 다릅니다.

약속의 씨는 어떻게 다릅니까?『**시간이 흐른 후에 카인은 땅에서 나는 열매를 가져와서 주께 제물로 드렸고 아벨도 자기 양떼 가운데**

서 첫배 새끼들과 그 살진 것을 가져왔더니, 주께서 아벨과 그의 제물은 받으셨으나, 카인과 그의 제물은 받지 아니하셨더라. 그러므로 카인이 몹시 격노하고 안색이 변하더라』(3-5절).

악의 씨와 약속의 씨는 경배의 방식이 다릅니다. 인간은 교묘한 방법으로 하나님을 속이려고 합니다. 특히 종교에 연루된 자들이 더 그렇습니다. 그러나 하나님은 우롱당하지 않으십니다. 만일 하나님께서 이런 인간들의 농간에 속아 넘어갔다고 상상을 한번 해 보십시오. 하나님의 공의와 진리는 어떻게 되겠습니까? 지금쯤 모두 거짓으로 드러났을 것이며 하나님의 예언과 약속들은 헌 신문지처럼 되어 아무도 거들떠보지 않을 것입니다.

악의 씨와 약속의 씨 사이에는 예물에 차이가 있었습니다. 카인은 하나님께 무엇을 가지고 어떻게 가야 하는지를 알았습니다. 카인은 자기를 위해서 희생제물이 필요하다는 것도 알았습니다. 문제는 하나님께서 규정한 그 방법을 무시하고 자기 방식인 카인의 길을 택한 것입니다. 사람들은 카인은 농부였고 아벨은 목자였기 때문에 하나님께서 아벨을 좋아하셨다고 생각합니다. 만일에 하나님께서 목자를 선호하셨다면 사람들은 농사를 버리고 목축으로 전업했을 것입니다. 물론 카인은 저주받은 땅을 경작했습니다. 그러나 땅을 경작해서 먹고살라고 정하신 분은 하나님이셨습니다. 땅을 경작하는 것이나 산물을 내는 그 자체는 아무런 문제가 안 됩니다. 그것을 자라게 하시는 분은 하나님이시기 때문입니다. 다만 하나님 방식대로 하나님 앞에 다가서라는 것입니다. 사람들이 이점을 모르기 때문에 성경도 하나님의 능력도 모르면서 오해하는 것입니다. 문제는 인간의 노력으로 얻은 땅의 산물이 하나님께 바칠 제물로는 부적합하다는 것입니다. 하나님께 드릴 제사는 인간의 방식이 아닌 하나님의 방식으로 드려야 합니다. 예수 그리스도께서 죽지 않으셨다면 구원이 어떻게 있을 수 있겠습니까?

카인의 길이란 인간이 구원을 얻기 위해 일하면서 최선의 결과를 바라는 자세입니다. 사람들은 야고보서 2:24,26을 인용하면서 하나님께 나아가려고 합니다. 카인은 믿음과 행위에 입각해서 하나님께 나아갔지만 하나님께서는 그를 저주해 버리셨습니다. 카인이 아벨을 죽이기 전에 이미 카인은 하나님께 거부당했습니다. 제물이 다릅니다. 인간의 방식대로 하는 것은 하나님께 받아들여지지 않습니다. 자기 마음대로 교회를 세우고, 자기 마음대로 하나님의 일을 하며 하나님의 종으로 자처하고 선교한다고 하는 것은 하나님께 받아들여지지 않는 것입니다.

그러나 아벨은 하나님의 방식을 따랐습니다. 『**양떼 가운데서 첫 배 새끼들과 그 살진 것을 가져왔더니, 주께서 아벨과 그의 제물은 받으셨으나**』(4절). 첫배 새끼는 모두 다 하나님의 소유입니다. 태를 여는 모든 수컷은 전부 다 하나님의 소유입니다. 그것이 사람이든 짐승이든 동일합니다. 『**너는 태를 여는 모든 것과 네가 소유하고 있는 짐승에게서 나온 첫배 새끼를 주께 따로 떼어놓을지니 그 수컷들**

은 주의 것이니라. 나귀의 모든 첫배 새끼는 네가 어린 양으로 대속할 것이요 네가 그것을 대속하지 않으려면 너는 그 목을 꺾을 것이며, 또 너의 자손 가운데서 사람의 모든 첫태생을 대속할지니라』(출 13:12,13). 하나님께 합당한 것으로 교제하라는 것입니다. 살진 것을 가져왔다고 했습니다. 양떼 중에서 가장 좋은 것을 말합니다.

아벨은 경배의 자세가 달랐습니다. 누가복음 18:13에서 세리와 바리새인의 자세를 봅니다. 이 세리는 멀리 떨어져 서서 하늘을 우러러보지도 못하고 가슴을 치며 "하나님이여, 죄인인 저에게 자비를 베푸소서."라고 하면서 나오는 것입니다. 여러분은 예배드리러 오실 때 어떤 마음으로 오십니까? 적어도 한 가지 기억해야 할 것이 있습니다. 예수 그리스도께서 내 죄를 위해서 십자가에 못박혀 죽으셨기 때문에 내가 지금 하나님의 은혜의 보좌 앞으로 나올 수 있으며 나에게 경배를 드릴 수 있는 특권을 주셨다는 것입니다.

하나님께서는 아담과 이브의 죄들을 가리기 위해서 양들을 죽이셨습니다. 그들이 죄를 지은 후 무화과나무 잎으로 가리고 있었을 때 하나님께서 인간의 노력으로는 안 된다고 하시면서 그들을 가려주기 위해 양을 죽이시고 가죽옷들을 만들어 주셨습니다. 그 양이 우리의 죄들을 덮기 위해서 죽었던 하나님의 어린양과 똑같습니다. 그래서 지금 세리도 "저의 죄로 인해서 죽어야 마땅합니다만 저 대신 이 양을 받아 주시고 저의 피 대신 이 양의 피를 받아주소서."라고 했습니다. 이것이 아벨의 기도입니다. 이것이 아벨의 자세이고 이것이 헌신한 사람이 제사를 드릴 때의 자세입니다. 이것이 구원받은 사람들이 하나님 앞에 나오는 올바른 자세입니다. 이렇게 해서 아벨의 제물은 받아들여진 것입니다. 하늘에서 불이 내려와 태운 것입니다(판 13:20, 왕상 18:38).

하나님의 아들이 하늘에서 내려오셨고, 우리를 위해 하나님의 어린양이 되셨습니다. 우리도 죄인 됨을 알고 인류의 죄 문제를 해결해 주시기 위해 하나님께서 자기 아들을 어린양으로 이 땅에 보내어 갈보리에서 피 흘려 죽게 만드신 그 사실을 믿고 예수 그리스도를 받아들였더니 구원받게 된 것입니다.『**보라, 세상 죄를 제거하는 하나님의 어린양이라**』(요 1:29). 예수 그리스도는 하나님의 온전한 제물이었습니다.

그러나 카인의 제사는 어떤 것입니까? "하나님이여, 여기 제가 최선을 다한 것을 가져왔습니다. 이 제물을 마련하느라 얼마나 땀 흘리고 애썼는지 하나님은 아십니다. 제가 최선을 다한 것을 알아 주십시오. 하나님의 제사는 피를 요구하시지만 하나님은 사랑이시고, 하나님은 온유하시며 자비로우셔서 때로는 인간의 땀도 어린양의 피처럼 여겨 주실 줄로 믿습니다. 왜냐하면 저는 최선을 다했기 때문입니다." 그러나 하나님께서는 묵묵부답이십니다. 잘못된 인간은 이렇게 해서 하나님의 방식을 치워 버리고 인간의 최선을 높게 평가하려는 경향이 있습니다. 이것이 죄입니다. 하나님의 의를 무시하고 인간의 의를 높이는 그것이 죄입니다. 아무리 많은 제물을 가져와도 인간이 최선을 다한 것은 하나님이 필요로 하시지 않습니다. 하나님 방식으로 가져와야 합니다. 하나님의 제물을 가져와야 하고 그 제물의 피를 가져와야 합니다.

구원은 하나님의 행하심이지만 종교는 인간의 행위에 불과합니다. 아무리 치장해도 종교 행위로는 구원을 얻을 수 없습니다. 인간이 세운 교회가 아무리 교회같이 보이려 해도 하나님의 피로 사신 하나님의 교회가 될 수는 없는 것입니다. 인간의 교회들은 사람들을 끌어모아 그 사람들에게 인정을 받으려고 합니다. 카인은 자기를 구원하기 위하여 하나님의 법을 무시하고, 자기의 종교인 자기의 의로운 행위를 신뢰하고 있었던 것입니다. 혹시라도 여러분의 의로운 행위를 가지고 하나님 앞에 나오려고 하지 마십시오. 하나님께서는 자기 자신의 생활을 신뢰하는 그 어떤 인간에게도 구원의 확신을 주신 적이 없고 또 주시지도 않습니다. 하나님의 관점에서 볼 때 이런 종교행위는 아무짝에도 쓸모없을 뿐만 아니라 오히려 저주의 행위입니다. 차라리 그것은 안 하는 것만 못합니다.

카인의 종교와 아벨의 믿음
III. 하나님께서는 인간의 마음을 아십니다.

영원의 관점으로 볼 때 그 종교라는 것은 살인, 전쟁, 술 취함, 마약보다 더 나쁩니다. 술 마셨다고 해서 지옥에 갑니까? 안 갑니다.

요한계시록 21:8에 보면 믿지 않는 자는 살인을 안 해도 살인자와 똑같습니다. 명목상의 종교 행위는 구원과 무관합니다. 왜입니까? 그런 종교 행위는 아무리 열심히 하더라도 지옥에 가는 것이 뻔하기 때문입니다.

제멋대로 드린 제사가 거절된 것을 알고 기분 나빠하는 인간에게 주시는 하나님의 평가가 여기 있습니다. 본문 창세기 4:6,7을 보십시오. 『**주께서 카인에게 말씀하시기를 "네가 어찌하여 격노하느냐? 어찌하여 네 안색이 변하느냐? 네가 바르게 행하면 받아들여지지 않겠느냐? 네가 바르게 행하지 아니하면 죄가 문 앞에 엎드리느니라. 죄의 욕망이 네게 있으니, 너는 죄를 다스릴지니라."**』 왜 기분 나빠하느냐? 네가 바르게 행하면 왜 받아들여지지 않겠느냐? 단순하고 간단한 것 같지만 의미심장합니다. 인간의 속마음을 훤히 알고 계시는 하나님 앞에 누가 거짓말할 수 있겠습니까? 사람의 생각과 의도를 판별하시며 혼과 영을 가르시는 그분의 판단은 정확했습니다.

카인에게는 드러난 행위는 없었지만 숨겨져 있는 자기 계획이 있었습니다. 그래서 카인은 바쳐야 할 제물을 알면서도 바치지 않았습니다. 불순종한 것입니다. 반역한 것입니다. 아담이 지은 죄가 반역이었습니다. 큰 죄입니다. 여러분, 알면서도 행하지 않은 죄가 있다면 즉시 자백해야 합니다.

어떤 죄가 카인의 장막 문 앞에 엎드려 그를 지배하려고 했던 것이 분명합니다. 장막이 무엇입니까? 인간의 몸은 장막이요, 성막입니다. 이 장막은 성소로 들어가는 입구입니다. 혼과 영으로 들어가는 입구입니다. 거기에 죄가 버티고 있는 것입니다.

카인의 마음은 진리를 향해서 열려 있지 않았습니다. 이것을 성경은 할례받지 않은 마음이라고 했습니다. 먼저 예레미야 9:25,26을 보시겠습니다. 『보라, 주가 말하노라. 그 날들이 오면 내가 할례받은 모든 자들을 할례받지 아니한 자들과 더불어 벌하리니 곧 이집트와 유다와 에돔과 암몬 자손과 모압과 멀리 떨어진 변경에 사는 모든 자들과 광야에 사는 자들이니 이는 이 모든 민족들이 할례받지 아니하였으며, 또 이스라엘의 온 집도 마음에 할례받지 아니하였음이라.』 형식적으로 또는 육신적으로는 할례받았을지 모르지만 마음으로는 할례받지 않았습니다. 무수한 사람들이 진리에 열려 있지 않습니다. 어떤 교회가 좋고 나쁜지, 어떤 성경이 바르고 틀렸는지 알면서도 진리를 수용할 의사가 없는 것입니다. 하나님의 명령에 순종할 의사가 없고 진리를 받아들일 태세가 안 되어 있기 때문에 많은 사람들이 성장을 못하는 것입니다. 그래서 카인은 마음의 문제와 죄 문제를 동시에 갖고 있었던 것입니다. 이 두 가지는 항상 같이 오게 되어 있습니다.

지금까지는 죄가 너를 다스렸지만 너는 죄를 막을 수 있다는 것입니다. 죄가 너를 다스리게 하지 말고 네가 죄를 다스리라는 것입니다. 진리를 향해 마음을 열고 진리를 받아들일 태세를 갖추면 죄는 더 이상 문 앞에 엎드리지 못합니다. 이것은 하나님의 명령이요,

영생에 관한 문제입니다. 인간을 기쁘게 하는 것은 그리스도의 종이 아닙니다. 하나님께서는 어떤 죄인에게도 한 번의 실수를 영원한 형벌로 처리하지 않으셨습니다. 그리스도인은 죄를 다스릴 수 있어야 합니다. 전에는 죄가 우리를 다스렸지만 이제는 우리가 죄를 다스릴 수 있어야 합니다. 그래서 우리는 승자가 되어야 합니다. 하나님께서는 카인에게 문제점이 무엇이며 해결점이 무엇인지 친절하게 알려 주셨으나 카인은 경청하지 않았고, 하물며 자기 동생을 죽였습니다. 인간의 육신에는 선한 것이 없습니다. 인간의 육신을 입지 않은 사람이 이 세상에 있습니까? 그래서 우리 모두는 죄인임을 자백하는 것입니다. 카인의 성품을 부인해야만 참된 경배와 순종이 있다는 것을 알아야 합니다.

결 론

카인의 종교는 아벨의 신앙을 본받으려 하지 않고 박해하고 진멸시키려고 모든 수단을 동원합니다. 그리고 그들은 아벨의 신앙을 흉내만 내는 것입니다. 그러면 카인의 종교를 가진 자들의 목적이 무엇입니까? 결코 구원이 아닙니다. 구원 비슷한 것, 진리 비슷한 것에 있을 뿐입니다. 이 지상에는 아벨의 흉내를 내는 껍데기들만 무성한 것입니다. 그들이 하나님을 알고 그분의 두려우심을 안다면 그분을 어떻게 기쁘시게 해야 하는가를 실행해야 할 터인데 그들은 그 중요한 부분을 배격해 버리고 그들의 길을 가고 있는 것입니다. 하나님께서는 그들의 행위에 대하여 "너희들의 신은 너희들의 배라."고 하셨습니다. 먹고 살기 위해서 하는 것입니다.

카인의 후예들은 아벨의 신앙의 증거들을 없애기 위해 갖가지 박해들을 강구해 내면서 죽이기까지 합니다. 그러나 아벨의 신앙은 빼앗을 수도 없고 태워버릴 수도 없으며 죽여도 없애 버릴 수가 없습니다. 진리이기 때문입니다. 진리는 영원한 것이기 때문입니다. 왜냐하면 그것은 성경대로 믿는 사람들의 마음속에 새겨져 있기 때문입니다. 우리는 이 보물을 질그릇 안에 가지고 있습니다. 그리스도인은 모두가 다 보석입니다. 말씀의 거울에 여러분의 신앙을 비춰 보십시오. 하나님의 교회를 무시하고 자기 방식대로 하나님을 섬기려고 한다면 그것은 카인의 길이라는 것을 알아야 합니다. 그것은 즉시 버려야 합니다. 여러분 안에는 아벨의 신앙으로 꽉 채워져 있어야 합니다. 그 어디서나 주 예수 그리스도의 향기가 나는, 어디서나 부인하지 않는 신앙으로 채워져 있어야 합니다.

13

첫사랑을 저버린 교회

『에베소 교회의 천사에게 편지하라. 오른손에 일곱 별을 가지고 일곱 금촛대 가운데서 거니시는 분께서 이 일들을 말씀하시느니라. 내가 너의 행위와 수고와 인내를 알며, 또 네가 어떻게 악한 자들을 용납지 아니한 것과 자칭 사도라 하지만 아닌 자들을 시험하여 그들이 거짓말쟁이임을 찾아낸 것과 또 네가 참고 인내하며 내 이름을 위하여 수고하고, 지치지 않은 것을 아노라. 그러나 너를 책망할 것이 다소 있나니, 이는 네가 너의 첫사랑을 저버린 것 때문이라. 그러므로 네가 어디서 떨어졌는지를 기억하고 회개하며, 너는 처음 일들을 행하라. 만일 그렇지 않고 회개하지 아니하면 내가 속히 너에게 와서 네 촛대를 그 자리에서 옮기리라. 그러나 네게 이것이 있으니, 즉 네가 니콜라파의 행위를 미워하는 것이라. 나 역시 그것을 미워하노라. 귀 있는 자는 성령께서 교회들에게 말씀하시는 것을 들을지어다. 이기는 자에게는 내가 하나님의 낙원 가운데 있는 생명 나무를 주어서 먹게 하리라』(계 2:1-7).

사도 요한이 요한계시록을 기록했을 당시(A.D. 95년경)에는 로마 제국이 그리스도인들을 박해하고 있을 때였습니다. 하지만 요한계시록은 사도가 대환란 시대에 서서 한편으로는 교회 시대 전 과정을, 다른 한편으로는 천년왕국을 바라보고 기록한 책입니다. 그러므로 교리적으로는 환란 때 지상에 있는 교회들에게 해당됩니다. 『**이기는 자에게는 내가 하나님의 낙원 가운데 있는 생명 나무를 주어서 먹게 하리라.**』(7절)고 했습니다. 여기 "이기는 자"는 우리처럼 구원받은 사람들이 아닙니다. 그들은 "생명 나무"를 먹어야 영생을 얻는 사람들입니다. 그러나 영적으로는 예수 그리스도의 초림에서 시작해서 교회 시대의 전 과정을 묘사한 것이 바로 본문인 것입니다.

지난 금요일 밤 TV 뉴스에서는 서울에 있는 광림교회와 충현교회가 목사직을 자기 아들에게 세습한다고 했습니다. 세상 사람들의 눈에도 목사직 세습이 뉴스 기사감이 되는데 한국 기독교계에는 수원의 김장환 목사, 대구의 이성헌 목사 등을 비롯하여 크고 작은 교회들이 눈치껏 자기 아들에게 교회를 물려 주는 것이 유행처럼 번지고 있습니다. 또 많은 교회들이 교회를 마치 자기 사유 재산인 양 대물림을 해 줄 뿐만 아니라 자기들의 전유물인 양 여기고 있는 것입니다. 그런 것은 이미 하나님의 교회가 될 수 없다는 것을 여러분은 아셔야 합니다. 교회가 어떻게 사유물이 될 수 있습니까? 우리는 청지기이고 하나님의 종입니다. 목사직 세습이나 논하고 교회 재산 상속이나 논하는 사람들이 복음에 관심이 있는지 살펴보십시오. 세상으로부터 인정받는 교회와 사역이 얼마나 가증스러운 것인지 알아야 합니다.

교회의 머리는 예수 그리스도이십니다. 그분을 우습게 여기는 자들만이 그런 수치스러운 작태를 벌이고 있는 것입니다. 여기서 교회란 먼저 구원받은 개인을 말합니다. 성경은 『**귀 있는 자는 성령께서 교회들에게 말씀하시는 것을 들을지어다.**』(7절)라고 했습니다. 교회란 구원받은 개개인입니다. 이들 구원받은 그리스도인들로 교회를 구성하고 있는 것입니다. 거듭나지 않은 사람은 교회를 아무리 오랫동안 열심히 다녀도 거기에 끼어들 수 없습니다. 거듭나지 않은 사람은 청년회, 자매회, 장년부 등의 지체로 들어가더라도 교회 밖에 있는 것입니다. 정신을 똑바로 차려야 합니다. 자신이 구원받지 않았으면 먼저 구원부터 받아야 합니다. 교회는 아무나 다니고 싶다고 다니다가 싫으면 그만 두는 그런 곳이 아닙니다.

그래서 성경대로 믿지 않는 교회라는 것은 차마 교회라는 이름을 붙일 수 없을 만큼 배교하고 타락했기 때문에 더 이상 말할 가치조

차도 없습니다. 그러나 성경대로 믿는다고 하는 교회들도 세 부류의 사람들로 구분된다는 사실을 아셔야 합니다.

첫째, 예수 그리스도의 재림을 확신하고 사는 사람입니다. 이런 사람은 믿음이 진리에 뿌리내렸기에 예수 그리스도께서 다시 오신다는 것을 확신하고 시대의 징조를 예리하게 주시하며 그 시기가 급박하다는 것을 압니다. 그래서 부지런히 구령하고 말씀을 전파하며 하늘의 상급을 쌓아 갑니다.

둘째, 예수 그리스도의 재림을 믿기는 하면서도 그것이 우리나 우리 자녀들 세대에는 안 일어날 것으로 생각하는 사람들입니다. 이들의 마음은 세상으로 기울어서 갈 때 가더라도 세상에서 보다 풍요롭고 안정적인 삶을 추구하는 것입니다. 사람이 좀 더 풍요롭고 편해지려는 것을 나쁘다고 할 수는 없습니다. 열심히 일하는 사람은 더 많이 벌어서 안정된 삶을 누립니다. 그리스도인은 매일 최선을 다하는 사람들입니다. 그리스도인이 잘사는 것은 당연한 것입니다. 그러나 그리스도인은 이 세상에 애착을 가져서는 안 되는 것입니다. "아, 나는 행복해! 나는 여기서 그냥 살련다." 그러면 안 됩니다. 이 세상이 아무리 좋아도 나는 떠난다는 것을 명심하고 살아야 합니다. 그래서 재림을 믿기는 하면서도 나와 내 아들 대에서는 이루어지지 않을 것이라고 생각하는 사람들은 성경을 믿는 사람이 아닙니다.

셋째, 예수 그리스도의 재림을 내심 믿지 않고 교회에 다니는 사람입니다. 그들은 휴거와 재림에 대해 설교하면 콧방귀를 뀌는 사람입니다. 큰 건물과 많은 사람들, 거짓 은사를 행하는 사람들도 하나님께서 복 주시는 것이 아닌가 하고 바라보기도 합니다. 자기 믿음을 가장할 수는 있지만 자기 안에 계신 예수 그리스도를 속일 수는 없습니다. 예수님은 교회의 머리이시고 우리 몸의 모든 것을 아시며 사람의 의도와 생각을 판별하시는 전지하신 하나님이십니다. 그분 앞에는 숨길 것이 없습니다. 그래서 예수님은 우리 몸이 머리이신 그분으로부터 떨어져 나와서 따로 있는 것을 원치 않으시기 때문에 칭찬하실 일을 칭찬하시고 책망하실 일은 꾸짖어서 첫사랑의 회복을 원하고 계십니다.

첫사랑을 저버린 교회
I. 주님은 에베소 교회를 안다고 하셨습니다.

교회가 예수 그리스도의 말씀에 귀 기울이지 않고 무엇을 하겠습니까? 주님은 내가 너를 안다고 하셨습니다. **『내가 너의 행위와 수고와 인내를 알며, 또 네가 어떻게 악한 자들을 용납지 아니한 것과 자칭 사도라 하지만 아닌 자들을 시험하여 그들이 거짓말쟁이임을 찾아낸 것과 또 네가 참고 인내하며 내 이름을 위하여 수고하고 지치지 않은 것을 아노라』**(2,3절).

에베소 교회는 주님을 섬기기 위해서 땀 흘려 일한 교회입니다. 아주 지칠 때까지 열심히 일했던 교회입니다. 성도의 희생적인 수고

없이 지역 교회는 강성해 지지 않습니다. 어려움이 닥쳐도 인내로 이끌어 나갔고 성도들은 시련과 고난이 닥쳐도 동요하지 않고 꾸준히 섬김에 동참하는 그런 교회였던 것을 주님은 알고 계시는 것입니다. 순수한 교회는 사탄과 그의 무리들의 공격에 결코 겁내지 않는 것입니다.

그 다음에 주님께서 칭찬하신 것은 에베소 교회가 거짓 교사들과 거짓 교리들을 찾아낸 일입니다. 종교 사기꾼들이 뭐라고 떠벌려도 주님께서는 그들을 몸 된 교회라고 부르지 않으셨습니다. 사탄의 교회들은 하나님을 부인하지도 않고 동정녀 탄생이나 그리스도의 신성도 인정하고 복음 전파와 선교 활동 등을 부정하지는 않지만 자기들의 교단 교리를 합리화시키려고 성경을 제멋대로 적용합니다. 그럴 목적으로 변개시킨 성경들을 선호하는 것입니다. 우리나라의 제도화된 교회들은 여러 가지 면에서 배교했으면서도 여전히 자기들이 보수주의, 복음주의라고 큰소리치고 있습니다.

가장 많이 쓰는 속임수는 사도 직분의 계승입니다. 사도의 표적과 이적을 전수받았다고 자랑하는 자들로서 이들을 가리켜 종교 사기꾼들이라고 합니다. 그렇지만 에베소 교회의 성도들은 영적 분별 능력이 있었습니다. 영적 분별 능력을 갖추려면 성경을 알아야 합니다. 진리의 지식을 갖추면 영적 분별력을 얻을 수 있습니다. 그래서 진리의 지식을 갖추면 예수 그리스도의 재림이 급박하다는 것을 알게 되고 다른 사람의 감언이설에 속지 않게 됩니다. 또 자기 믿음을 꾸준히 지켜나갈 수 있습니다. 예수님을 곧 다시 만날 수 있다는 사실과 내게 영생이 있다는 사실을 간직하고 사는 사람은 참으로 복 받은 사람입니다. 그래서 『**우리가 이 보물을 질그릇에 가졌으니 이는 그 능력의 탁월하심이 하나님께 있는 것이지 우리에게 있는 것이 아니라.**』(고후 4:7)라고 했습니다. 고린도후서 4:8-18을 읽어보십시오. 이 말씀을 확고히 붙들 수 있는 믿음이 있다면 여러분은 질그릇 같은 육신에 보물을 지니고 있는 것입니다. 이 말씀을 생활에 적용시키지 못하면 그것이 바로 가짜 믿음입니다. 가짜 믿음을 가지고 형식적으로 교회를 왔다 갔다 하게 되면 나중에 대환란을 거치게 되고 영생을 위해서 생명 나무를 먹어야 합니다.

왜 여러분이 매 주일마다 설교를 듣습니까? 설교를 들음으로써 믿음이 뿌리내릴 마음의 토양을 갈게 되고, 자신의 믿음이 연단되어서 정금같이 나오게 되어 있습니다. "왜 다른 사람은 구령하는데 나는 그런 구령의 열정이 없는가?" 하고 고민해 보셨습니까? 기도하십시오. "주님, 저에게도 구령의 열정을 주십시오. 저를 주님의 도구로써 주십시오. 성령 충만하게 해 주셔서 제가 가까운 사람부터 복음을 전할 수 있게 해 주십시오."라고 기도한 후 실제적으로 나가 보십시오. 한 번, 두 번 주님의 명령을 실행하는 가운데 여러분은 예수 그리스도의 재림을 기다리는 사람으로 변모되실 것입니다. 그렇게 하심으로써 여러분 안에 있는 찌꺼기가 모두 제거되어 버릴 것입니다.

첫사랑을 저버린 교회
II. 주님은 에베소 교회를 책망하셨습니다.

첫사랑을 저버린 것은 책망받을 일입니다. 주님께서는 『**그러나 너를 책망할 것이 다소 있나니, 이는 네가 너의 첫사랑을 저버린 것 때문이라. 그러므로 네가 어디서 떨어졌는지를 기억하고 회개하며, 너는 처음 일들을 행하라. 만일 그렇지 않고 회개하지 아니하면 내가 속히 너에게 와서 네 촛대를 그 자리에서 옮기리라.**』(4,5절)라고 말씀하셨습니다.

행위와 수고와 인내가 있었으면서도 첫사랑을 저버렸다면 어떤 교회가 되겠습니까? 여기에는 그냥 행위와 수고와 인내라고 했지만 데살로니가전서 1:3에서는 믿음의 행위와 사랑의 수고와 소망의 인내라고 했습니다. 에베소 교회는 강한 정통성을 가지고 일하는 교회였지만 차츰 형식적이고 의식적으로 되어감으로써 첫사랑을 저버리기 시작했습니다. 교회가 모든 것을 형식적으로 한다면, 찬양도 설교도 심지어 기도마저도 형식적으로 되어 결국 아무도 다니기 싫어하는 이상한 교회가 되어 버리거나 곧 없어져 버리고 말 것입니다.

교회가 냉랭하게 되는 것은 복합적입니다. 첫째, 예배가 형식적이고 의식적일 때 하나님으로부터 거절당하게 된다는 것을 알아야 합니다. 영과 진리로 드리지 않는 예배는 받아들여지지 않습니다. 둘째, 성경이 배격된 교회입니다. 성경을 읽지도 않고, 공부하지도 않고, 묵상하지도 않고, 믿지도 않으면 냉랭하게 됩니다. 셋째, 기도의 형식만 있고 진실이 배제될 때입니다. 넷째, 그리스도를 증거하고 시인하는 일들이 중단될 때입니다. 예수 그리스도의 증거와 시인은 꼭 구령만이 아닙니다. 사람들이 많이 있는 데서 성경을 제대로 들고 다니는 것도 예수 그리스도를 시인하는 것입니다. 생활을 통해서 자신이 그리스도인이라고 밝히는 것, 하나님의 말씀에 근거하여 권면하는 일, 자기의 신분이나 직업을 떳떳이 밝히는 것도 예수 그리스도를 증거하는 것입니다. 끝으로, 교회의 행사와 예배에 성도가 자주 빠지면 냉랭한 교회가 되는 것입니다. 첫사랑을 저버린 행위들에 대하여 주님께서 얼마나 자상하시고 구체적이신지 보십시오. 칭찬받을 일과 칭찬받지 못할 일이 무엇인지 말씀하시고, 칭찬받지 못할 일에 대해서 책망하신다는 것입니다.

주님께서는 첫사랑을 회복할 수 있는 방안을 제시하시고 계십니다. 첫째는 기억해야 합니다. 어디서부터 문제가 시작되었는지 원인 규명을 하고서 첫사랑이 회복되어야 함을 기억해야 합니다. 내가 구원받았을 때, 헌신해서 주님만을 위해서 살기로 결심했을 때가 언제인지 기억하고, 그리고 세상과 성별하여 세상을 사랑하지 않기로 결심했던 때가 언제인지를 기억해야 합니다. 무엇보다 냉랭하게 된 원인을 찾아야 합니다.

두 번째는 회개해야 합니다. 무관심과 냉랭함과 방종과 우유부단과 질시했던 죄들을 회개해야 합니다. 열성이 없는 자신은 숨기고 오히려 열성적인 사람을 질시했으며, 교회에 사람이 늘어나는 것을 못마땅하게 생각했고, 교회의 사역들이 늘어나는 것을 귀찮게 여겼던 죄를 회개해야 합니다.

세 번째는 기억하고 회개하였으면 처음 일들을 행하라는 것입니다. 무관심, 냉랭함, 방종, 우유부단, 질시로 인해서 소홀해진 교제를 회복하고, 성경을 다시 읽고, 묵상하고, 진지하게 기도하며, 모임에 참석하고, 경배를 중히 여기고, 섬김에 순종해야 합니다. 이렇게 하지 않으면 주님께서 그 능력과 영향력을 옮기시겠다고 말씀하십니다. 촛대를 옮기시겠다는 것입니다. 첫사랑을 잃은 교회는 곧 그 빛을 잃게 됩니다. 우리나라의 중대형 교회들이 복음을 전하는지 보십시오. 한때 영화와 번영을 누렸던 큰 성읍 에베소는 오늘날 불빛도 없고, 돌무더기나 쌓여 있는 폐허의 땅이 되고 말았습니다. 상징적입니다. 영적 퇴폐를 의미하는 것입니다. 하나님의 일을 소홀히 여기면 첫사랑은 식어지게 되어 있습니다. 교회가 예수님의 말씀에 순종하지 않으면 교회가 될 수 없습니다.

첫사랑을 저버린 교회
III. 주님은 니콜라파의 행위를 미워하십니다.

또 한 가지 소중한 것이 있습니다. 『**그러나 네게 이것이 있으니, 즉 네가 니콜라파의 행위를 미워하는 것이라. 나 역시 그것을 미워**

하노라』(6절).

하나님께서 야곱을 사랑하시고 에서를 미워하신 이유는 야곱이 영적인 것들, 곧 하나님의 말씀을 더 소중히 여겼기 때문입니다. 사실 에서는 효자였지만 영적인 유업을 무시했고, 야곱은 교활했지만 영적인 유업을 중요시 했습니다. 우리 성도들도 영적인 부분을 더 중요시해야 합니다.

니콜라파의 행위란 성직자와 평신도를 구분하는 것입니다. 이것을 구분하는 자들은 하나님으로부터 부르심이나 쓰임받는 것에 대해서 영적 권위를 받지 않고서도 제멋대로 하나님의 일꾼이라고 자처하는 것입니다. 심지어는 목사직을 세습하고 있습니다. 하나님께서 시키지도 않은 일을 자청해서 하는 이런 자들은 목자는커녕 삯꾼도 아니고, 자기 배를 섬기는 자들일 뿐입니다.

『그러나 너희는 선택받은 세대요 왕 같은 제사장이며, 거룩한 민족이요, 독특한 백성이니, 이는 너희를 어두움에서 불러내어 그의 놀라운 빛으로 들어가게 하신 분의 덕을 너희로 선포하게 하려는 것이니라』(벧전 2:9), 『모든 사람을 존경하고 형제를 사랑하며, 하나님을 두려워하고 왕을 존경하라』(벧전 2:17)고 했습니다. 그러나 자칭 성직자라고 하는 니콜라파들은 성경대로 안 하는 것입니다. 구원받은 성도가 누구입니까? 왕 같은 제사장들입니다. 자기들은 성직자이고 다른 사람은 평신도라고 나누어 놓고 사람들을 지배하려 합니다. 그들은 구원받은 성도들이 왕 같은 제사장이란 사실을 까맣게 잊어버리고 자기들의 배를 섬기는 종으로 삼고 있습니다.

예수님은 『나 역시 그것을 미워하노라.』고 하셨습니다. 첫사랑을 저버린 것을 책망하시고, 어디서부터 실족하고 배교했는지 그것을 회개하라고 하시면서도 니콜라파의 행위를 실행하지 않는 에베소 교회의 어떤 가능성을 인정하시는 것입니다. 아직 살아있어서 건전한 교리를 실행하고, 비성경적인 부분들을 배격하는, 완전히 망가지지 않은 교회의 그런 부분들을 인정하시는 것입니다. 그것이 그리스도인의 가능성입니다.

결 론

오늘날 우리가 목도하는 그런 교회들은 교회가 아닙니다. 그들이 사역이라고 하는 일들로는 주님을 영화롭게 할 수 없습니다. 우리나라에는 많은 것이 두 가지가 있는데 술집과 가짜 교회들입니다. 가짜 교인들도 많이 있습니다. 교회들이 물질을 자랑하고, 기도원을 자랑하고, 사람 수를 자랑하고, 가짜 은사를 자랑함으로써 주님의 피로 사신 주님의 교회들은 이 세상에서 가려져 버린 것입니다. 교리도 사라져 버렸고, 교회상도 사라져 버렸습니다. 그래서 마지막 교회는 완전히 배교하게 된다고 주님은 예언하셨습니다.

이 마지막 시대에 복음과 진리의 빛을 비추는 교회의 역할을 다하기 위해서 주님은 남은 자를 데리고 다시 시작하십니다. 노아 때에는 120년 동안에 여덟 사람이 구원받았고, 소돔과 고모라에서는 세 사람이 구원을 받았습니다. 세상이 다 배교해 버렸지만 하나님은 남은 자들을 데리고 다시 시작하신 것입니다. 바알에게 무릎 꿇지 않은 7천 명을 데리고 다시 시작하실 것입니다. 우리는 스스로 점검해서 첫사랑을 잃지 않아야 합니다. 첫사랑을 잃어버린 사람이 있다면 기억하고, 회개하고, 처음 일들을 행해야 합니다. 그리하여 자기 생애로 하나님께 영광을 돌려야 합니다. 우리는 진리를 선포하는 성도가 되어야 합니다. 이것이 바로 주님이 원하시는 일입니다. 다른 사람들이야 어찌하든지 여러분이 거듭난 하나님의 독특한 백성이라면 여러분의 첫사랑을 점검하시고 그 사랑을 회복하시기 바랍니다.

14

하나님께서
우리가 알기를 원하시는 것

『우리 주 예수 그리스도의 하나님, 영광의 아버지께서 자기를 아는 지식 안에서 지혜와 계시의 영을 너희에게 주시어 너희의 지성의 눈을 밝히셔서 너희로 하여금 그의 부르심의 소망이 무엇이며 성도들 안에 있는 그의 유업의 영광의 풍성함이 무엇인지 또 그의 강력한 능력의 역사하심을 따라 믿는 우리에게 향하신 그의 능력의 지극히 위대하심이 어떤 것인가를 너희로 알게 하시기를 원하노라. 하나님께서 그 능력을 그리스도 안에서 역사하게 하사 그를 죽은 자들로부터 살리셨으며 천상에서 하나님의 오른편에 앉히사 모든 정사와 권세와 능력과 다스림과 이 세상뿐만 아니라 오는 세상에서도 이름지어진 모든 이름 위에 뛰어나게 하셨으며 또 만물을 그의 발 아래 두시고 그를 만물 위에 머리가 되게 하셔서 교회에게 주셨느니라. 교회는 그의 몸이니 만물 안에 모든 것들을 채우시는 분의 **충만이니라**』(엡 1:17-23).

여러분은 미국 인디언들에게 복음을 전했던 데이비드 브레이너드를 잘 알고 계십니다. 이 예일대학교 학생의 짧은 생애에 감동받아 위대한 하나님의 일꾼들이 많이 나왔습니다. 그중에서 우리에게 잘 알려진 위대한 일꾼들 네 사람만 선정하자면 윌리엄 캐리, 에드워드 페이슨, 로버트 머레이 맥체인, 조나단 에드워드를 들 수 있겠습니다. 인도에 선교사로 갔던 윌리엄 캐리는 데이비드 브레이너드의 생애를 읽고 변화를 받은 사람입니다. 영국의 유명한 설교자였던 로버트 머레이 맥체인도 이 사람의 생애로 인해서 변화받은 사람입니다. 조나단 에드워드는 "그를 우리 집에서 임종하게 하신 하나님의 섭리에 감사드린다. 나로 하여금 그의 기도를 듣게 하시고, 그의 헌신을 증거하게 하시고, 그의 삶의 본보기로 감동을 받게 하신 하나님을 찬양한다."라고 했습니다. 데이비드 브레이너드가 사역 중에 병으로 조나단 에드워드의 집에 와서 머무는 동안에 있었던 일입니다. 여러분 주위에는 본받을 사람이 있습니까?

우리가 사는 이 시대는 정치, 경제, 문화, 예술 등 여러 분야에서 부패해 버렸습니다. 어떠한 기대나 희망을 가질 수 없게 되었습니다. 미국도, 다른 나라도 마찬가지입니다. 그러나 우리를 가장 견딜수 없게 만드는 것은 소위 교회라고 하는 곳에서 복음을 싸구려로 만들어 교회성장에 방해가 된다고 한구석에 제쳐 놓고 방치하고 있다는 점입니다. 이 복음은 인류의 죄 문제를 해결하기 위해서 갈보리에서 피 흘리신 하나님의 아들의 피와, 죽음을 이기고 살아나신 예수 그리스도의 부활을 믿는 사람들에게 죄의 용서와 그에 따른 영생을 선물로 받게 하신 하나님의 은혜와 사랑의 결정입니다. 그럼에도 불구하고 이것을 위탁받았다고 하는 교회들은 그렇게 행하고 있는 것입니다.

우리를 견딜 수 없게 만드는 두 번째 요인은 진리가 훼손되어서 어떤 것이 진리이고 어떤 것이 비진리인지 구분이 없게 된 것입니다. 그래서 아무리 진리를 실행하고 전파하고 수호한다고 해도 사람들은 그것을 보고도 모르는 것입니다. 진리를 알 필요를 느끼지 못하는 사람들이 수없이 교회라는 곳들로 몰려다니면서 기도와 능력과 선교를 말하고 있는 것입니다. 그런 시대에 우리가 살고 있는 것입니다.

필라델피아 시대에 켜졌던 진리의 등불들이 하나씩 꺼져 갈 때마다 흑암의 세력들은 만족한 미소를 띠며 자기들이 승리했다고 쾌재를 부르고 있습니다. 우리나라를 보십시오. 전쟁 통에 생겨난 교회들이 복음을 빙자해서 돈맛을 알게 되자 그때부터 교회들은 퇴색하여 진리를 지킬 능력을 상실해 버렸고, 은사주의 물결이 몰려오자 그대로 휩쓸려 버렸습니다. 성경적 기독교 신앙이 무엇인지 모르는 사람들이 너도나도 나와서 무조건 기도만 하면 만사형통하는 줄 착각하게 되었고, 알 수 없는 방언을 해야 성령을 받은 것이라고 거짓되이 배우게 된 것입니다.

다 꺼져 가는 등불 중에서 하나님께서는 이 땅에 섭리로 하나를 남겨 두시어 〈한글킹제임스성경〉을 번역하여 출간하게 하셨고, 성경적인 신약 교회를 세우게 하셨습니다. 그리고 진리를 가르치는 신학원을 세워 주셔서 하나님의 과업을 수행하게 하셨습니다. "우리는 다릅니다". 우리에게 가짜가 오면 그 가짜들이 견뎌 낼 수 없는 것이 다릅니다. 우리는 진리를 실행하기 때문에 거듭나지 아니한 사람들이 여기 와서 공부해 보려고 하지만 하나님께서는 그 사람들을 솎아내 버리십니다. 우리는 애써 억지로 일을 저지르지 않고 하나님께서 조성시켜 주신 환경 속에서 일할 뿐입니다. 왜냐하면 하나님께서 매사를 관장하시기 때문입니다. 오늘 가을 학기 개강 예배에 참여하신 여러분은 여러 성도들의 기도와 인도함을 받은 지체들임을 명심해야 합니다. 여러분이 하나님을 바로 알기 원했을 때 지혜와 계시의 영을 주신 것입니다. 바울이 이를 증명하고 있습니다. 『**나로 하여금 이방 가운데 그를 전파하도록 내 안에 그의 아들을 계시하시기를 기뻐하셨을 때에 내가 즉시 혈과 육에 의논하지 아니하고 또 나보다 먼저 사도가 된 그들을 만나려고 예루살렘으로 올라가지도 아니하고 다만 아라비아로 갔다가 다시 다마스커스로 돌아갔노**

라』(갈 1:16,17). 『**내 안에 그의 아들을 계시하시기를 기뻐하셨을 때에**』 바울은 즉시 순종하였습니다. 바울은 공부하는 삼 년 동안 자기 자신을 비우고 자기가 율법 아래에서 알았던 것을 버릴 때까지는 말하지 않았습니다. 삼 년 동안 그는 가르치려고 하지도 않았습니다. 바울은 삼 년 동안 훈련받았습니다. 여러분도 삼 년 동안 훈련을 받게 되실 것입니다.

우리가 알아야 할 것들
I. 우리는 그의 부르심의 소망이 무엇인지 알아야 합니다.

주님은 우리가 무엇을 알기 원하십니까? 부르심의 소망이 무엇인지 알기 원하십니다. 믿는 사람들은 거룩한 부르심을 받은 것입니다. 디모데후서 1:9을 보십시오. 『**하나님께서 우리를 구원하시고 거룩한 소명으로 부르심은 우리의 행위에 따라 하신 것이 아니라 그분의 목적과 은혜에 따라 하신 것이니, 이는 세상이 시작되기 이전에 그리스도 예수 안에서 우리에게 주신 것이라.**』 그가 누구이든지 간에 하나님께서 부르신 사람은 그의 행위에 따라 하신 것이 아니라 그분의 목적과 은혜에 따라 하신 그 사실을 여러분이 알기 원하시는 것입니다. 우리 구원받은 사람이 깨닫는 것은 주 예수 그리스도와 동행하지 않는 삶은 잘못된 삶이라는 사실입니다. 구원받지 않았던 그 삶이 지금까지 지속되었다면 여러분은 썩은 냄새나는 것들만을 내놓았을 것입니다. 그 사람은 자기 육신을 만족시키기 위해서 살 뿐 그것으로 끝장입니다. 그러나 우리는 인간에게 육신뿐만 아니라 혼도 있고 영도 있다는 것을 알았습니다. 두 가지를 제쳐 놓고 한 가지만 만족시키고 살았다면 우리는 잘못 산 것입니다.

사람들은 혼을 만족시키기 위해서 음악도 듣고 영화도 보고 관광도 다닙니다. 그러나 혼을 만족시킴에 있어서 그리스도인과 육신적인 사람은 서로 다릅니다. 음악이나 영화나 관광이라고 해서 다 정서를 함양하지는 않습니다. 아름다운 산과 바다나 호수가 있는 정경들은 우리의 혼을 만족시키는 반면 퇴폐적인 음악을 듣고, 기괴한 영화를 보며, 희한한 데를 구경하게 되면 혼을 망치게 되는 것입니다. 지금 이 시대는 수많은 사람들이 혼을 망치고 있습니다. 특히 10대들을 보십시오.

영은 어떤 것입니까? 영은 하나님과 교제하는 수단입니다. 우리가 영을 알게 되면 영원히 누릴 생명과 진리와 유업과 자비 안에서 하나님과 교제하는 것입니다. 영국의 물리학자 스티븐 호킹은 11차원의 세계가 있는데 우리는 4차원의 "막" 위에서 살고 있다고 했습니다. 성경이 말씀하신 것을 믿겠습니까? 아니면 호킹이 주장하는 이론을 믿겠습니까?

우리는 어두움에서 빛으로 불러냄을 받았습니다.『그러나 너희는 **선택받은 세대요, 왕 같은 제사장이며, 거룩한 민족이요, 독특한 백**

성이니, 이는 너희를 어두움에서 불러내어 그의 놀라운 빛으로 들어가게 하신 분의 덕을 너희로 선포하게 하려는 것이니라』(벧전 2:9). 그러므로 어두움에서 빛으로 불러냄을 받지 않은 사람처럼 사고하지 말라는 것입니다. 여기에서 데이비드 브레이너드 같은 사람이 나와야 합니다. 여러분 앞에 본받을 사람이 없으면 여러분 자신이 본받을 사람이 되어야 합니다. 다른 사람들처럼 성경을 믿지 않고 사역을 하면 모두 부패하게 됩니다.

우리 그리스도인들은 거듭남으로써 산 소망을 가지게 된 것입니다. 이 소망은 미래의 소망이고 살아있는 소망이며 보장된 소망입니다. 『**하나님, 곧 우리 주 예수 그리스도의 아버지를 송축하리로다. 그분은 그의 풍성하신 자비하심을 따라 죽은 자들로부터의 예수 그리스도의 부활로 인하여, 우리를 거듭나게 하사 산 소망을 갖게 하셨으며**』(벧전 1:3).

우리는 영광으로 불러냄을 받았습니다. 『**그러나 모든 은혜의 하나님, 곧 그리스도 예수로 인하여 그의 영원한 영광으로 우리를 부르신 분께서, 너희가 잠깐 고난을 받은 후에 너희를 온전케 하시고, 견고케 하시며, 힘을 주시고, 확고히 하시느니라**』(벧전 5:10). 그래서 하나님께서는 여러분이 이 부르심의 소망이 무엇인지 알기를 원하시는 것입니다. 하나님께서 그 많은 사람들 중에서 왜 여러분을 부르셔서 공부하게 하시는 것입니까? 우리 가운데는 충북 음성에서, 강릉에서, 전북 익산에서 공부하러 오시는 분들도 있습니다. 모두

다 바쁜 사람들입니다. 하나님이 부르시지 않았다면 나는 바빠서, 건강 때문에, 아기 때문에 등등 숱한 이유들을 대며 못한다고 했을 것입니다.

우리가 알아야 할 것들
II. 우리는 그의 유업의 영광의 풍성함이 무엇인지 알아야 합니다.

주님은 우리가 무엇을 알기 원하십니까? 그 유업의 영광의 풍성함이 무엇인지 알기 원하십니다.『**모든 것을 그 자신이 의도한 대로 행하시는 이의 목적을 따라 우리가 예정되어 그분 안에서 유업을 받았으니**』(엡 1:11). 에베소서 1:11에서는 그리스도 안에 있는 우리의 유업을 말하고 있습니다만 18절에서는『**성도들 안에 있는 그의 유업의 영광의 풍성함이 무엇인지**』라고 했습니다. 여기서 말하는 것은 우리 안에 있는 그리스도의 유업입니다. 다시 말해서 하나님께서는 우리를 그분의 재산의 일부로 보시는 것입니다.『**이는 하나님께서 그 사랑하시는 이 안에서 우리를 받아들이신 그 은혜의 영광을 찬양케 하려 하심이니라**』(엡 1:6).

그래서 주님은 그리스도인에게 헌신하라고 당부하시는 것입니다. 주님을 발견한 때부터 헌신하라고 하시며, 합당한 예배를 드리라고 하십니다.『**너희 몸을 하나님께서 기뻐하시는 거룩한 산 제물로 드**

리라. 이것이 너희가 드릴 합당한 예배니라』(롬 12:1). 우리는 지금 예배를 드리고 있습니다. 여기서 헌신하지 않으면 주님과 아무 관계가 없습니다. 예수님께서 세상을 떠나 하늘로 올라가시기 전에 제자들을 모아 놓고 기도를 하셨는데 그 기도가 응답된 것입니다.『아버지시여, 내가 바라오니 아버지께서 내게 주신 그들도 내가 있는 곳에 나와 함께 있게 하셔서 그들로 아버지께서 내게 주신 나의 영광을 보게 하소서. 이는 아버지께서 세상의 기초가 놓이기 전부터 나를 사랑하셨기 때문이옵니다』(요 17:24). 이 기도가 응답되었습니다. 그리스도께서 우리 안에서 영광을 받으시고『그 날에 주께서 오시면 그의 성도들에게서 영광을 받으시고』(살후 1:10), 우리도 그리스도 안에서 영광을 받게 됩니다.『너희도 그와 함께 영광 가운데 나타날 것이라』(골 3:4). 로마서 8:17에서는『그리스도와 함께한 공동 상속자들』이라고 했습니다. 교회가 없이는 그리스도께서 약속된 영광으로 들어 갈 수가 없습니다.

그러면 이 교회는 어떤 교회입니까? 하나님의 교회를 파괴하고 나가서 밥 벌어 먹기 위해 세워 놓은 그런 교회입니까? 더럽고, 제멋대로이며, 거짓 교리에 놀아나는 그런 것은 교회라고 할 수 없습니다. 이 교회는 순결하고 순종적이며 신실한 교회입니다. 여자로 말하자면 처녀와 같은 교회입니다. 이 사실을 아는 사람들은 이 진리가 많은 신실한 성도들을 주님께 헌신하도록 권면하는 것입니다. 이것은 직업이 아닙니다. 직업이라면 대우를 잘 받는 곳으로 옮겨 가야 할 것입니다. 하나님께서 너는 이 일을 하라고 하시면 해야 합니다. 그것을 안 하면 "내게 화로다."입니다. "화"가 무엇입니까? 재앙입니다. 사람이 죽는 것, 중병에 걸리는 것, 교통사고, 다쳐서 침대에 누워서 사는 것, 제대로 사고하지 못하는 것 등이 재앙입니다. 내가 이 일을 하지 않으면 화를 당합니다. 하나님께서는 자기가 원하시는 사람을 부르시고, 그 사람으로 공부하게 하시고, 준비하게 하셔서 원하시는 일에 쓰십니다. 하나님께 절대적인 권한이 있습니다. 다만 우리는 지상에서 성령이 우리 안에 역사하심으로써 우리가 그 일을 알기 원하는 것뿐입니다. 우리에게 영적 분별능력을 주셔서 그것을 알게 해 주십니다.

침례인 요한은 대단한 인물이었습니다. 그는 긴 훈련의 기간을 거쳐 육 개월 동안의 짧은 사역을 하면서 "회개하라"라고 외쳤습니다. **『오 독사들의 세대야, 누가 너희에게 다가오는 진노에서 피하라고 경고하더냐?』**(눅 3:7) 오늘 이 시대에 가장 많이 들어야 할 말이 회개하라는 것입니다. 회개는 단순히 기분을 전환하거나 한 번 후회하거나 통회로 끝나는 것이 아닙니다. 내가 하나님을 한번 믿어 봐야겠다는 것도 아닙니다. 이러한 회개들은 잘못된 것입니다. 회개란 하나님에 관한 마음의 변화입니다. 나는 이제 하나님을 믿고, 하나님을 따르고, 하나님을 섬기겠노라고 결단하는 것입니다. 또 회개는 죄에 대한 마음의 변화이며, 지옥에 관한 마음의 변화입니다. 교회의 회원이 되어 출석 잘하고, 십일조 내고, 교회 행사에 빠지지 말라는 것이 아닙니다.

침례인 요한은 이적을 행한 적이 없습니다. 죽은 사람을 살려 낸 적도 없습니다. 그러나 그 한 사람이 한 민족을 살린 것입니다. 한 사람이 나와서 유대 땅 전역을 뒤흔들었던 것입니다. 그는 하나님의 능력으로 충만했고 하나님의 일들을 하나님의 능력과 하나님의 방법으로 수행했습니다. 그는 자신을 소리에 불과하다고 했습니다. 여러분은 말씀을 전파하는 소리 나는 사람들입니다.

사도 바울은 어떻습니까? 사도 바울은 설교 가운데 예수님 다음으로 많이 회자됩니다. 사도 바울은 로마 제국을 변화시킨 사람입니다. 돌로 맞고, 몽둥이로 맞고, 지중해에서 파선하여 24시간을 물속에 있었습니다. 잠 못 자고, 배고프고, 춥고, 고단하게 살았습니다. 왜입니까? 후대에 이름을 남기려고 그랬던 것입니까? 예수 그리스도의 복음을 전파하는 것이 가장 소중한 일이었기 때문입니다. 여러분은 복음 전하는 일을 자기 자신이 하지 않고 누구에게 맡기려고 한 적이 있습니까? 만일 그랬다면 잘못한 것입니다. 찰리 피스라는 영국의 한 사형수는 사형대로 나가면서 형무소 목사가 일상적으로 늘 하는 지옥에 관한 설교를 듣게 되었습니다. 그 목사는 심각하지도 않게 늘 하는 대로 설교했습니다. 거기 지옥에는 벌레도 죽지 않고, 끝없이 깊은 구렁에서 사람이 영원히 고통받는다는 말 한마디를 듣고 나서 이 사람은 그 자리에서 변화받게 됩니다. "아, 나는 거기에 가고 싶지 않다!"고 말입니다. 오늘날 지옥을 말하면 사람들은 "흥,

지옥에 가면 어때!"라고 합니다. 이 사람 찰리 피스가 남긴 말이 있습니다. "대영 제국 전체가 유리 조각으로 흩어져 있어 그 위를 내가 팔꿈치와 무릎으로 기어다니는 한이 있어도 나는 지옥에는 가기 싫다!" 그러나 사람들은 성경에 기록된 대로 믿지 않습니다.

우리가 알아야 할 것들
III. 우리는 그의 능력의 지극히 위대함이 무엇인지 알아야 합니다.

주님은 우리가 무엇을 알기 원하십니까? 그분의 능력의 지극히 위대하신 것이 어떤 것인가를 알기 원하십니다. 자연의 가장 큰 위력은 바람과 불입니다. 어젯밤에 여러분은 태풍 프라피룬의 바람을 맛보셨겠지만 정말 대단했습니다. 나는 아파트가 넘어가는 줄 알았습니다. 어찌나 문들이 세게 흔들리는지 밤중에 일어나 기도했습니다. 미국 서부와 브라질, 그리스 아테네 등 세계 수백 곳이 산불로 타고 있습니다. 인간이 아끼고 보호하는 환경, 문화재, 국가 보호림이 다 쓸데없는 소리입니다. 과학이 그렇게 위력이 있으면 산불을 한번 꺼 보라고 하십시오. 과학의 위력으로 바람의 방향을 한번 돌려 보라고 하십시오.

하나님의 지극히 위대하신 능력이 무엇입니까? 여기서 능력이라는 것은 "힘"(power)입니다. 역사라는 것은 그 힘으로 일하는 것을 말합니다. 태평양과 대서양과 인도양을 휘몰아쳤던 그 폭풍보다 더 큰 지극히 위대한 능력을 누구에게 주십니까? 믿는 사람에게 주십니다. 하나님께서 여러분에게 그 능력을 주셔서 그 일을 하라고 하십니다. 우리가 복음을 전하다 보면 성령으로 충만할 때와 그렇지 않을 때가 확연히 다른 것을 알 수 있습니다. 성령으로 충만하지 않았을 때 복음을 전하려 하면 전도지 한 장도 건네주지 못합니다. 하나님께서는 그 지극히 위대하신 능력을 믿는 성도 여러분에게 주시는 것입니다. 그래서 하나님의 능력과 그 영원하신 힘이 우리 안에서 역사하는 것입니다.

많은 재산이 있는데 그것을 쓸 줄 모르면 무슨 소용이 있겠습니까? 의사가 병을 고칠 수 있는 좋은 의술이 있어도 쓰지 못하면 무슨 소용이 있겠습니까? 좋은 지식, 능력, 기술들을 익혔다고 해도, 그것을 써먹지 않고 사장해 두거나 다른 일을 하고 있다면 무슨 소용이 있습니까? 인간은 죽어 가고 있습니다. 죽으면 그 기술은 가치의 고하간에 다 쓰레기장에 들어갑니다. 써먹어야 됩니다.

진리를 알았으면 쏟아 내야 합니다. 다른 사람으로 하여금 회개하게 하고 죽어야 합니다. 이것이 하나님 안에서 계획된 삶입니다. 데이비드 브레이너드는 너무나 젊은 20대에 죽었습니다. 헨리 마틴을 비롯한 하나님께 쓰임받은 많은 사람들이 짧은 생애를 살았습니다. 영원을 어디서 사는지 알았기 때문에 죽음을 두려워하지 않았습니다. 하나님께서 데려가신 것입니다. 여러분은 구원의 영원한 보장을 받은 사람들입니다. 죽으면 더 좋습니다. 바울도 죽기를 원했습니다. 어느 자매님이 제주도에 가서 너무 좋으니까 빨리 천국에 갔으면 좋겠다고 했답니다. 좋은 것을 한번 맛보니까 더 좋은 곳으로 가고 싶은 겁니다.

록 펠러는 미국 최초의 억만장자였습니다. 그는 너무나 많은 재산 때문에 불면증과 위장병이 생겨 맛있는 음식도 못 먹고 크레커와 우유만 마셨습니다. 죽으면 그만입니다. 재산은 누가 가져가는 것입니까? 하나님께서 그를 일깨워 주셔서 계속 십일조를 하며 가진 재산을 다른 사람과 나누기로 마음먹었을 때 걱정이 없어지고 건강이 개선되었던 것입니다. 여러분도 진리를 알았으면 써먹어야 합니다.

왜 그리스도인은 능력이 필요합니까? 하나님의 방대한 재산을 쓰려면 인간의 육신적인 능력과 지혜로는 안 됩니다. 어린아이에게 유산을 맡기면 어린아이가 그 재산을 어떻게 쓰겠습니까? 흥청망청 탕진하고, 결국은 망해 버리는 것입니다. 우리나라에도 많은 재벌들이 어리고 무능한 자식에게 상속을 해서 경영에 어려움을 겪고 있는 것을 볼 수 있습니다. 그래서 전문경영인이 필요하듯이 하나님의 능력이 우리로 하여금 하나님의 재산을 사용할 수 있게 만드는 것입니다. 또한 하나님의 사역을 대적하는 강력한 반대 세력이 있기 때문입니다. 영적 전쟁에서 악한 마귀의 세력들, 흑암의 세력들은 강력한 적들입니다. 우리의 능력으로는 이 적들을 이길 수가 없습니다. 그래서 하나님께서 우리에게 하나님의 능력을 주신 것입니다.

하나님의 능력으로만이 이 적들을 이길 수가 있습니다. 하나님의 지혜로만이 이 적들을 이길 수가 있습니다. 우리가 이 능력을 갖추지 못하면 적에게 재산을 빼앗기게 되는 것입니다. 여러분은 하나님의 중요한 재산이라는 사실을 아셔야 합니다.

우리 하나님께는 창조의 능력이 있고, 이집트에서 이스라엘을 이끌어내신 출애굽의 능력이 있습니다. 또 우리는 예수 그리스도의 부활의 능력을 압니다. 이 능력들은 우리에게 많은 것들을 시사해 주고 있습니다. 『**모든 정사와 권세와 능력과 다스림과 이 세상뿐만 아니라 오는 세상에서도 이름지어진 모든 이름 위에 뛰어나게 하셨으며**』(엡 1:21).

왜 이 능력을 사용하지 못하고 하나님의 사역을 망가뜨리고 있는 것입니까? 사역자의 거룩하지 못한 삶 때문입니다. 『**모든 사람과 더불어 화평함과 거룩함을 추구하라. 이것이 없이는 아무도 주를 보지 못하리라**』(히 12:14). 육신적인 생각으로 하나님을 대적하는 사람들, 자기 뜻을 실행하려고 하는 사람은 하나님을 보지 못합니다. 거룩하지 못한 사람은 하나님을 보지 못합니다. 로버트 머레이 맥체인은 "거룩한 사역자는 하나님의 손 안에 있는 무서운 무기이다."라고 했습니다. 많은 사람들이 죄에 연루되어 있고, 죄를 생각하고, 죄를 말하고, 죄를 실행하고 있기 때문에 하나님과 무관하다는 사실을 알아야 합니다. 모든 사역은 예수 그리스도로 시작했다가 자기로 돌아왔을 때 끝나 버리고 만다는 사실을 알아야 합니다. 거룩하지 못한 사역자들의 기도를 듣고 계실 하나님이시겠습니까? 예수 그리스도를 위해 살려고 하는 목적의식이 결여된 사람들이 사역을 하겠다고 나서기 때문에 하나님의 복음이 꽃피우지 못하고 시들어 버리는 것입니다. 구령하는 것이 전부라고 생각하는 근본주의 교회에는 유치원 아기들밖에 없습니다. 치열한 영적 전쟁에서 유치원 아기들을 데리고 무슨 전투를 합니까?

결 론

하나님께서는 일꾼이 필요합니다. 이 일꾼을 지망하는 사람들에게 주님은 세 가지 일들을 알기 원하시는 것입니다. 부르심의 소망이 무엇인가, 유업의 영광의 풍성함이 무엇인가, 그분의 능력의 위대하심이 무엇인가를 알기 원하시는 것입니다. 그것을 모르면 하나님의 일꾼으로서 자질이 결여된 것입니다. 하나님의 말씀은 이 말씀을 먹고 이 말씀을 깨닫고 이 말씀을 실천할 수 있는 그런 능력자가 전하는 것입니다. 여러분은 주 예수 그리스도와 진리를 위해서 남은 생을 살기를 원하십니까?

15

제사장들의 왕국

『그러므로 이스라엘의 모든 장로들이 모여 라마에 이르러 사무엘에게 와서 그에게 말하기를 "보소서, 당신은 늙고 당신의 아들들은 당신의 법도대로 행하지 아니하니, 이제 모든 민족들처럼 우리에게 왕을 세워 우리를 재판하게 하소서." 하더라. 그러나 그들이 "우리를 재판할 왕을 우리에게 주소서." 라고 말한 그 일이 사무엘을 불쾌하게 한지라, 사무엘이 주께 기도하였더니 주께서 사무엘에게 말씀하시기를 "백성이 네게 말하는 모든 일에 있어서 그들의 음성에 경청하라. 그들이 너를 거역함이 아니요, 나를 거역하여 나로 그들을 다스리지 못하게 하려는 것이라. 내가 그들을 이집트에서 인도하여 낸 그 날부터 오늘에 이르기까지 그들이 행한 모든 일, 즉 그들이 나를 버리고 다른 신들을 섬기던 것대로 네게도 그렇게 행하는도다. 그러므로 이제 그들의 음성에 경청하라. 그러나 아직은 그들에게 엄숙히 경고하고, 그들을 치리할 왕의 제도를 그들로 알게 하라."고 하시니라』(삼상 8:4-9).

하나님의 최초의 계획은 이스라엘 민족을 통하여 이 땅에 신정국가를 실현하는 것이었습니다. 신정국가란 하나님께서 통치하시는 나라를 말하는 것이며, 또한 어떤 왕정국가나 입헌군주국, 민주공화국, 인민공화국 등과는 다른 하나님께서 직접 다스리시는 나라를 말합니다. 하나님은 영이시기에 사람을 통해 통치하시는데 그분이 임명하신 제사장을 통해서 통치하는 방법이 신정국가인 것입니다.

하나님께서 하나님의 몸 된 교회를 이 지상에 세워서 하나님의 사역을 펼치시며 또 하나님께서 임명하신 사람들로 일하게 하시는 것이 하나님의 교회입니다. 하나님께서 시키지도 않았는데 교회 건물을 크게 짓고, 사람들을 많이 모아 복음 비슷한 것을 이야기하고, 진리 비슷한 것을 이야기한다 할지라도 그것이 하나님의 교회는 아닙니다.

하나님께서는 이집트에서 이스라엘 민족을 데리고 나오실 때 이미 신정국가를 계획하고 계셨습니다. 국가를 이루려면 백성과 헌법과 영토가 있어야 합니다. 백성은 이집트에서 모세를 따라 나온 2백만 명 이상이 있었고 헌법은 하나님께서 시내산에서 모세에게 주신 율법이 있었습니다. 영토는 어디입니까? 하나님께서 선정해 놓으신 가나안 땅이 있었는데 그 가나안 땅에 살고 있는 사람들을 내쫓으시고 거기에 하나님의 방법으로 이스라엘 백성을 정착시키려고 하신 것입니다. 그리고 지금의 팔레스타인 땅이 바로 하나님께서 이스라엘 백성에게 주시기로 약속하신 땅입니다. 『**그러므로 이제 만일 너희가 참으로 내 음성에 복종하고 나의 언약을 지키면 너희는 모든 백성보다 나에게 독특한 보물이 되리니, 이는 온 땅이 내 것임이라. 너희는 나에게 제사장들의 왕국이 되며 거룩한 민족이 되리라.' 이것이 네가 이스라엘의 자손에게 고할 말이니라." 하시니라**』(출 19:5,6). 제사장들의 왕국과 거룩한 민족이 되리라고 선언하셨습니다. 모세는 여수룬에서 왕이요 선지자였습니다. 성경은 모세를 선지자라 하였고 제사장 직분은 그의 형 아론에게 주심으로 직분을 이 분화했음을 알 수 있습니다. 레위 지파인 모세와 아론을 통하여 하나님께서는 신정 국가를 통치하게 하셨습니다.

하나님께서 신정 통치를 함에 있어서 이스라엘의 열두 지파에서 제사장, 서기관, 율법사들을 선임하지 않으시고 한 지파, 즉 레위 지파를 선임하셔서 영적인 일들을 맡기셨으며 이스라엘을 통치하게 하신 것입니다. 그래서 레위 지파는 열두 지파에 들어가지 않습니다. 다른 지파들은 전부 유업을 받았지만 레위 지파는 유업이 없습니다. 그 이유는 하나님께서 이들을 책임지셨기 때문입니다. 다른 열두 지파의 십일조로 레위 지파의 생활을 가능하게 한 것입니다.

하나님께서 통치하신 나라는 이 지상에서 이스라엘이 유일한 나라입니다. 그들은 독특한 백성이며, 독특한 헌법이 있고, 독특한 땅에 살고 있는, 그래서 독특한 나라인 것입니다. 우리 그리스도인들 또한 독특한 백성들입니다. 우리는 하나님의 말씀으로 영적 양식을 삼고, 살기 위해 생업을 가질 뿐 아니라, 항상 하나님의 말씀을 전파함으로써 잃어버린 혼들을 주님께로 이겨오고, 진리의 지식을 전달하는 그러한 사람들입니다.

이런 신정 통치를 무산시키기 위해 마귀의 세력들은 정치적인 형태와 종교적인 형태 두 가지로 방해 공작을 시작한 것입니다. 본문은 선지자 사무엘이 제사장으로서 신정 통치를 맡고 있었을 때 갑자기 백성들이 인간 왕을 세워 달라고 외치는 구절입니다. 하나님께서는 어떻게 하셨습니까? 인간 왕국이 세워지면 신정국가에 반대되는 체제가 하나 세워지는 것인데 그 인간 왕을 허락하신 것입니다. 그가 바로 사울이었습니다. 그러나 사울왕은 처음부터 하나님의 뜻을 수행할 수가 없는 자였습니다. 하나님께서는 사울이 실패할 줄 알고 계셨기 때문에 미리 다윗왕을 예비해 두셨던 것입니다. 『**이새를 희생제에 청하라. 그리하면 내가 너에게 할 일을 알려 주리니, 너는 나를 위하여 내가 네게 거명하는 자에게 기름을 부을지니라."하시더라**』(삼상 16:3). 이것이 정치적인 부분입니다. 지금 사울이 왕인데도 불구하고 하나님께서 사무엘을 시켜서 이새의 집안에서 왕이 될 자를 찾으라고 하신 것입니다.

종교적인 부분은 로마카톨릭을 통한 거짓 제사장들이 등장하여 신정 통치를 흉내 내는 것입니다. 그러나 로마카톨릭은 하나님과는 전혀 무관합니다. 하나님께서는 그러한 교회를 세우신 적이 없습니다. 1517년에 루터는 종교개혁을 아주 용감하게 잘 했습니다. 그러나 그들이 하나님의 말씀을 버리자 모두 친카톨릭으로 되돌아가 버린 것입니다. 로마카톨릭은 거대하고 방대한 세력으로 거룩한 제사장들인 그리스도인들의 교회를 흉내 내어 거듭나게 하는 일이 아닌 개종시키는 일을 인위적으로 실행하면서 하나님의 교회를 흉내 내고 있는 것입니다. 이 둘이 얼마만큼 하나님의 뜻에 멀리 있는가를 오직 성경으로 짚어 보려고 합니다.

어떻게 백성들은 하나님을 거역했는가?
I. 이스라엘 백성들은 인간 왕을 원했습니다(5-7절).

거룩한 민족, 하나님의 백성이 하나님의 통치를 거부하고 인간 왕을 원하였을 때 사무엘은 하나님께 기도로 물었습니다. 그랬더니 하나님께서는 그들의 음성에 경청하라고 응답하셨습니다. 그리고 인간 왕을 세우면 어떻게 되는가를 알게 하라고 하셨습니다(10-17절). 그들이 세운 인간 왕의 폭정으로 백성들이 부르짖어도 하나님께서는 듣지 않으시겠다고 하셨습니다. 그런데도 백성들은 인간 왕이 우리를 다스리게 하라며 사무엘의 조언을 거부했습니다.

이것이 인간의 무지입니다. 이스라엘의 죄가 무엇입니까? 그것은 하나님의 계획을 무산시킨 죄입니다. A.D. 33년경에 이 땅에 세워질 수 있었던 천년왕국이 2천 년 뒤로 연기된 것은 하나님의 계획을 무산시킨 유대인들 때문이었습니다. 그들의 불신과 배교가 원인이었습니다. 세계 역사에서 유대인을 빼면 역사가 되지 않습니다.

하나님께서 이스라엘을 독특한 백성으로 삼으신 사랑과 그리스도의 피로 구원받은 그리스도인들로 그들을 대체하여 계획을 실현하시려는 사랑은 동일한 것입니다.

신명기 14:2이나 26:18,19, 시편 135:4이 거룩한 백성, 독특한 보물로 이스라엘 백성들을 말하는데, 베드로전서 2:9-12은 그리스도인에 대하여 선택받은 세대요 왕 같은 제사장이며 거룩한 민족이며 독특한 백성이라고 말씀하십니다.

어떻게 백성들은 하나님을 거역했는가?
II. 하나님께서는 그 왕을 보라고 하셨습니다(12-15절).

하나님께서는 너희가 바랐던 그 왕을 보라고 말씀하셨습니다. 하나님께서는 자신이 하신 약속과 권위 때문에 이스라엘 백성을 버리지 않을 것임을 약속하신 것입니다. 『**주께서는 그의 크신 이름을 위하여 자기 백성을 버리지 아니하시리니, 이는 너희로 그의 백성을**

삼으신 것이 주를 기쁘게 하였음이라』(삼상 12:22). 또 제사장 사무엘도 지속적으로 기도할 것을 표명했습니다. 『또 나로서는 결단코 너희를 위하여 기도하기를 그침으로 주께 대하여 죄를 범하지 아니하며, 내가 선하고 의로운 길을 너희에게 가르치리니』(23절)라고 하여 하나님께 지속적으로 기도할 것을 표명하시며 24절에서는 『너희는 주께서 너희를 위하여 얼마나 큰 일을 행하셨는지를 생각하고, 오직 주를 두려워하고 너희 마음을 다하여 진리로 그분을 섬기라.』라고 권면하고 있습니다. 하나님께서는 애정이나 열성으로 섬기라고 하지 않으시고 진리로 그분을 섬기라고 하십니다. 그렇지 않을 경우 그 형벌로 『그러나 만일 너희가 여전히 악하게 행하면 너희와 너희 왕이 다 진멸되리라."』(25절)라고 하십니다.

사울왕은 계속해서 잘못을 범했습니다. 이스라엘이 필리스티아인과 전쟁 중에 있는데 사무엘을 기다려도 오지 않자 사울왕 자신이 스스로 제사장이 되어 번제를 드리는 잘못를 범한 것입니다(삼상 13:8-10). 이에 사무엘은 사울에게 『왕이 어리석게 행하였나이다... 이제 왕의 왕국은 지속되지 못하리이다.』(삼상 13:13,14)라고 말합니다. 교회를 세워 놓았는데 사람이 오지 않자 사람을 모으기 위해서 자기가 무슨 특별한 은사를 받았다느니, 병을 고친다느니 하며 거짓말을 합니다. 오늘날 하나님께서 위탁하지 않은 권위로 교회를 세운 자들이 이렇게 어리석게 행하고 있는 것입니다.

어리석은 사울왕은 계속 지혜 없는 행동으로 잘못을 저질렀습니다. 전쟁하는 병사들로 음식을 먹지 못하게 명령했는데 그로 인해 배가 고픈 병사들로 하여금 짐승을 피째 먹는 죄를 범하게 만든 것입니다(14:24-32). 성경은 율법 이전이나 이후에나 짐승을 피째 먹는 것을 금하고 있습니다. 또 아말렉은 죄를 상징하는데 사울은 하나님의 명령을 어기고 아말렉 왕 아각을 살려 주고, 제사를 구실로 좋은 짐승들을 살려 둔 것입니다(15:9). 그뿐이 아닙니다. 하나님으로부터 지혜를 얻지 못하자 신접한 여자를 찾아가서 묻기도 한 것입니다(28:7). 그리하여 결국에는 하나님의 보호를 받지 못한 왕으로 비참한 최후를 맞게 되어 자살합니다. 성령님께서 여러분의 생을 주관하시도록 해야 합니다.

어떻게 백성들은 하나님을 거역했는가?
III. 사람이 만든 제사장으로 인해서 거역한 것입니다.

이스라엘 백성들이 하나님을 거역한 것은 사람이 만든 제사장으로 인해서 거역한 것입니다. 여러분, 잠시 재판관기 17:7-13을 보십시오. 『유다 족속에 속하는 베들레헴유다에서 온 한 젊은이가 있었는데 그는 레위인으로 거기에 기거하더라... 미카가 그에게 말하기를 "나와 함께 있어 내게 아버지와 제사장이 되라. 그리하면 내가 해마다 은 열 세켈과 옷 한 벌과 네 양식을 주리라." 하니 그 레위인이 들어가더라. 그 레위인이 이 사람과 거하는 것에 만족하였으니 그

청년이 미카에게 그의 아들들 중의 하나같이 되고 미카가 레위인을 성결하게 하였더니 그 청년이 미카의 제사장이 되어 미카의 집에 있더라. 그때 미카가 말하기를 "이제 레위인이 내게 제사장이 되었으니 주께서 내게 복을 주실 줄 아노라." 하더라.』

인간이 지금 제사장을 하나 만든 것입니다. 신학교를 나왔다고 해서 목사로 앉혀 놓은 것과 같습니다. 이 땅에 왕 같은 제사장은 예수 그리스도만이 세울 수 있는 것입니다. 예수 그리스도께서 세우지 않으시면 제사장이 될 수 없습니다. 인간들이 아무리 큰 교회 건물을 짓고, 긴 옷을 입고, 아무리 큰 바티칸을 세우고, 정치 세력과 종교 세력을 한 손에 움켜쥐고, 자주색 옷을 입고, 두건을 쓰고 제사장 흉내를 낸다고 해도 그들은 성경에서 말하는 왕 같은 제사장은 될 수 없습니다.

재판관기 17장은 예수님께서 오시기 1,200년 전에 이미 예견된 것이며, 로마카톨릭은 이들에게서 그들의 종교를 배운 것입니다. 그래서 제사장이 "아버지"라고 불리우는 것입니다. 로마카톨릭은 제사장(priest)을 "신부님"(God the Father)이라고 부릅니다. 결혼도 하지 않은 젊은 청년인데도 말입니다. 예수님께서 마태복음 23:9에서 『또 땅에 있는 사람을 너희 아버지라 부르지 말라. 이는 너희 아버지는 한 분, 곧 하늘에 계신 분이시기 때문이라.』라고 하지 않으셨습니까?

미카의 신앙은 어떤 것입니까? 『그때 미카가 말하기를 "이제 레위인이 내게 제사장이 되었으니 주께서 내게 복을 주실 줄 아노라." 하더라』(판 17:13). 그는 하나님을 말씀대로 믿은 것도 아니었고, 말씀에 근거한 영생의 보장을 얻은 것도 아니었습니다. 이것이 오늘날 카톨릭과 친카톨릭교회들이 내놓은 상품입니다. 무슨 짓을 해도 일주일에 한두 번 교회에 참석만 하면 안녕을 보장받는다고 여기는 것입니다. 그래서 무수한 사람들이 넓은 문을 선호하고 있는 것입니다. 그러나 예수님께서는 넓은 문은 멸망의 문이라고 하시며 그곳으로 들어가지 말라고 경고하셨습니다(마 7:13).

이렇게 믿는 집단이 B.C. 1200년경에 있었는데 이들이 미카에게 와서 이 레위인을 데려가 버린 것입니다. 레위인이란 조건 때문에 미카가 만든 제사장을 다른 한 집단이 와서 데려간 것입니다. 『단 자손 중에서 무기를 찬 육백 명은 대문 입구에 섰더라. 그 땅을 정탐하러 갔던 다섯 사람이 올라가서 거기로 들어가 새긴 형상과 에봇과 트라빔과 부어 만든 형상을 취할 때에 제사장은 무기를 찬 육백 명과 함께 대문 입구에 섰더라. 이들이 미카의 집으로 들어가 새긴 형상과 에봇과 트라빔과 부어 만든 형상을 가지고 나오니 제사장이 그들에게 말하기를 "너희가 무엇을 하느냐?" 하니 그들이 그에게 말하기를 "잠잠하라. 네 손을 네 입에 대고 우리와 함께 가서 우리에게 아버지와 제사장이 되라. 네가 한 사람의 집 제사장이 되느니 이스라엘 한 지파와 한 족속의 제사장이 되는 것이 더 낫지 않느냐?" 하자, 그 제사장의 마음이 기뻐하여 그가 에봇과 트라빔과 새긴 형상을 취하여 백성 가운데로 들어가니라』(판 18:16-20).

이것이 미가의 종교입니다. 이것이 카톨릭이 탄생하게 된 효시이고, 오늘날의 교단입니다. 로마카톨릭은 성경이 있지만 바른 성경이 필요 없는 무리들입니다. 친카톨릭교회와 은사주의자들도 성경이 필요 없는 집단입니다. 양초, 묵주, 성수, 성당, 신부, 대주교, 추기경, 교황, 미사전서, 유물들이 없어진다면 그들의 종교는 없어져 버리는 것입니다. 그 레위인 제사장이 죽으면 그들은 제사장도 없는 것입니다. 단 지파는 그때 이미 배교해 버렸고 이스라엘 12지파 중에서 가장 형편없는 지파가 되었습니다. 요한계시록 7:5-8에는 144,000명을 구성하기 위해 이스라엘 모든 지파에서 12,000명씩을 뽑아 인장으로 표시를 받았는데, 여기에 단 지파가 빠져 있습니다. 단 지파 대신에 레위 지파가 들어가 있는 것입니다.

왕 같은 제사장인 그리스도인들은 누가 성경을 빼앗고, 성경을 불태우고, 교회를 폐쇄시키고, 거리에서 설교하면 감옥에 넣는다고 해도, 때를 얻든지 못 얻든지 기회가 닿는 대로 설교하고 구령할 것입니다. 성경을 모르는 자들에게 진리의 지식을 가르쳐 줄 것이고, 어디에서나 기도할 것이며, 가진 것이 없어도 성도들과 만나면 교제할 것이고, 성경을 불태워 읽지 못하게 하면 암송하고 있는 구절들을 인용할 것이고, 암송하고 있는 찬송가를 부를 것입니다.

이제 하나님께서는 제사장들의 왕국을 그리스도인들과 함께 시작하실 것입니다. 이스라엘 백성을 통해서 실현하시려고 했던 제사장들의 왕국은 그들의 배교로 실패했습니다. 왕이 없던 재판관 시대에 하나님께서 세우신 선지자인 제사장을 통해서 제사장들의 왕국을 실현하려고 하셨으나 인간 왕을 원하는 백성의 요구로 실패해 버렸습니다. 하나님께서는 확실한 자비를 받은 다윗왕을 통해서 신정통치의 맛을 40년간 보여 주셨습니다. 평화와 번영이 있었고, 공의와 진리가 우세한 시대였습니다.

하나님께서는 다윗의 아들이신 예수 그리스도를 통해서 완벽한 제사장들의 왕국을 이 땅에 실현하시려고 2천 년간을 준비해 오신 것입니다. 이 일을 위하여 매 시대마다 성경대로 믿는 왕 같은 제사장들을 낳으시고 기르셨습니다. 이들의 특징은 인간의 권위보다 하나님의 권위인 영적 권위를 중요시하며 실행하고 있습니다. 이 시대에 영적인 권위를 실행하지 않는 교회는 교회가 아닙니다. 하나님께서는 인간들이 만든 걸레 같은 종교들을 모두 타파하시고 예수 그리스도의 피로 구원받고 성령으로 거듭난 성도들과 함께 이 제사장들의 왕국을 이제 곧 실현하실 것입니다(롬 11장).

결 론

교회 시대에는 유대인이든 이방인이든 간에 구원받은 사람은 누구나 그리스도의 몸을 이루기 때문에 차별이 없습니다. 구원받은 사람들은 누구나 왕 같은 제사장들입니다. 그래서 이 제사장들이 천년왕국을 통치할 것이기 때문에 왕 같은 제사장이라고 부르는 것입니다. 『하나님 그의 아버지를 위하여 우리를 왕들과 제사장들로 삼으신 그분께 영광과 권세가 영원 무궁토록 있을지어다. 아멘』(계 1:6). 우리를 왕들과 제사장들로 삼으셨다고 했습니다. 그냥 통치하는 것이 아닙니다. 신정국가를 통치하는 것은 제사장들을 통해서 통치하시기 때문에 우리가 왕도 되고 제사장도 되는 것입니다. 『우리 하나님 앞에 우리를 왕들과 제사장들로 삼으셨음이니, 우리가 땅 위에서 통치하리이다."라고 하니라』(계 5:10).

이것이 이 시대에 주님께서 우리에게 죽기까지 신실하라고 하신 이유입니다. 이 시대에 우리는 주님의 명령에 순종하는 청지기 직분을 다해야 하는 것입니다. 여러분이 주님을 섬기는 모든 일들은 여러분들이 상으로 받는 것입니다. 이 땅에서 70-80년 사는 동안 우리는 썩어질 일을 위해서라도 열심히 살았습니다. 그런데 명예퇴직, 정년퇴직, 구조조정, 사업실패로 할 일을 잃었으나 아무런 보장도 없습니다. 그러나 우리가 들어가야 할 천년왕국은 왕 같은 제사장들의 왕국입니다. 주님께서 이 땅에 실현하시고자 오래전에 계획하셨던 그 왕국이 이제 도래하고 있는 것입니다. 하나님의 말씀을 굳게 붙잡고 정신을 차려야 합니다. 여러분이 구원을 받고 나서 주님을 섬기는 것은 조금도 헛되지 않다는 사실을 알아야 합니다. 이것이 여러분이 복된 신앙생활을 할 수 있는 기반입니다.

16

하나님의 계획과 인간의 시도

『주께서 말씀하시기를 "내가 하는 그 일을 내가 아브라함에게 숨기겠느냐? 아브라함은 분명히 위대하고 막강한 민족이 될 것이며, 땅의 모든 민족들이 그의 안에서 복을 받을 것이 아니냐? 내가 그를 아나니, 그가 자기 자식들과 자기 뒤에 올 자기 집안 식구들에게 명하겠고 그들은 주의 도를 지켜 정의와 공의를 행하리니, 이는 주가 아브라함에 대해 말했던 바를 그에게 가져오려 함이라." 하시니라』 (창 18:17-19).

유엔 안전보장이사회는 지난 3월 12일 팔레스타인을 사상 처음으로 독립국가로 인정하는 결의안을 채택했습니다. 유엔이 팔레스타인을 독립국가로 인정하기만 하면 이스라엘과 팔레스타인 간의 분쟁이 종결되는 것입니까? 어림도 없는 소리입니다.

팔레스타인 땅에 대한 권리를 하나님께서는 아브라함과 이삭과 야곱에게 주셨습니다. 하나님의 계획을 인간의 시도로 변경시킬 수 없습니다. 이 땅에 대한 권리를 하나님께서는 아브라함과 그의 후손에게 주신 것입니다. 이스마엘이 아닌 약속의 아들 이삭에게 주신 것입니다. 이것은 하나님의 확고하신 약속이기 때문에 어떠한 정치세력이나 로마 교황의 선언이나 어떤 무력으로도 변경시킬 수 없는 일인 것입니다. 이것을 시편 105:6-11과 이사야 45:18,19에서 분명히 말씀하셨습니다.

이것이 하나님의 법입니다. 하나님께서 정해 놓으신 법은 인간의 어떠한 시도로도 바꿀 수가 없습니다. 하나님께서 인간의 시도를 어떻게 보시는지 이사야 40:15-17을 보십시오. 『보라, 민족들은 통 속에 한 방울 물 같고, 또 저울의 작은 티끌같이 여겨지느니라. 보라, 그는 섬들을 아주 작은 것으로 여기는도다. 레바논은 불사르기에도 부족하겠고 그곳의 짐승들은 번제물로도 부족하도다. 그분 앞에 모든 민족들은 아무것도 아닌 것 같고, 그 민족들이 그에게는 아무것도 아닌 것, 곧 헛것보다 못하게 여겨지느니라.』 헛것으로 여기신다고 했습니다. 하나님께서는 유엔의 결의를 대단하게 여기시지 않습니다. 땅과 거기에 충만한 것이 다 주의 것이라고 말씀하셨고(고전

10:26,28), 시편 24:1에서도 『**땅과 거기 충만한 것은 주의 것이요, 세상과 그 안에 사는 자들도 그러하도다.**』라고 하셨습니다. 단지 세상의 제도만 마귀가 관장하고 있는 것입니다.

팔레스타인 땅은 아브라함의 후대에게 주셨으며 이 땅은 하나님의 계획이 곧 실현될 땅입니다. 이 땅은 지상의 왕국을 위해서 하나님께서 선정해 놓으신 장소이며, 가까운 미래에 주요 전쟁터가 될 것입니다. 주님의 재림이 이루어지고 주님께서 다윗의 보좌에 앉아서 통치하실 그 땅이며, 성경에 기록된 예언들을 실현시킬 그 땅인 것을 알아야 합니다.

아브라함은 구원받은 사람들의 조상입니다. 율법을 지켜 구원받은 이스라엘인의 조상이며, 우리와 같이 복음을 믿고 구원받은 성도들의 조상이기도 합니다. 갈라디아서 3:6-9 말씀은 정확하게 우리에게 알려 주고 있습니다.『**아브라함이 하나님을 믿으니 그것이 그에게 의로 여겨졌다 함과 같으니라. 그러므로 너희는 믿음으로 난 사람들이 아브라함의 자손임을 알라. 성경은 하나님께서 이방인들을 믿음으로 말미암아 의롭게 하실 것을 미리 보고 먼저 아브라함에게 복음을 전파하기를 "네 안에서 모든 민족이 복을 받으리라."고 하였느니라. 그러므로 믿음으로 난 사람들은 믿음이 있는 아브라함과 더불어 복을 받느니라.**』우리는 그런 아브라함을 하나님께서 어떻게 찾으시고 부르셨으며 그에게 약속하신 일들을 어떻게 이루셨는가를 살펴볼 것입니다.

하나님께서 아브라함을 택하신 배경을 보라
I. 내가 그를 아나니

하나님의 보좌를 넘보았던 루시퍼가 쫓겨나고, 하나님께서 아담을 흙으로 지으신 후에 하나님께서는 이 땅을 죄 없는 사람들로 채워 살게 하시려는 계획을 실현하시려고 했습니다. 하나님께서는 아담에게 두 개의 왕관, 곧 천국과 하나님의 나라의 왕관을 주셨습니다. 그러나 아담은 하나님께 불순종하고 마귀의 제안을 받아들임으로써 이 두 개의 왕관을 다 잃어버렸던 것입니다.

영이 죽어 버린 아담은 하나님의 나라의 왕관을 상실하게 되었습니다. 아담이 하나님의 형상을 잃어버렸기 때문에 하나님의 형상을 입은 사람이 나오지 않으면 이 왕관을 다시 받을 수가 없습니다. 이 일을 위해서는 오직 한 분, 예수 그리스도밖에는 없습니다. 예수님만이 하나님의 형상을 입으셨기 때문입니다(히 1:3). 예수 그리스도는 하나님의 정확한 형상이십니다.

아담은 그의 불순종으로 인해서 이 땅의 왕관인 천국의 왕관도 빼앗겨 버렸습니다. 만일 아담이 다산하고 번성해서 이 땅을 다시 채운다고 해도 그는 이 땅을 질병과 죄악과 저주로 채워서 이 우주를 부패시킬 것이 뻔하기 때문입니다. 그 와중에 사탄이 이 왕관을 취해 간 것입니다. 그래서 사탄은 누가복음 4:6에서 『**내가 원하는 자에게**』이 나라를 줄 수 있다고 했습니다. 하나님께서 복을 주시려고 마련해 놓으셨는데 이 복을 받을 자격이 있는 사람이 아무도 없었을 때 마귀가 가져가 버린 것입니다.

아담이 실패한 통치를 회복하기 위해 하나님께서는 죄가 만연한 세상을 쓸어버리고 새로운 시도를 하시기 위해서 노아를 부르셨습니다. 하나님께서는 노아에게 복을 주셔서 천국의 왕이 되게 하셨습니다. 『**하나님께서 노아와 그의 아들들에게 복을 주시며 그들에게 말씀하시기를 "다산하고 번성하여 땅을 다시 채우라**』(창 9:1). 아담에게 했던 말과 똑같은 말을 하신 것입니다. 그러나 하나님의 나라의 왕관은 여전히 하나님께서 가지고 계신 것입니다. 노아 역시 아담의 타락한 본성을 지닌 사람이었으며, 영적으로는 하나님과 원수 관계에 있었습니다. 구약 시대에는 아무도 영이 거듭나지 못했기 때문입니다. 거듭남이란 예수 그리스도의 피 흘림이 있은 뒤에야 가능한 일이었습니다. 구약 시대의 성도들은 구원을 받았지만 거듭난 것은 아니었습니다. 노아는 그의 장막에서 술 취한 채 어이없는 무방비 상태에서 왕관을 빼앗겨 버렸습니다. 그래서 천국의 왕관은 다시 사탄에게 돌아간 것입니다.

하나님께서는 하나님의 최초의 계획, 즉 죄 없는 인간들로 이 우주를 채우는 일의 세 번째 시도를 위해 사람을 찾으셨는데 그가 아브람이었습니다. 아브람의 뜻은 "높은 아버지"인데 후에 하나님께서 아브라함(많은 사람들의 아버지)이라고 바꿔 주셨습니다.

어떻게 그를 찾으셨습니까? 하나님께서는 『**내가 그를 아나니**』라

16. 하나님의 계획과 인간의 시도 · **199**

고 하셨습니다. 하나님께서 그를 미리 알고 계셨습니다. 그것이 하나님의 인격의 특징입니다. 모든 것을 아실 뿐 아니라 미리 아시는 것입니다. 누가 무슨 죄를 지을 것인지, 누가 어떻게 하나님을 섬길 것이며, 누가 이 민족을 복음화시킬 것인지 등등 전부 하나님께서 미리 알고 계십니다.

하나님께서 아브라함을 택하신 배경을 보라
II. 정의와 공의를 행하리니

하나님께서 아브라함에게 정의와 공의를 주신 것입니다. 정의와 공의를 실현시킬 수 있는 역량을 아브라함에게 주셨고, 또 모든 인간에게 평등한 것이 아니라 차별적인 우선권도 주신 것입니다. 『**주께서 아브람에게 말씀하셨는데 "너는 네 고향과 네 친족과 네 아비의 집을 떠나 내가 네게 보여 줄 땅으로 가라. 내가 너로 큰 민족을 이루게 할 것이며 네게 복을 주고 네 이름을 위대하게 하리니, 너는 복이 되리라. 너를 축복하는 자들에게 내가 복을 주고 너를 저주하는 자를 저주하리라. 네 안에서 땅의 모든 족속들이 복을 받을 것이라." 하셨더라**』(창 12:1-3).

모든 족속들이라고 했습니다. 지금도 사람들은 아브라함을 유대인들의 조상이라고만 알고 있습니다. 약속의 자손은 이삭에게서 난 사람을 말하며 그들을 아브라함의 자손이라고 합니다. 이스마엘 계통을 말하는 것이 아닙니다. 신명기 32:7-12을 보면 하나님께서 아브라함의 자손들에게 특혜를 주셨음을 알 수 있습니다.

하나님께서 이스라엘에게 차별을 두시고 특별한 대우를 하신 것입니다. 이 때문에 후에 정치적 군사적 권력을 가진 자들이 하나님의 편애에 대적하여 유대인 말살정책을 폈던 것입니다. 그럼에도 유대인은 아직도 건재하고 있습니다. 인류 역사에서 유대인을 빼면 역사가 성립되지 않습니다. 왜 이스라엘이란 나라가 유럽과 아시아와 아프리카의 그 중간에 있는지 생각해 보셨습니까? 이스라엘 땅은 예수님께서 다윗의 보좌에서 통치하실 세계의 중심부입니다.

하나님께서 그분의 계획을 실현시킬 한 사람을 찾으셨는데 칼데아 우르에 살고 있는 평범한 한 사람을 알아보시고 그를 선택하셨습니다. 그리고 그에게 왕권을 맡기셨던 것입니다. **『누가 동방에서 의인을 일으켜서 그를 자기 발 앞에 불렀으며, 민족들을 그 앞에 주어서 왕들을 다스리게 하였느냐? 그가 그들을 그의 칼에 티끌 같게, 그의 활에 날아가는 그루터기 같게 하였도다』**(사 41:2). 또한 하나님께서는 아브라함을 "내 친구"라고 부르셨습니다. **『그러나 이스라엘, 내가 택한 야곱, 내 친구 아브라함의 씨야, 너는 나의 종이라』** (사 41:8). 야고보서 2:23에서도 그는 하나님의 친구라 불렸다고 했습니다. 하나님께서 얼마나 인간과 영으로 교제하기를 원하시는지 아셔야 합니다. 하나님은 그분의 일을 할 만한 사람을 찾고 계시는데 그 사람이 대단해서 찾고 계시는 것이 아닙니다. 하나님께서는 능력과 지혜와 영력의 모든 것이 있으십니다.

하나님께서 아브라함에게 주신 특혜, 그것이 은혜의 언약입니다. 여러분이 성경을 알면 하나님의 길에서 이탈하지 않습니다. 로마서 4:1-14은 은혜의 언약에 대해 잘 말씀하고 있습니다. 하나님께서 아브라함의 육신의 씨를 다루시는 데 율법이 주어지기 전에 은혜의 언약을 주셨다는 것은 커다란 의미가 있습니다. 아브라함이 하나님을 믿었더니 하나님께서 그를 의롭다고 하신 것입니다. 우리 신약 성도들도 예수 그리스도께서 십자가에서 완성해 놓으신 그 일을 믿었더니 하나님께서 모두 의롭다고 선언해 주신 것입니다.

하나님께서 이스라엘에게 율법을 주시기 전에는 아브라함도 이방인이었습니다. 한 이방인을 데려다가 히브리인의 조상으로 만드신 것입니다. 율법이 주어지기 전에 아브라함이 하나님을 믿었더니 하나님께서 아브라함을 의롭다고 여겨 주셨습니다. 그런 다음에 이스라엘 백성에게 율법을 주셔서 지키게 했는데 세상에서 가장 지키기 어려운 법을 주신 것입니다.

은혜의 언약을 주시면서 하나님께서 보여 주신 인물은 멜키세덱입니다. 그는 지극히 높으신 하나님의 제사장이요 "의의 왕"입니다. 의의 왕이 무엇입니까? 하나님의 나라의 왕입니다. 하나님의 나라는 먹고 마시는 것이 아니라 다만 성령 안에서 의와 화평과 기쁨이라고 했습니다(롬 14:17). 또 그를 "화평의 왕"(히 7:2)이라고 했는데 이는 곧 천국의 왕을 의미합니다.

아브라함은 왕이지만 영이 죽어 있는 사람이었습니다. 그런데 그가 "정의와 공의를 행하리니"라고 했습니다. 그러시면서 하나님께서 멜키세덱을 등장시켜서 의의 왕이요 화평의 왕이신 분이 오실 것을 예시해 주신 것입니다. 멜키세덱은 예수 그리스도의 예표로 오신 것인데 여기서 잠깐 맛만 보여 주신 것입니다. 사람들이 모를까 봐 하나님께서 성경을 정확하고 완벽하게 기록해 놓으신 것입니다. 공의와 정의를 실현하실 수 있는 분은 예수 그리스도밖에 없고, 그분께 속한 백성들밖에 없습니다. 이 점은 예수 그리스도만이 천국과 하나님의 나라의 두 왕관을 받아서 이 땅을 치리하실 수 있는 완전한 왕이시라는 것을 보여 주는 것입니다.

그러시더니 하나님께서 갑자기 아브라함의 육신의 자녀들, 즉 할례받은 씨들인 약속의 자녀들을 불러서 제사장의 왕국이 되게 하셨습니다. 『**너희는 나에게 제사장들의 왕국이 되며 거룩한 민족이 되리라.' 이것이 네가 이스라엘의 자손에게 고할 말이니라." 하시니라**』 (출 19:6). 이것은 그들을 민족적으로 일으켜서 "하나님의 아들들" (천상의 존재들)의 위치를 대신하게 하신 것입니다. 하나님께서는 출애굽기 4:22,23에서 『**이스라엘은 내 아들이요, 내 첫태생이니라.**』 라고 하셨습니다. 예수 그리스도는 성령으로 잉태되어 태어나신 첫 사람입니다. 그분은 썩지 않는 영원한 생명을 지니셨습니다. 예수 그리스도의 피로 구속을 받아 성령으로 거듭난 우리들도 썩지 않고 영원히 살 수 있습니다.

이것은 잃어버린 하나님의 나라가 돌아오게 될 때 유대인들을 하나님의 아들로 참여시키기 위한 것입니다. 지금 우리는 예수 그리스도의 보혈로 말미암아 하나님의 나라에 들어가지만 유대인들은 새로운 출생이 없이 하나님의 방법으로 "제사장들의 왕국"이 되게 하신 것입니다. 그들은 이 특권에 대한 대가를 지불해야 했는데 그것이 바로 세상에서 가장 지키기 어려운 율법을 주어 지키게 하신 것입니다(약 2:10, 출 20:17). 복종하면 모든 것이 잘 되지만 복종하지 않으면 저주를 받습니다.

그들이 거룩한 민족이요 제사장들의 왕국이며 독특한 보물일지라도 하나님께 밀착하지 않고는 생명이 없는 헛된 것뿐이라는 사실을 상기시키며 하나님의 나라의 왕관이 여전히 하나님께 있다는 것을 알려 주시는 것입니다. 어떤 종교든지 이 점을 강조하지 않으면 쓸데없는 짓이라는 것입니다.

하나님께서 아브라함을 택하신 배경을 보라
III. 자기 집안 식구들에게 명하겠고

아브라함은 은혜의 왕으로 임명되었습니다. 그것은 그와 그의 씨가 무엇을 지켜서, 즉 행위가 아니더라도 믿음으로 말미암아 은혜로 구원을 받을 수 있기 때문입니다. 아브라함은 실제로 믿음으로 의롭게 되었습니다. 우리와 똑같이 아브라함은 율법 이전에 그랬고 우리는 율법 이후에 그렇게 된 것입니다. 하나님께서는 아브라함에게 팔레스타인 땅을 주시겠다고 약속하셨습니다(창 15:13-21).

하나님께서 아브라함에게 천국을 약속하심으로 인해서 사탄이 어떤 장난을 쳐도 이 약속은 하나님의 보호를 받게 되어 있습니다. 또 이 약속은 자동적으로 하나님의 자녀들에게 전달되게 되어 있습니다. 왜냐하면 아브라함은 자기 자식들과 집안 식구들에게 이 사실을 명할 것이기 때문입니다. 아브라함은 하나님의 약속에 따라 자식들에게 그 땅이 자기들의 땅임을 알려 준 것입니다.

예수님께서는 천 년을 요한계시록 20장에서 6번이나 말씀하셨고, 그 왕국은 이제 곧 실현이 됩니다. 유대인이나 이방인이나 성령으로 거듭난 사람들이 이 대열의 제사장들이며, 이들에게 하나님의 나라의 백성이 되게 하셨고, 이제 예수님께서 재림하셔서 세우실 왕국이 바로 이 천년왕국입니다. 예수님께서 탄생하셨을 때 예수님에 관하여 성령님께서 이렇게 말씀하셨습니다. 『**그는 위대하게 될 것이며, 가장 높으신 분의 아들이라 불릴 것이요, 또 주 하나님께서 그에게 그의 조상 다윗의 보좌를 주실 것이며**』(눅 1:32).

결 론

이 시대의 징조는 무엇입니까? 배교입니다. 이 시대는 배교가 만연한 시대입니다. 예수님께서 『인자가 올 때 그가 세상에서 믿음을

찾아볼 수 있겠느냐?』(눅 18:8)라고 하셨습니다. 예수님께서 오셔서 통치하실 천년왕국의 실현을 믿지 않는 것은 믿음이 아닙니다. 현재의 팔레스타인 땅은 아브라함과 이삭과 야곱의 후손들이 예수님께서 오셔서 통치하실 때까지 지키게 되는 것입니다. 피를 얼마나 많이 흘리든지, 유엔이 무슨 결의를 하든지, 로마카톨릭이 무슨 헛된 수작을 하든지 그것은 문제가 되지 않습니다. 하나님께서 아브라함의 후손에게 주셨고, 주기로 약속하신 그 땅은 하나님께서 오셔서 통치하시기 위해 지켜져야 합니다. 성경에 기록된 모든 예언이 실현되기까지 그 땅은 그대로 이스라엘이 가지고 있어야 합니다. 그것은 오직 예언이 실현되기 위해서 그런 것입니다. 여러분은 예루살렘의 화평을 위해서 기도해야 합니다. 그렇게 해야만 주님이 속히 오실 것이며, 그분이 오셔야 인간은 비로소 공의와 정의와 화평을 맛보게 되는 것입니다. 세계의 역사는 바티칸이나 유엔이나 미국정부에 의해서 이루어지는 것이 아니라 성경에 기록된 대로 이루어집니다. 여러분은 성경을 유의해서 읽고 믿어야 합니다. 이것이 현명한 사람들의 믿음이고 선택입니다.

17

성령의 전인 것을 알지 못하느냐?

『또한, 너희 몸은 너희가 하나님으로부터 받은 바 너희 안에 계신 성령의 전인 것을 알지 못하느냐? 너희는 너희 자신의 것이 아니니라. 너희는 값을 치르고 산 것이니 그러므로 하나님의 것인 너희 몸과 너희 영으로 하나님께 영광을 돌리라』(고전 6:19,20).

자기의 몸을 자기 것으로 여기고 사는 사람들이 대부분입니다. 그러나 구원받은 성도의 몸은 하나님의 소유입니다. 구원받지 못한 사람의 몸은 그가 비록 선한 일을 하든지 선한 생각을 하든지 마귀의 소유입니다. 이것은 기본 지식이기에 성도라면 최소한 이 정도는 알고 살아야 하는데 이렇게 알지 못하고 교회에만 다니는 사람들이 얼마나 많이 있습니까? 고린도 교회 교인들도 이 점을 알지 못했습니다(고전 3:16). 우리의 몸이 왜 하나님의 소유입니까? 하나님 아버지께서 우리의 몸을 지으셨고, 아들 하나님께서 그 몸을 자신의 피로 구속하셨으며, 성령 하나님께서는 우리의 몸 안에 거처를 정하여 살고 계심으로 인해서 우리의 몸은 하나님의 성전이 된 것입니다. 또한 성경은 **『주와 합하는 자는 한 영이니라.』**(고전 6:17)라고 말씀하고 계십니다.

지역 교회란 예수 그리스도와 연합된 사람들, 즉 성전 된 사람들의 몸이 결성된 것입니다. 그렇기 때문에 회원 된 성도 개개인의 행동이 전 교회의 영적 생활에 영향을 끼친다는 것을 알아야 합니다. 따라서 성도는 자기의 몸으로 주님을 높여 드려야 하며(빌 1:20,21), 자기 몸으로 주님을 영화롭게 해 드려야 합니다(벧전 4:16, 고전 6:20). 자기의 몸으로 하나님께 영광을 돌리지 않는 성도는 그리스도인으로서 마땅히 해야 할 의무를 다하지 못하고 있는 것입니다.

하나님께 영광을 돌리려면
I. 우리 몸이 하나님의 성전임을 알아야 합니다.

그리스도인이 자기 몸으로 하나님께 영광을 돌리려면, 먼저 우리의 몸이 하나님의 성전이라는 사실을 인지해야 합니다. 하나님께서는 이스라엘 백성이 출애굽하여 광야에서 40년 동안 장막 생활을 하는 동안에 모세에게 성막을 짓게 하시어 그 성막 안에 거하셨습니다(출 25-27장). 그러나 이 성막으로는 섬긴 자들을 온전하게 할 수 없었고, 이 성막은 개혁의 때 곧 하나님의 어린양의 피가 흘려질 때까지만 부과된 것이었다고 말씀하고 있습니다(히 9:10). 하나님께서는 이 성막을 영원히 지키시고 거기에 거하신다고 말씀하시지 않으셨습니다.

히브리서 9:23,24에 의하면 하늘에 있는 것들 그 자체가 모세의 성막의 원형이라는 것입니다. 하늘에 있는 성소는 사람의 손으로 만들지 않은 참된 성소인 것입니다. 모세의 성막은 이스라엘의 죄 문제를 해결하는 곳으로서 동물의 피로 죄들을 덮어 주었습니다. 왜냐하면 피 흘림이 없이는 죄 사함이 없기 때문입니다.

예수 그리스도의 십자가 이후에 두 가지 문제가 완성이 되었습니다. 우리의 대제사장이신 예수 그리스도께서는 자신의 피로 참된 성소에 들어가셨고(히 9:24), 그 다음엔 더 이상 동물의 피로 죄들을 가리우는 일들을 할 필요가 없게 되었습니다(히 9:11-14). 그리하여 하나님께서는 이제 더 이상 사람이 지은 성전에 계시지 않게 되었습니다(행 7:48; 17:24). 이 시대에 건물을 지어 놓고 성전 운운하며, 교회를 세운 다음 성전 건축이라고 말하는 것은 성경을 모르는 자들의 발로입니다.

지금 이스라엘에는 성전도 없고, 제사도 없고, 제사장도 없고, 하나님을 거역하는 일만 있기 때문에 매일같이 피를 흘리고 있는 것입니다. 예수님께서는 이스라엘의 왕으로 오셨는데 그들은 구세주를 거절해 버린 것입니다. 그때부터 주님께서는 더 이상 사람의 손으로 만든 성전에는 계시지 않으시고 자신을 구세주로 영접한 사람들의 몸 안에 거처를 정하시게 된 것입니다(요 14:17).

여러분은 모든 사람을 존경해야 합니다. 세상 사람들은 가진 것 때문에, 또는 직위나 생활수준, 학력 때문에 사람을 존경하는지 모르지만 그리스도인은 그리스도 안에서 똑같습니다. 여러분은 하나님의 성전입니다. 이것은 신비입니다. 죄 없으신 하나님께서 더러운 인간의 몸 안에 거하신다는 것은 하나님만이 하실 수 있는, 설명할 수 없는 신비입니다(골 1:27, 막 7:21-23, 고후 5:17). 『**하나님께서는 이들에게 이방인들 가운데서 이 신비의 영광의 풍요함이 어떠한지를 알리고자 하셨으니 이 신비는 너희 안에 계신 그리스도시요, 곧 영광의 소망이라**』(골 1:27).

세상은 여러 가지 종교들을 말하고 있지만 인간의 몸을 하나님의 거처로 삼은 종교는 기독교밖에 없습니다. 하나님께서는 그렇게 거처로 삼으신 독특한 백성에게 독특한 말씀을 주셔서 선지자와 제사장과 왕으로 삼으셨습니다. 하나님께서는 우리에게 성경을 맡겨 주셨고, 그 성경을 통하여 복음을 전파하게 하셨으며, 진리의 지식을 전파하게 하셨습니다. 우리 그리스도인은 하나님의 왕 같은 제사장들이요 독특한 백성들입니다.

하나님께 영광을 돌리려면
II. 성전이 거룩한 곳임을 알아야 합니다.

그리스도인이 자기 몸으로 하나님께 영광을 돌리려면, 성전이 거룩한 곳임을 인지해야 합니다.

하나님은 거룩한 분이십니다. 또 거룩한 것이 몇 가지 있는데 성경과 성령님, 그리고 성전입니다. 성전이 거룩한 이유는 그 안에 계신 분이 거룩하시기 때문입니다. 하나님이 거룩하신 분이기 때문에 하나님께서는 성전된 우리도 거룩하라고 명령하시는 것입니다. 『오히려 너희를 부르신 그분께서 거룩하신 것처럼 너희도 모든 행실에 거룩하라. 이는 기록되기를 "내가 거룩하니, 너희도 거룩하라."고 하시기 때문이니라』(벧전 1:15,16).

우리가 거룩하려면 어떻게 해야 합니까? 하나님의 말씀에 순종해야 합니다. 『순종하는 자녀들로서, 이전에 무지하던 때의 정욕에 너희 자신을 맞추지 말고 오히려 너희를 부르신 그분께서 거룩하신 것처럼 너희도 모든 행실에 거룩하라』(벧전 1:14,15). 『하나님의 뜻은 이것이니, 곧 너희의 거룩함이니라. 너희는 음행을 삼가고... 하나님께서 우리를 부르신 것은 부정함에 이르게 하려는 것이 아니라 거룩함에 이르게 하려 하심이니라』(살전 4:3,7).

주님께서는 우리가 거룩하기 때문에 성전으로 삼아 주신 것이 아니라 오히려 우리가 거룩해져야 하기 때문에 성전 삼아 주신 것입니다. 하나님께서 거하시는 처소가 죄의 도구로 사용되고 있다는 것을 한번 상상해 보십시오. 이것은 무서운 죄악입니다. 그래서 죄를 질책하지 않는 설교는 설교가 아닙니다. 이 땅의 소위 목사란 자들은 이 세상을 살기 좋게 만드는 것이 주님의 일이라고 끊임없이 거짓말하면서 교회를 이용해 돈이나 벌고 있는 것입니다.

그리스도인이 거룩한 삶을 영위하려면 성적 범죄로부터 깨끗해야 합니다. 음행으로부터 깨끗해지라는 것입니다. 다른 죄들은 몸 밖에서 이루어지지만 성적 범죄는 몸 안에서 이루어지는 것입니다.『**음행을 피하라. 사람이 범하는 죄마다 몸 밖에 있지만 음행하는 자는 자기 몸에 죄를 짓는 것이라**』(고전 6:18). 성적 범죄는 가장 쉽게 저지를 수 있는 범죄이면서 개인의 인격 전체에 영향을 주고, 죄의 노예로 전락시키는 죄입니다(고전 6:12). 남자와 여자가 결합하여 한 몸을 이룬 것이 결혼인데, 그리스도인이 창녀와 결합을 하게 되면 창녀와 혼인하게 되는 것입니다. 얼마나 무서운 일입니까?

이 시대의 가장 큰 문제점은 죄를 죄로 여기지 않는 데에 있습니다. 결혼의 첫째 목적은 음행을 피하기 위한 것입니다(고전 7장). 혼인한 사람들이 어떤 사유에서든지 정상적인 부부관계를 피함으로써 남편과 아내가 다른 상대를 생각하게 한다면 그것은 죄라는 것입니다. 그리스도인 부부는 정상적인 관계로 서로 음행으로부터 지켜 주어야 합니다. 요한일서 3:1-10은 예수 그리스도의 몸으로 변형될 사람들이 어떻게 정결한 삶을 영위해야 하는가를 잘 가르쳐 주고 있는 구절입니다.

그리스도인은 제사장입니다. 제사장은 하나님 앞에 직접 나갈 수 있고, 하나님과 만날 수 있는 사람입니다. 예수 그리스도의 피로 구속받은 사람들은 성전이면서 제사장인데 왕 같은 제사장인 것입니다(벧전 2:9). 이것은 대단한 지위요 또한 특권인 것입니다. 구약 성도 중 유일하게 다윗은 선지자이며 제사장이고 왕이었습니다. 우리 주님은 선지자시며 제사장이시고 왕이십니다. 우리 신약 성도 또한 선지자요 제사장이며 왕입니다. 여러분의 지위와 여러분의 신분을 어떻게 생각하십니까? 여러분은 성경의 예언을 믿는 사람들입니다. 그러므로 이 유업의 상을 업신여기는 어리석은 사람이 되어서는 안 됩니다. 쾌락은 순간이지만 유업은 영원한 것이기 때문에 순간의 제단에 영원을 불사르는 일을 해서는 안 되는 것입니다.

하나님께 영광을 돌리려면
III. 자기 몸이 더 이상 자신의 것이 아님을 알아야 합니다.

그리스도인이 자기 몸으로 하나님께 영광을 돌리려면, 자기 몸이 더 이상 자신의 것이 아님을 알아야 합니다. 우리가 구원받기 전에는 모두 마귀의 종이었습니다. 구원을 늦게 받은 사람일수록 마귀의 종으로서 경력이 많은 것입니다. 우리가 마귀의 종이었을 때 주님은 우리를 그분의 피로 사 주셨는데 이 피는 보통 피가 아니라 하나님의 피였습니다. 이 핏값으로 우리를 사셨기 때문에 왕 같은 제사장의 신분을 얻게 된 것입니다.

미국의 존 맥카더(John McArthur)라는 목사는 예수 그리스도의 피가 인간의 피와 똑같다고 했습니다. 성경대로 믿는 그리스도인들은 그를 구원받은 사람으로 여기지 않지만 온누리교회에서는 그를 초청해서 부흥회를 열기도 했습니다. 예수 그리스도의 피가 인간의 피와 똑같다면 구원을 받을 수 없습니다. 그렇게 말하는 사람은 그가 아무리 유명한 자라도 구원을 받지 못합니다.

출애굽기 12:13에서 『그 피는 너희가 있는 집들 위에서 너희를 위한 한 표가 되리니』라고 말씀하십니다. 예수 그리스도께서 십자가에 피 흘려 죽으시기 1,460년 전에 이미 하나님의 어린양의 피를 예시해 주셨습니다. 주님의 피는 온 인류의 죗값을 치르고도 남을 만큼 값진 것입니다.

주님의 보혈로 사 주시기 이전에 우리는 죄의 종이었던 몸이었지만 이제 여러분의 몸은 여러분의 것이 아닙니다. 그리스도의 핏값을 지불하고 산 사람은 그리스도의 것이고 그리스도의 종입니다. 그러므로 여러분의 몸으로 할 수 있는 일이라는 것은 하나님께 영광을 돌리는 일뿐입니다. 그래서 구원받은 성도가 그 몸으로 마귀의 짓을 하게 되면 징계를 받게 됩니다. 그래도 계속 마귀 짓을 하게 되면 사탄에게 넘겨주어 죽게 만드시는 것입니다.

하나님의 소유가 되었다는 것은 세상으로부터 완전히 해방되었다는 말입니다. 소돔이 저주의 도성이었듯이 세상은 악함에 놓여 있으며 거기에는 거룩함이 없고 악과 죄만 있습니다. 우리는 지금 세상에서 살고 있지만 이 세상에 속하지 않습니다. 왜냐하면 이 세상의 신은 마귀인데 마귀에게 속한 자가 아니기 때문입니다. 여러분이 마음대로 할 수 있는 일이 한 가지 있는데 그것은 하나님의 말씀에 따라서 하나님께 순종하며 사는 일입니다. 그것이 그리스도인이 할 수 있는 한 가지 일이며 구원받은 사람들의 표입니다.

여러분은 예수 그리스도를 구세주로 영접했을 때 예수 그리스도와 함께 십자가에 못박혀 죽은 사람들입니다. 아직 나는 안 죽었다고 말하는 사람이 있을지 모르지만 만일 그런 사람이 있다면 그는 거듭나지 않았거나 아니면 성경을 모르거나 둘 중 하나입니다. 『**너희 자신을 정녕 죄에게는 죽은 자요, 예수 그리스도 우리 주로 말미암아 하나님께는 산 자로 여기라.**』(롬 6:11)라고 했습니다.

예수 그리스도와 함께 죽은 사람은 이 세상과 일치할 수 없습니다. 죽은 사람은 썩어질 이 세상 풍조를 따르지 않으며, 죽은 사람은 더 이상 죄를 짓지 않습니다. 죽은 사람은 욕정과 정욕과 함께 그 육신을 모두 십자가에 못박아 버렸기 때문에 육신의 쾌락을 도모하지 않게 되는 것입니다. 그가 이렇게 살지 못하면 마귀의 종으로 돌아간 것입니다. 여러분은 성령님의 능력에 의존해서 육신의 정욕을 억제해야 하는 것입니다. 그렇기 때문에 그리스도인이 할 수 있는 일이란 하나님을 기쁘시게 하는 일뿐입니다.

결 론

결론적으로 우리가 받을 한 가지 교훈을 생각해 보겠습니다. 이스라엘은 수많은 전쟁을 치렀습니다만 하나님의 언약궤를 메고 나갔을 때 승리했던 것을 볼 수 있습니다. 왜냐하면 하나님께서는 그들과 함께하시기 때문입니다. 그 하나님의 언약궤 안에는 하나님의 말씀을 새긴 돌판이 들어 있기 때문에 언약궤라고 한 것입니다.『**태초에 말씀이 계셨고, 그 말씀이 하나님과 함께 계셨으니, 그 말씀은 하나님이셨느니라**』(요 1:1).

그런데 사무엘을 길렀던 제사장 엘리 때에(B.C. 1115년경) 이스라엘은 필리스티아인과의 전쟁에서 3만 명이 죽고, 언약궤마저 빼앗겨 버렸습니다. 이스라엘의 승리의 근원이고 힘이며 소망인 언약궤를 빼앗겨 버린 것입니다. 왜 그런 일이 벌어졌겠습니까?

엘리에게는 두 아들이 있었는데 그들은 벨리알의 자식으로 요즘 말로 망나니들이었습니다. 그들은 하나님의 말씀을 업신여기고, 주께 드리는 제물들을 멸시하여 함부로 다루었고, 그들이 성막에서 저지른 죄악들로 인해 백성들의 원성이 높았습니다. 그런데 이 전혀 자격이 없는 두 아들을 언약궤를 나르는 데 썼던 것입니다. 하나님께서는 이를 무척 불쾌하게 여기셨던 것입니다. 하나님의 언약궤는 필리스티아인들에게 빼앗기고, 엘리의 두 아들 홉니와 피느하스도 죽었습니다. 그 소식을 전해들은 엘리도 의자에 앉아 있다가 뒤로 넘어져 목이 부러져 죽었습니다. 엘리의 며느리, 피느하스의 아내는 그때 출산이 가까웠는데 이 모든 재앙의 소식을 듣자 진통을 느껴 산고를 치르면서 아이를 낳고 죽었습니다. 그녀는 죽어가면서 아기의 이름을 "이가봇"이라 하고 말하기를 "하나님의 영광이 이스라엘에서 떠났다"고 했습니다(삼상 4:19-22).

진리의 전달 매체가 못 되는 사람이 하나님의 일을 한다고 나서면 안 됩니다. 하나님의 말씀을 업신여기고 함부로 다루고 말씀에 순종하지 않는 자들은 엘리의 두 아들과 같은 사람들입니다. 지난 부활절 때 월드컵경기장에 모인 목사들을 보았습니까? 그들은 세상에 대해서 복음을 전파해야 할 자들임에도 복음을 흐리고 망가뜨리는 데 앞장서 설치는 정신 나간 망나니들입니다. 이 나라에 복음이 들어온 지 약 130년이 되었습니다. 그러나 엘리의 두 아들과 같은 무자격자들이 가짜 하나님의 언약궤를 메고 전쟁을 하겠다고 나섰으니 마귀들이 그들을 덮쳐서 종을 삼아 버린 것입니다.

우리에게는 언약궤와 같은 말씀이 있습니다. 우리는 이 말씀을 전달하는 전달 매체로서 거룩하다면 반드시 이 땅에 진리를 정착시키고, 이 나라에 부흥을 가져올 수가 있습니다. 우리 모두는 자신을 거룩하게 해서 우리의 몸과 영으로 하나님께 영광을 돌리는 왕 같은 제사장의 소임을 다해야 하는 것입니다.

성경대로 믿는 사람들은 지옥이 얼마나 무서운가를 알며, 구원받지 않은 사람들이 반드시 지옥에 간다는 것을 아는 사람들입니다.

성경대로 믿는 사람들은 예수 그리스도의 재림이 곧 이루어진다는 것을 알고 사는 사람들입니다. 왜냐하면 성경에 그렇게 기록되어 있기 때문입니다. 즉 변경할 수 없는 하나님의 약속이기 때문입니다. 성경대로 믿는 사람들은 구령의 사역이 얼마나 소중한가를 알고 있습니다. 따라서 진리를 아는 사람들은 진리의 전달 매체로서 자신들의 소임을 다함으로써 하나님과 자신에게와 이웃에게 정직한 사람들이 되어야 하는 것입니다.

제도화된 교회들이나 은사주의교회들은 자기들이 벌여 놓은 일로 너무나 분주하여 하나님의 일을 전혀 할 수가 없습니다. 비극이지 않습니까? 그래서 하나님께서는 그들에게 구령의 사역도, 진리를 가르치는 사역도 맡겨 주시지 않는 것입니다. 하나님께서 우리에게 이 사역을 맡겨 주셨습니다. 이 나라와 민족의 복음화를 위해, 이 나라 교인들의 대각성을 위해서 기도해야 합니다. 성전 된 여러분의 몸과 영으로 하나님께 영광을 돌리는 길이 바로 이것입니다.

18

썩지 않을 면류관을 바라라

『경기장에서 달리는 사람들이 모두 달릴지라도 한 사람만이 상을 받는 것을 너희가 알지 못하느냐? 그러므로 너희도 상을 얻게 되도록 달리라. 이기려고 애쓰는 사람은 누구나 모든 일에 자제하나니 이제 그들은 썩어질 면류관을 받으려 하지만 우리는 썩지 않을 면류관을 받고자 함이라. 그러므로 내가 그처럼 달리되 불확실하게 하지 아니하며 또 내가 그처럼 싸우되 허공을 치는 자같이 아니하노라. 내가 내 몸을 억제하여 복종하게 함은 다른 사람들에게 전파한 후에 어떻게 해서든지 내 자신이 버림을 받지 않게 하려는 것이라』 (고전 9:24-27).

그리스도인의 삶은 세상 사람들의 삶과 여러 면에서 다릅니다. 그리스도인의 삶은 복음과 연관된 삶이며 복음과 연관된 노력은 마치 운동경기를 하는 것과 같습니다. 운동선수들의 목적은 승리입니다. 운동선수들은 우선적으로 승리를 쟁취하여서 자기의 감독을 기쁘게 하는 것입니다. 지난 월드컵 경기 때도 보았듯이 선수들은 골을 넣으면 즉시 감독에게 달려가 서로 얼싸안고 기뻐하였습니다. 바로 그런 모습입니다. 그리스도인들은 우리를 구령자로 뽑아 주신 우리의 감독이신 예수 그리스도를 기쁘시게 해 드려야 하는 것입니다.

그리스도인의 삶은 전도와 선교의 이름으로 교단 신문이나 나눠 주며 사람들을 교회로 데려오는 일을 하는 것이 아닙니다. 그리스도인은 세상 죄인들에게 그리스도의 은혜의 복음을 전해서 죄인들로 예수 그리스도를 믿고 성령 안에서 다시 태어나게 해야 하는 것입니다. 자기 교회나 소개하고, 자기 목사 사진이 담긴 신문이나 나누어 주는 것은 복음과 무관한 일입니다. 지난 금요일 오후에 연세대 앞에서 설교를 하고 있는데 여의도순복음교회에 다니는 어떤 아주머니가 와서 '행복으로의 초대'라는 신문을 나누어 주고 있었습니다. 복음은 우리가 전하는데 사람들이 그 신문을 받아들면 마치 여의도순복음교회에서 나와 설교하고 신문을 나누어 주는 줄 알 것 같아서 아주 불쾌했습니다. 그런 행위는 경기가 아닙니다. 운동경기에 참여하는 선수는 경기 규칙을 지켜야 합니다. 육상선수는 자기가 달려야 하는 그 레인에서 벗어나면 안 됩니다. 자기 레인에서 벗어나게 되면 일등으로 들어왔어도 실격입니다.

복음을 전한다면서 구령은 하지 않고 자기 교단 소식지, 교회 신문, 주보 등을 돌리는 것은 자격을 상실한 운동선수와 같습니다. 그렇기 때문에 그들에게는 그리스도의 심판석에서 상을 받지 못합니다. 『전쟁에 임하는 자는 아무도 이생의 일들에 얽매이지 아니하나니 이는 자기를 군사로 뽑은 자를 기쁘게 하려 함이라. 또 이기려고 애쓰는 사람이 규칙대로 하지 아니하면 면류관을 얻지 못하리라』 (딤후 2:4,5). 규칙대로 하지 아니하면 면류관을 얻지 못합니다. 성경대로 주님을 섬기지 아니하면 아무런 상도 없고 유업도 없다는 것을 알아야 합니다.

우리의 감독을 기쁘시게 하려면
I. 상을 받는 사람이 되어야 합니다.

『경기장에서 달리는 사람들이 모두 달릴지라도 한 사람만이 상을 받는 것을 너희가 알지 못하느냐? 그러므로 너희도 상을 얻게 되도록 달리라』(24절). 경기장에서 달리는 사람들은 여러 명이지만 마지막 결승점에서 테이프를 끊는 사람은 한 사람뿐입니다. 그러므로 경기하는 자는 금메달을 얻도록 달리라고 권면하고 있는 것입니다. 운동선수가 우승을 하려면 먼저 훈련을 잘해야 합니다. 피나는 훈련이란 말이 있듯이 슬렁슬렁 시간만 때우는 것으로는 상을 얻지 못합니다. 선수가 우승을 쟁취하지 못하면 감독을 기쁘게 할 수 없습니다. 감독이 선수에게 바라는 것은 열심히만 싸우라는 것이 아닙니다. 우승을 쟁취하라는 것입니다. 그렇기 때문에 비기는 경기는 경기가 아닙니다. 우승을 해야 합니다.

훈련이라는 것은 최상을 위하여 차선들, 즉 덜 중요한 것들을 모두 내려 놓는 것을 말하는 것입니다. 오늘날 그리스도인의 문제는 무엇입니까? 자신을 십자가에 매달아 놓고는 그냥 교회만 다니는 것입니다. 이기기 위해서 열심히 달리지 않습니다. 복음을 전파하는 것이 자신의 극히 개인적인 책임인 것을 모르기 때문에 그 일을 다른 사람들에게 맡겨 놓고 정작 자기는 다른 일로 분주합니다. 군대에 입대해서 군인이 되면 누구나 소총 한 자루씩을 지급받듯이 복음을 전하는 것은 그리스도인들의 기본 임무인 것입니다. 구령은 그리스도인의 기본 임무입니다. 이 복음은 하나님의 은혜의 복음이며, 그리스도의 영광의 복음이요, 죄인을 구원시키는 유일한 복음이기 때문입니다. 『**그러므로 다른 이에게는 구원이 없나니 이는 하늘 아래서 우리가 구원을 받을 수 있는 다른 이름을 인간에게 주신 적이 없음이라.**"**고 하더라**』(행 4:12).

달리는 사람은 목표 지점에 계신 예수 그리스도만 바라보고 달려야 합니다. 여러분은 이기기 위해 달려야 하며 상을 목표로 달려야 합니다. 구원받고 나서 주님을 위해 하는 모든 일들은 상과 연관이 있으며, 여러분은 그 상의 가치가 얼마나 소중한가를 알아야 합니다. 그 상은 형식적으로 일하는 사람에게는 주어지지 않습니다. 그러므로 여러분은 그 상을 받으려고 노력을 해야 합니다.

우리의 감독을 기쁘시게 하려면
II. 썩지 않을 면류관을 받아야 합니다.

『이기려고 애쓰는 사람은 누구나 모든 일에 자제하나니 이제 그들은 썩어질 면류관을 받으려 하지만 우리는 썩지 않을 면류관을 받고자 함이라』(25절). 올림픽의 꽃은 마라톤입니다. 마라톤에서 우승하면 그 나라에서는 영웅이 됩니다. 그런데 그 선수가 받는 것은 감람나무 잎사귀로 만든 월계관입니다. 그 나뭇잎이 얼마나 오래 가겠습니까? 조금 지나면 잎은 마르고 떨어져서 볼품없이 되고 결국 쓰레기통에 버려집니다. 이처럼 세상에서 받는 모든 영광스러운 것들은 썩어질 면류관입니다.

그러나 그리스도인이 받는 면류관은 썩지 않을 면류관입니다. 그리스도인은 세상 사람들과 다릅니다. 그리스도인은 생각하는 것이나 추구하는 것이 다르고 일하는 것과 목표도 다르며 장차 누릴 영화도 다릅니다. 이 면류관은 영원히 존속되고, 또 영원히 인정을 받는 것입니다. "영원"이라는 말이 있고, "영원 무궁토록"이라는 말이 있습니다. 영원은 시간이 정지된 곳인데 거기다 영원이 영원 무궁토록이라고 하니 인간의 셈으로는 계산이 안 되기 때문에 믿지 않는 것입니다. 그러나 그것을 믿으라고 했습니다. 그것을 믿으면 쟁취하는 것입니다. 인생은 70이요, 강건하면 80인데, 천년왕국을 이야기하고 영원을 이야기하며 그 영원이 영원무궁한 곳을 이야기합니다. 예수 그리스도를 소유한 사람은 영생을 지녔고 그 사람은 영원무궁토록 살기 때문입니다. 아들이 있는 사람은 생명이 있고 하나님의 아들이 없는 사람은 생명이 없는 것입니다.

이기려고 애쓰는 사람은 누구나 모든 일에 자제한다고 했습니다. 그리스도인은 운동선수처럼 자신을 훈련시켜야만 합니다. 자제하지 못하고 자신을 훈련시키지 못하는 선수는 실격당하고 패배할 수밖에 없습니다. 이기려는 사람은 자제합니다. 성악가들은 커피를 마시지 않고, 복싱선수들은 담배를 피우지 않고, 사격선수는 매운 것을 안 먹는다고 들었습니다.

올바른 구령자가 되려면 먼저 이를 잘 닦아야 합니다. 입 냄새를 풍기는데 듣고 있을 사람은 없습니다. 그 다음에는 죄인들에게 증거해야 할 성경 말씀을 잘 알고 있어야 합니다. 구령자는 늘 성령으로 충만해야 합니다. 상대를 놓치면 안 된다는 강박관념보다는 어떻게 하면 예수 그리스도의 죽으심과 부활을 잘 전할 수 있는가를 판단해야 합니다. 그런 다음 상황을 잘 판단하고 적절하게 대처하는 것입니다. 복음은 소중한 것입니다.

훈련이란 한 번으로 끝나지 않고 지속적으로 이루어져야 합니다. 그리스도인도 먼저 생각을 단련시켜야 하고, 듣는 것을 단련시켜야 합니다. 비속하고 허황되고 추잡하고 더러운 생각을 제거해야 합니다. 불필요한 이야기를 듣는 자리에서 일어나야 합니다. 그리스도인은 보는 것과 말하는 것, 행동하는 것을 단련시켜야 하는 것입니다. 설익은 과일은 제값을 못 받습니다. 온전하게 하나님의 일을 해야만 상을 받는 것입니다. 이것이 감독을 기쁘시게 하는 길입니다.

우리의 감독을 기쁘시게 하려면
III. 열매 맺는 그리스도인이 되어야 합니다.

『그러므로 내가 그처럼 달리되 불확실하게 하지 아니하며 또 내가 그처럼 싸우되 허공을 치는 자같이 아니하노라』(26절). 승자와 패자의 차이는 하늘과 땅만큼 큽니다. 리그에서 패배한 팀의 감독은 그 자리를 물러날 각오를 하고 있어야 합니다. 경영자로 영입된 최고 경영인이 기업에 이익을 내지 못했다면 물러날 각오를 해야 하는 것입니다.

경주자가 달릴 때 앞을 보지 않고 옆을 보거나 뒤를 돌아보는 행위는 전혀 불필요한 행위입니다. 경주자는 앞의 목표를 향해 달려야 합니다. 그리스도인은 예수 그리스도만 보고 달려야 합니다. 그래서 주님께서는 쟁기를 잡고 뒤를 돌아보는 사람은 주님의 일에 부적합한 사람이라고 하셨던 것입니다. 감독에게 부적합한 선수로 발견되면 그는 쓰임을 받다가도 탈락될 위험에 처하게 됩니다. 복싱선수는 상대편의 눈을 주시해야 주먹이 어디로 오는지 아는 것입니다. 그리고 팔을 뻗쳐서 상대의 공격을 견제해야 합니다. 상대의 눈을 놓치거나 허공을 치게 되면 그는 급소를 공격당하여 패배하게 되는 것입니다. 선수가 허공을 치지 않으려면 엄청난 훈련을 해야 합니다.

구령자는 늘 구령할 준비를 갖추고 다녀야 합니다. 성령으로 충만해야 하고 자신이 선을 행하는 자리에서 예수 그리스도를 제시해야 하는 것입니다. 도움을 필요로 하는 사람에게 도움을 준 다음에 자신이 그리스도인이라는 것을 암시해야 합니다. 내가 그리스도인이기 때문에 도와주었다는 것이 아니라 "아, 그리스도인이면 이런 일을 하는구나!"라고 인식시키는 것입니다.

우리 교회가 4년 6개월 동안 섬유노조 건물에서 교회 간판도 없이 있었을 때 얼마나 기도를 많이 했는지 모릅니다. "우리의 예배 장소를 옮겨 주십시오."라고 말입니다. 건물주인 그 사람들이 뭐라고 했는지 아십니까? 노조 간부들이 나에게 "이 교회에 다니는 분들은 왜 그렇게 다릅니까?" "그리스도인이기 때문에 다르지요." "그리스도인?" "우리 교회 성도들은 모두 그리스도인입니다. 교인이 아닙니다." "교인과 그리스도인이 다릅니까?" "다릅니다." "내가 당신들한테 복음을 전하려고 여러 번 시도를 했는데 당신들이 예수 그리스도를 영접하지 않았지 않습니까? 예수 그리스도를 영접하지 않고 교회에 다니는 사람들이 교인이고 예수 그리스도를 영접하고 구원받으면 그리스도인입니다." "아, 그렇습니까?"

그리스도인과 비그리스도인이 다르다는 것을 알고 있어야 합니다. 나도 교회에 다닌다든지, 장로나 목사라는 말은 아무 의미도 없습니다. 나는 어디 사는 누구라는 말보다 못한 말인지도 모릅니다. 그런 사람들에게 "오늘 죽으면 하늘나라에 갈 확신이 있느냐?"라고 물어보십시오. 아무도 없습니다. 복음을 전하기에 부적합하다고 판단이 되면 말을 꺼내지 마십시오.

복음 전하는 일을 예수 그리스도를 위해서 한다고 생각하지 마십시오. 물론 주님께서는 우리가 이루어 놓은 그 일들로 영광을 받으시지만 주님은 상을 주시는 분이시고 우리는 상을 받는 사람인 것을 알아야 합니다. 이 일의 수혜자는 구령자입니다. 그렇기 때문에 상과 연관했을 때 우리는 주님을 위해서가 아니라 우리 자신을 위해서 구령하는 것입니다.

시편 126:5,6에서 **『눈물로 씨를 뿌리는 자들은 기쁨으로 거두리로다. 귀한 씨를 가지고 나가서 우는 자는 정녕 기쁨으로 그의 단들을 가지고 돌아오리로다.』**라고 했습니다. 눈물로 씨를 뿌린 적이 있습니까? **『자신의 육신에 심는 자는 육신으로부터 썩은 것을 거두고 성령에 심는 자는 성령으로부터 영생을 거두리라』**(갈 6:8). 세상을 위해서 일을 하면 썩은 것을 거두지만 예수 그리스도를 위해서 일을 하면 썩지 않는 영원한 것을 거둡니다. 우리의 열매 맺는 일들로 우리는 아버지를 영화롭게 할 수 있으며 주님의 제자가 될 수 있다고 요한복음 15:8에서 말씀하고 있습니다. 이 일이 우리의 감독을 기쁘시게 하는 일입니다. 열매를 맺지 못하는 삶이 지속되면 주님과의 교제가 소원해지는 것입니다.

우리의 감독을 기쁘시게 하려면
IV. 실격자의 오명을 지니지 않아야 합니다.

『**내가 내 몸을 억제하여 복종하게 함은 다른 사람들에게 전파한 후에 어떻게 해서든지 내 자신이 버림을 받지 않게 하려는 것이라**』 (27절). 경기에서도 골을 넣거나 홈런을 친 선수의 이름을 확성기로 알려 줍니다. 사도 바울은 지금 그리스도인들의 경기규칙을 말하고 있는데, 그리스도인들은 경기장에서 경기 규칙을 알리는 사람의 이름과 참가한 선수들의 이름과 참가한 도시의 이름을 거명합니다. 규칙이 그만큼 중요하기 때문에 규칙을 알리는 사람의 이름을 거명합니다. 그 다음에는 탈락자, 버림받은 자, 무자격자의 이름도 거명한다는 사실을 아셔야 합니다. 본문에서 "버림받은 자"는 바로 이 탈락한 선수를 말하는 것입니다.

어떤 선교단체는 제자훈련 프로그램을 만들어 놓고 주로 젊은이들을 가르치는 것을 보았습니다. 구원받은 사람이면 누구나 구령할 수 있고 또 해야 합니다. "제자훈련"이라는 말이 나온 것은 성경이 틀렸기 때문에 나온 것입니다. 한글킹제임스성경은 『**그러므로 너희는 가서 모든 민족들을 가르치고, 아버지와 아들과 성령의 이름으**

로 침례를 주며 내가 너희에게 명령한 모든 것을 가르쳐 지키게 하라.』(마 28:19,20)라고 되어 있는데 개역성경이나 그 외에 알렉산드리아계열의 성경은 "그러므로 너희는 모든 민족을 제자로 삼고"라고 되어 있습니다. 그래서 제자훈련을 시키는 것입니다. 성경이 틀리면 이단교리를 내는 것입니다. 구원을 다른 사람보다 일찍 받았다고 해서 그 사람이 영적 선배 노릇을 할 수 있겠습니까? 어리석은 일입니다. 하나님께서는 먼저 된 자가 나중 되고 나중 된 자가 먼저 된다고 했습니다.

한 형제나 자매가 이제 갓 구원받고 교회에 다니기 시작한 새내기 교인에게 그리스도인이 어떻게 영적 생활을 해야 하는지 가르쳐 준다고 합시다. 자신의 믿음이 진리에 뿌리내리고 튼튼하다면 가르칠 수가 있을 것입니다. 그러나 만일 그가 실족해 버리면 가르침을 받던 지체들의 상황이 어떻게 되겠습니까? 구령하는 방법을 가르쳐 주는 것은 제자 삼는 것이 아닙니다.

그렇다면 어떻게 해야 그리스도인의 생활을 잘하는 것입니까? 다른 사람을 영적으로 세워 주는 것입니다. 자기의 생활과 언행과 지식으로 상대를 잘 세워 주었다면 잘 하는 것입니다. 반면에 어떤 사람이 실족시킵니까? 올바른 성도의 자질을 갖추는 데 소홀히 한 사람입니다. 그 사람은 올바른 훈련 과정을 통하여 구령자로서의 올바른 인격과 자질을 갖추지 못한 사람입니다. 성경을 잘 알지 못하면서 가르치려고 나서는 사람입니다. 또 성령으로 충만한 사람이 아니라 육신이 강한 사람입니다. 영적 권위를 무시하고 자기의 뜻을 관철시키려고 하는 사람입니다. 이런 사람에게는 늘 비성경적인 교리로 채워진 냄새가 나게 되어 있습니다. 자신을 그리스도인이라고 하면서 다른 사람을 진리로 개도하는 것처럼 하다가 자신이 실족해 버리면 "버림받은 사람," 즉 자격을 상실한 운동선수같이 되는 것입니다. 그러므로 그리스도인은 복음을 전하는 것만이 중요한 것이 아니고 자기 몸을 억제하여 주님께 순종하는 것이 더욱 중요하다는 것을 알아야 합니다.

결 론

그리스도인들에게는 몸을 억제하는 일과 성령으로 충만한 삶이 균형을 이루어야 합니다. 그리스도를 섬기고, 구령하기 위해서 자신을 훈련시키는 사람에게 우리의 감독이신 주님은 썩지 않을 면류관을 주십니다. 이 면류관의 가치를 아는 사람만이 이 상을 염원하게 되는 것입니다. 우리 모두는 이 상을 받도록 해야 합니다.

19

세상 교인들의 영적 상태

『너희 이스라엘 자손들아, 주의 말씀을 들으라. 주께서 그 땅의 거민들과 쟁론하시나니 그 땅에는 진리도 자비도 없고 하나님에 대한 지식도 없음이라. 그들은 저주하고 거짓말하고 살인하고 도둑질하고, 간음함으로 위법하고 피가 피에 부딪히는도다. 그러므로 그 땅이 애곡하며 그 안에 거하는 모든 자가 들의 짐승들과 하늘의 새들과 더불어 쇠잔해질 것이요, 정녕, 바다의 고기들도 없어지리라. 그러나 아무와도 다투지 말고 다른 사람을 책망하지도 말라. 이는 네 백성이 제사장과 다투는 자들과 같기 때문이라. 그러므로 네가 낮에 쓰러지겠고 선지자도 너와 더불어 밤에 쓰러지리니, 내가 네

어미를 멸하리라』(호 4:1-5).

바티칸은 지금 세계의 종교통합을 외치고 "종교간대화평의회"라는 기구를 만들어서 그 일을 하고 있습니다. 지금 그 일을 맡고 있는 나이지리아 출신 프란시스 알린제 추기경이 9월 23일 우리나라에 와서 소위 한국의 종교단체 대표자들과 만나 종교 간 평화를 강조했는데 기독교계에서 대표로 간 사람으로는 강원용 목사와 교회협의회(NCC) 부총무인 윤두호라는 사람이었습니다. 세계교회협의회(WCC)는 1948년 교회통합을 실현하려고 암스테르담에서 그 기구가 형성되어 주요 개신교 교단들이 거의 다 참여하고 있습니다. 거기에서 해방신학이 나왔고, 혁명신학이 나왔으며, 그들이 낸 자금이 실제로 공산게릴라와 테러분자들에게 흘러 들어가서 그들의 활동을 지원하기도 했습니다.

〈리더스다이제스트〉(1983년 1월)에는 "당신의 교회 헌금이 어디로 가는지 아는가?"라는 제목의 글까지 실렸었습니다. 이러한 교회의 헌금이 교인들도 모르는 사이에 PLO라든지 쿠바의 카스트로, 월남 공산정부, 남미 공산주의 게릴라와 아시아, 아프리카 심지어 미국내의 폭력 집단에까지 스며들고 있다는 것을 아십니까? WCC는 1978년 로데시아 애국전선 게릴라들에게는 미화 85,000달러를 지원했는데 그 로데시아 게릴라들은 35명의 선교사들과 그 가족들을 살해했던 것입니다. WCC는 아프리카의 백인정부 타도를 위해 반정부

세력에게 6,906,545달러를 지원하기도 했던 것입니다. WCC는 세상 안에서 세상의 정치세력들과 손을 잡고 정치를 거들면서도 영적인 일을 하는 하나님의 교회로 보이려고 하는 데 심각한 문제가 있는 것입니다.

교회란 세상으로부터 불러냄을 받은 구원받은 성도들의 모임인데 그들은 성경을 영감받은 하나님의 말씀으로 믿지도 않고 인간이 쓴 책이라고 여깁니다. 그들은 예수님께서 행하신 초자연적인 이적들을 신화나 전설로 간주합니다. 성경이 하나님의 영감으로 기록되었음을 믿지 못하는 사람들은 김용옥이나 조영남처럼 헛소리를 하게 되어 있습니다. 왜냐하면 그들은 거듭나지 않았기 때문입니다. 거듭나지 않은 사람은 하나님에 대해서 전혀 알 수가 없는데도 하나님에 대하여 말하는 것이 참으로 가관입니다. 영이 죽어 있는 사람은 아무리 신학을 공부하고 신학 박사 학위를 몇 개씩 받았다 해도 전혀 하나님을 알 수가 없습니다. 그러하기 때문에 인간은 반드시 성령으로 다시 태어나야 하는 것입니다.

어떤 사람이 교회를 세우고, 교단을 형성하고, 교회협의회에 가입한다고 해서 그 사람의 신앙이 새로워질 수 있다고 생각하십니까? 그들은 교회를 내세워서 거짓말하는 종교사기꾼들입니다. 교회협의회에 가입한 교회들은 거의 가짜교회들인데 그들은 하나님의 그늘이 아닌 교회협의회의 그늘에서 갖가지 비성경적인 교리를 묵인하고 있는 것입니다. 우리나라에서 교회통합을 외치는 자들과 종교통합을 외치는 자들은 모두 가짜목사라는 것을 알아야 합니다. 설령 그들이 가짜목사가 아니라 하더라도 교회협의회에 가담함으로써 성경적인 교리를 실행할 수 없다는 맥락에서 볼 때 하나님께서 세우신 하나님의 종이 아니란 것입니다.

세상 교인들의 영적 상태는 어떠한가?
I. 그들은 영적 황무지에 사는 자들입니다.

『주께서 그 땅의 거민들과 쟁론하시나니 그 땅에는 진리도 자비도 없고 하나님에 대한 지식도 없음이라』(1절). 호세아 선지자는 참 부러울 정도로 대단한 설교자였던 것 같습니다. 호세아 선지자가 예로 든 그 유사와 예증들은 아주 탁월했습니다. 하나님께서 길에서 어떤 사람을 만나 "너도 교회에 다니는가?" 물으셨을 때 그가 교회에 다닌다고 대답을 했다면 하나님께서는 어느 교회에 다니느냐고 묻지 않으시고 진리와 자비, 하나님의 지식에 관해서 질문을 하실 것입니다. 왜냐하면 그 교회의 이름만으로는 그가 좋은 신앙인이고 나쁜 신앙인인 것을 구분할 수 없기 때문입니다. 진리와 자비, 하나님의 지식에 관해서 그 사람이 한마디도 답변을 하지 못하면서 우리 교회는 교회협의회에 가입했다고만 한다면 어떻게 되겠습니까? 이 동네에도 그런 교회가 하나 있는데 그 교회는 아파트 관리비 고지서에 광고를 하면서 "우리 감리 교회는 교회협의회에 가입되어 있으므로 이단교회가 아니다."라고 써 있는 것을 보았습니다.

한국의 교회수가 미국의 교회수보다 많다는 것을 아십니까? 한국 사람들이 미국 그리스도인보다 더 성경을 잘 믿는다는 것입니까? 숫자는 아무것도 아닙니다. 하나님께서는 이스라엘이 수가 가장 적었기 때문에 선택하셨다고 했습니다(신 7:7). 한국 사람이 모이는 곳에는 교회가 많습니다. 로스엔젤레스에는 한인교회가 1,200개가 넘는다고 들었습니다. 하나님 보시기에 그런 것은 교회가 아닌데도 교회협의회 사람들은 그것을 교회라고 여기는 것입니다.

성경이 하나님의 영감으로 기록된 것을 부인하고 주님이 행하신 이적을 믿지 않는 사람들의 특색이 있는데 그들은 구령도 하지 않고 선교도 하지 않습니다. 명목상으로 선교사를 파송은 하지만 그들은 불쌍한 사람들이나 난민들, 탈북자들을 도와주는 것을 선교사역이라고 합니다. 세상의 죄인들을 복음으로 이겨오지 않는 것은 하나님의 일이 아닙니다. 주님께서 십자가를 지신 것은 과부와 고아들을 밥 먹여 주기 위해서가 아니라 죄인들을 지옥의 형벌과 죄의 심판으로부터 구원하시기 위해서였습니다.

주님이 십자가를 지신 것은 복음을 낳기 위해서였으며, 이 복음은 세상 정부나 교회통합, 종교통합을 외치는 그런 기구에 맡기신 것이 아니고 오직 하나님의 피로 사신 하나님의 교회에 맡기셨습니다. 그러므로 이 복음과 무관한 교회는 교회가 아닙니다. WCC는 로마카톨릭과 동조하고 있는데 교회통합운동이나 종교통합운동을 주장하는 자들은 세계 모든 교회와 종교들을 하나로 묶어서 모두 로마교황 밑으로 들어가자는 것입니다. 손가락 하나 까딱하지 않고 종교적인 세력과 정치적인 세력을 다 규합해서 세상을 지배하려는 바로 그 적그리스도의 계략입니다.

세상 교인들의 영적 상태는 어떠한가?
II. 그들은 계명을 어기면서도 하나님의 백성이라고 합니다.

『그들은 저주하고 거짓말하고 살인하고 도둑질하고, 간음함으로 위법하고 피가 피에 부딪히는도다』(2절). 이 세상의 정의란 무엇입니까? 그것은 거짓말로 꽉 찬 것입니다. 계약서들을 보십시오. 도장이 몇 개나 찍혀 있는지 그것을 다 읽어 볼 시간도 없습니다. 왜 그렇게 합니까? 서로 믿지 못하기 때문입니다. 우리나라 정치권을 보십시오. 거짓말을 거짓말이 아니라고 거짓말을 하다 보니 거짓말이 거짓말이 아닌 것처럼 되고 있는 것입니다. 이것이 세상입니다. 그런데 거짓말이 교회 안에서도 횡행하고 있습니다. 교회협의회에 가입한 교회들은 성경도 믿지 않고, 휴거, 지옥, 부활, 그리스도의 심판석, 그리스도의 재림, 천년왕국, 새 예루살렘도 믿지 않으면서 예배를 드리고 찬송을 거짓되이 부르고 있습니다. 요즘은 찬송가 가사가 재미없는지 CCM이나 복음성가를 부르면서 교인들의 기분이나 고조시키고 있습니다.

이스라엘은 저주하고, 거짓말하고, 살인하고, 도둑질하고, 간음함으로 위법하고 피가 피에 부딪혔다고 했습니다. 하나님 앞에 범죄함으로써 멸망과 파멸을 획책하고 있는 모습입니다. 자신의 무덤을 더 깊게 파고 있으며 그 멸망을 더 빨리 앞당기고 있는 것입니다. 하나님의 계명을 어기는 것은 모두 가증하지만 거짓말은 주님께 더 가증합니다(잠 12:22). 탐심은 모든 악을 조장하는데 하나님께서는 탐심을 우상 숭배라고 하셨습니다. 살인, 도둑질, 간음, 돈을 사랑하는 것도 모두가 탐심입니다. 그래서 거짓말과 탐심을 자신의 삶 속에서 제거할 수 있는 사람은 온전한 영적 생활을 영위할 수 있을 것이라고 저는 확신합니다.

『하나님은 사람이 아니시니 거짓말하지 않으시며 또 사람의 아들이 아니시니 후회가 없으시도다. 그분이 말씀하신 것을 행하지 않으시랴? 또한 이르신 것을 이루지 않으시랴?』(민 23:19), 『실로, 하나님은 참되시나 사람은 모두 거짓말쟁이라, 기록된 바 "이는 주께서 주의 말씀에 의롭다 함을 얻으시고 판단받으실 때에 이기려 하심이라."고 함과 같으니라』(롬 3:4).

백보좌 심판에서 심판받는 자들은 변명과 거짓말로 하나님을 속이면 속아 넘어가실 것이라고 생각할지 모르지만 그렇지 않습니다. 하나님께서 심판하실 때 그 심판의 지침서는 성경입니다. 만일에 어떤 사람이 하나님께 따질 것이 있다면 하나님의 말씀에 이렇게 기록되어 있는데 왜 나를 이렇게 심판하시냐고 따져야 할 것입니다.

하나님은 인간의 거짓말에 속지 않으십니다. 성경을 무시한 교회협의회 소속 교회들은 하나님의 심판조차도 무시하면서 교회놀이에 열을 올리고 있는 것입니다. 그들은 그들의 중보자마저도 걷어 차버리고 오직 교회통합만을 외치고 있습니다.

세상 교인들의 영적 상태는 어떠한가?
III. 그들은 제사장과 다투는 자들같이 되었습니다.

『그러므로 그 땅이 애곡하며 그 안에 거하는 모든 자가 들의 짐승들과 하늘의 새들과 더불어 쇠잔해질 것이요, 정녕, 바다의 고기들도 없어지리라. 그러나 아무와도 다투지 말고 다른 사람을 책망하지도 말라. 이는 네 백성이 제사장과 다투는 자들과 같기 때문이라』(3,4절). 이런 자들은 하나님과 무관한 자들입니다. 다툴 가치도 없고 책망할 가치도 없는 자들입니다. 하나님께서 그들을 무엇에다 비유하시는지 보십시오.『오 에프라임아, 내가 네게 무엇을 하랴? 오 유다야, 내가 네게 무엇을 하랴? 이는 너희의 선함이 아침 구름 같고, 이른 이슬 같이 사라짐이라』(6:4). 여기서 에프라임은 이스라엘을 가리킵니다. 아침 구름과 새벽이슬은 햇볕이 나고 바람이 불면 사라지는 것입니다. 이슬과 안개를 가지고 자랑할 수 있는 사람은 아무도 없습니다. 믿음의 생활을 시작한 사람처럼 보이다가 새벽이슬처럼 사라져 버리는 사람들을 두고 하는 말입니다. 경건의 모양만 있고 경건의 능력은 없는 것이 그들 교회의 실상인 것입니다(딤후 3:5). 교회의 외양은 번지르르하나 그 속은 온갖 허구로 가득 차 있는 곳입니다. 하나님께서는 그런 교회들에 가치를 두지 않으실 뿐 아니라 아무것도 맡기지 않으십니다. 여러분은 여러분의 교회가 얼마나 소중한 사역을 받들고 있는지 아셔야 합니다. 우리 교회는 〈한글킹제임스성경〉을 12판까지 냈고, 150여 권의 진리의 책들과 월간 〈성경대로 믿는 사람들〉을 127호까지 냈으며, 이 나라의 잘못된 많은 거짓 목사들과 신학자들이 펼치는 거짓말과 누룩들을 비판하고 바로잡는 일을 해 오고 있습니다.

『**그는 백성 가운데서 스스로를 혼합시켰으니, 에프라임은 뒤집지 않은 과자로다**』(7:8). 믿음이 있는 양 교회는 오가지만 속은 텅 빈 상태의 사람을 말하는 것입니다. 그 사람의 입에서 진리의 말씀이 나올 수 있겠습니까? 그가 누구에게 복음을 전하며 누구를 변화시킬 수 있다고 생각하십니까? 뒤집지 않은 과자는 모양은 과자이지만 한 쪽이 다 타버려서 먹을 수 없는 것을 말합니다. 이 말씀은 믿음이 파선 당하여 가슴이 텅 비었는데도 그 텅 빈 가슴을 감춘 채 계속 교인 행세를 하면서 다른 한 쪽만 보이면서 살아가고 있는 자들을 말합니다. 그런 교회들은 하나님의 일과는 무관한 세상의 기구에 불과합니다. 교회는 세상으로부터 불러냄을 받은 구원받은 사람들의 모임인데, 그들은 세상 속으로 들어가서 동물원을 만든 것입니다.

『**타국인들이 그의 힘을 삼켰으나 그는 그것을 알지 못하나니, 정**

녕, 백발이 그에게 여기저기 생겨도 그는 알지 못하는도다』(7:9). 그는 힘을 잃었고 늙었으나 자신이 변화되었다는 사실을 모르고 있는 것입니다. 자기의 얼굴을 매일 보고 있는 사람은 자기가 늙어도 그 변화를 잘 모르지만 오랜만에 그를 만나는 사람은 금방 알 수가 있습니다. 영적으로 침체되어 있는 사람은 자기의 침체를 잘 감지하지 못합니다. 육신의 성향이 강한 사람은 하나님의 영적인 일들을 전혀 드러내지 못합니다. 그리스도인은 그리스도와 함께 죽은 사람입니다. 육신이 살아 있으면 하나님의 일을 할 수 없습니다.

그리스도인은 죄와 세상과 자아에 대해서 죽고 예수 그리스도와 하나님께만 살아 있는 사람이어야지 하나님께는 죽어 있고 죄와 세상과 자아에 대해서 살아 있는 사람이 되어서는 안 됩니다. 또 그리스도인은 자기를 위해서 죽었다 다시 살아나신 그분을 위해서 살아야 합니다.

『에프라임은 또한 마음 없는 어리석은 비둘기 같으니 그들은 이집트를 부르며 그들은 앗시리아로 가는도다』(7:11). 어리석은 비둘기와 같다고 했습니다. 어리석은 비둘기는 안정이 없습니다. 오늘은 이 집회에, 내일은 저 집회로 들락거립니다.

하나님의 교회가 망쳐지는 것은 세상에서 실현하지 못한 욕망을 교계에서 실현해 보려는 자들에 의해서입니다. 하나님의 종이 되겠다고 세상을 포기한 이들이 교계에 들어와서는 자신의 뜻을 실현하려고 하는 욕망이 발동하여 육신의 정욕, 안목의 정욕, 생의 자랑이 그대로 노출됩니다. 그래서 허구한 날 무슨 단체를 만들어서 회장, 부회장, 서기, 총무, 부총무, 부서기 따위의 자리를 차지하고, 그것도 못마땅하면 또 다른 기구를 만듭니다. 그래서 총재, 부총재, 회장, 고문이 아닌 목사들이 거의 없습니다. 한국식 기독교의 특색입니다. 복음과 무관한 교회들은 할 일이 없으므로 계속 이런 짓을 하면서 시간과 돈을 낭비하고 있는 것입니다.

『그들이 돌아오나 지극히 높으신 분께로 가지 아니하는도다. 그들은 속이는 활과 같으니, 그들의 고관들은 그들의 혀의 사나움으로 인하여 칼에 쓰러지리로다. 이것이 이집트 땅에서 그들의 조롱거리가 되리라』(7:16). 그들은 속이는 활과 같다고 했습니다. 과녁을 겨냥해서 활을 쐈는데 그 활이 속여서 빗나가 버린다면 어떻게 신뢰할 수 있겠습니까? 하나님께서 신뢰할 수 없는 것을 인간이 신뢰할 수 있다고 한다면 어떻게 되겠습니까? 하나님께서 인정하지 않는 교회를 인간들이 인정하고 나선다고 해서 그것이 하나님의 교회가 되겠습니까?

결 론

호세아 선지자는 북왕국 이스라엘의 선지자였습니다. 이스라엘이 하나님 앞에 가증한 짓을 행했을 때 그들 앞에서 하나님의 준엄한 심판을 설교했지만 이스라엘은 하나님을 무시하고 제멋대로 범죄하며 살다가 결국 앗시리아의 포로가 되고 말았습니다. B.C. 1490년 하나님께서는 모세를 앞세워 이스라엘을 이집트의 종살이로부터 구원해 주셨으나 그때로부터 770년 후에 그들은 다시 앗시리아의 종이 되어 간 것입니다. 하나님의 말씀과 경고를 무시하면 그렇게 되는 것입니다. 이어서 남왕국 유다는 B.C. 606년에 바빌론으로 사로잡혀 갔고, A.D. 70년 이후부터 유대인들은 팔레스타인 땅에서 쫓겨나 세계 도처에 흩어져 갖가지 핍박과 박해를 받았는데 제2차 세계대전 때에는 히틀러에게 6백만 명이 넘게 살해되었던 것입니다.

지금 이 나라의 교계는 앗시리아로 잡혀간 에프라임(이스라엘)이 처했던 그 당시 상황과 흡사합니다. 복음을 전하지 않고 진리를 실행하지 않는 자들이 하나님의 교회라며 갖은 죄악을 저지르고 있습니다. 그런 교회에 다니고 있는 자들은 하나님 보시기에 아침 구름과 새벽이슬 같으며, 뒤집지 않은 과자 같고, 백발이 된 노인이 자기의 변화를 모르는 것 같고, 어리석은 비둘기처럼 안정이 없고, 속이는 활과 같이 신뢰할 수 없게 된 것입니다. 그들은 여전히 죄 가운데 행하면서도 하나님을 믿는다고 합니다.

오늘날 하나님께서 우리나라 제도권 교회에 다니는 교인들을 보실 때 어떻게 평하시겠습니까? 『**진실로 낮은 자들도 헛것이요, 높은 자들도 거짓이니 그들을 저울에 달면 모두 합쳐도 헛것보다 가볍도다**』(시 62:9). 헛것보다 못하다고 하십니다. 모두가 함량 미달입니다. 하나님의 자녀들은 다릅니다. 진리의 지식을 알고 나면 그런 교회에 가서 앉아 거짓말하는 것을 듣고 있을 수가 없기 때문에 그런 곳에는 가지 않습니다. 그리스도인들은 영적 분별능력이 있습니다. 그런 자들의 신앙의 행보를 보고 그런 부류에 속하지 않도록 인도해 주신 하나님께 여러분은 감사를 드려야 합니다. 그러면서 이 시대를 살아가는 그리스도인으로서 여러분의 책무가 무엇인지 깨닫고 다시 한번 다짐을 하시기 바랍니다.

20

특혜와 의무

『너는 주 너의 하나님 앞에 고하여 말할지니 "내 조상은 거의 몰락하던 시리아인으로 이집트로 내려가 거기에서 몇 사람과 기거하다가 거기에서 크고 막강하고 사람 수가 많은 민족이 되었는데 이집트인들이 우리를 학대하고 우리를 괴롭혀서, 우리에게 힘든 노역을 시키므로, 우리가 주 우리 조상의 하나님께 부르짖었더니, 주께서 우리의 음성을 들으시고 우리의 고통과 수고와 압제를 보시고 주께서 능하신 손과 펴신 팔과 큰 두려움과 표적들과 이적들로 이집트에서 우리를 인도하여 내셔서, 우리를 이곳으로 인도하시고 이 땅, 곧 젖과 꿀이 흐르는 땅을 우리에게 주셨나이다. 이제 보소서,

오 주여, 주께서 내게 주신 그 땅의 첫열매들을 내가 가져왔나이다." 하고 너는 그것을 주 너의 하나님 앞에 놓아두고 주 너의 하나님 앞에 경배할 것이며, 주 너의 하나님께서 너와 네 집에 주신 온갖 좋은 일로, 너와 레위인과 너희 가운데 거하는 타국인은 즐거워할지니라. 네가 십일조의 해인 삼 년째에 네 소산의 모든 십일조를 드리기를 마친 후에, 그것을 레위인과 타국인과 아비 없는 자와 과부에게 주어 그들로 네 성문들 안에서 먹고 배부르게 하고 나서 너는 주 너의 하나님 앞에서 말하기를 "내가 거룩한 것들을 내 집에서 내어다가 주께서 내게 명령하신 주의 모든 계명들대로 레위인과 타국인과 아비 없는 자와 과부에게 그것들을 주었으며, 내가 주의 계명들을 범하지도 아니하였고 내가 그것들을 잊지도 아니하였나이다. 나는 내가 애통할 때에 그것을 먹지 않았으며 어떤 불결한 데 쓰려고 따로 떼어 놓지도 않았으며, 죽은 자를 위하여 내어 주지도 않았고 오직 주 나의 하나님의 음성에 경청하였으며, 주께서 내게 명령하신 모든 것에 따라 행하였나이다. 주의 거룩한 처소 하늘로부터 굽어보시고 주의 백성 이스라엘과, 주께서 우리 조상에게 약속하신 대로 주께서 우리에게 주신 땅, 곧 젖과 꿀이 흐르는 그 땅을 복 주시옵소서." 하라』(신 26:5-15).

인간은 누구나 자유로운 삶을 희구합니다. 그러므로 속박과 억압이 내려지면 그것에서 벗어나려는 본능적인 몸부림이 있게 됩니다.

터키의 속박으로부터 벗어나려고 안간힘을 썼던 그리스, 일본의 아시아 침략과 우리나라에 대한 36년간의 속박에서 벗어나려는 항일 독립운동, 인도네시아로부터 독립하기 위해 끈질기게 항거했던 동티모르, 체첸 반군의 인질극 등은 속박과 억압으로부터 자유로워지고자 하는 인간 본연의 몸부림이었습니다. 감옥에 있는 죄수들에게 복음 사역을 할 때에 교도관들이 내게 주의를 주었는데, 감옥에 갇혀 있는 죄수들의 모든 생각은 탈옥으로 집약되어 있기 때문에 그들의 어떠한 제안도 받아들이지 말라는 것이었습니다. 자유에 대한 갈망이 그만큼 간절하다는 사실과 그것이 인간 제일의 욕망이라는 것입니다. 그래서 자유를 억압당하거나 박탈당해 보지 않은 사람은 자유의 참 의미를 모릅니다.

이스라엘 백성을 400년 동안 노예로 삼았던 이집트로부터 해방시키기 위해서는 하나님의 개입이 있어야만 했습니다. 하나님께서는 가나안이라는 미지의 땅을 그들에게 제시하셨고, 그 땅은 젖과 꿀이 흐르는 땅이라고 말씀하셨습니다. 자유를 억압당하고 사는 삶이 지옥이고 절망이듯이 이스라엘 백성의 400년 노예의 삶은 어떤 소망도 기대도 없는 절망이었습니다. 그런 그들에게 하나님께서는 억압으로부터 해방과 자유를 보장하셨고 가나안이라는 젖과 꿀이 흐르는 땅을 알려 주시면서 그들을 그 땅으로 인도하시겠다고 약속하셨습니다.

이스라엘이 가나안 땅으로 들어가기 위해서는 두 가지 조건이 필요했습니다. 첫째는 자기들을 구원해 주시고 인도해 주신 그분이 하나님이라는 사실을 인정하고, 그분이 주신 계명들을 준수하는 일이었습니다. 곧 은혜를 기억하는 일이었습니다(신 26:7-9). 둘째는 그분이 하나님이시므로 그분께 경배를 드리는 일이었습니다. 그 땅에서 수확한 열매들로 그분께 경배를 드리는 것 역시 은혜를 잊어버리지 않는 일입니다.

영이신 하나님께 왜 그 땅의 열매가 필요한 것입니까? 하나님께서는 그들이 바친 열매로 레위인(하나님의 일꾼들)과 고아와 과부들과 타국인들을 먹여 주시기 위해서였습니다. 그렇다면 이 일이 왜 하나님께 그렇게 중요한 것입니까? 사랑을 실천하는 일이기 때문입니다. 하나님의 사랑과 은혜를 기억하고 하나님의 은혜에 보답하는 일이 곧 인간의 의무와 책임인 것입니다. 하나님은 영이시지만 인격적인 분이십니다. 이것이 우상과의 차이점입니다. 하나님은 사랑이십니다. 사랑은 하나님께 속한 것입니다. 하나님께서는 하나님의 사람들을 통해서 하나님의 사랑이 다른 사람들에게 전달되는 것을 원하십니다. 이것이 하나님의 사랑의 원리입니다.

하나님의 사랑이란 어떤 사랑을 말하는 것입니까? 자애로운 사랑(charity)을 말합니다. 이 사랑은 주는 사랑, 베푸는 사랑을 의미합니다. 이 사랑은 조건 없이, 아무 대가도 바라지 않고 자신이 가지고 있는 것을 내어 주는 것을 말합니다. 그러므로 주지 않으면서 사랑한다는 것은 말이 되지 않습니다. 하나님께서는 이 사랑을 우리에게 실천해 보이셨습니다(요 3:16, 요일 4:7-10).

그런데 교회 안에 이런 사랑의 실천이 없다면 교회의 역할을 제대로 할 수 없습니다. 여러분은 주님으로부터 사랑의 빚을 졌습니까? 그렇다면 주님으로부터 특혜를 받은 사람들입니다. 여러분이 주님으로부터 특혜를 받았다고 인정한다면 그 사랑을 베풂으로써 자기의 의무를 다해야 하는 것입니다. 사랑의 빚을 갚아야 하는 것입니다. 이것이 그리스도인의 삶입니다(롬 13:8).

사랑을 실천하는 그리스도인이 되라
I. 그들은 그런 사랑을 받을 자격이 있었습니까?(5-9절)

그들은 하나님으로부터 그런 사랑을 받을 자격이 있었습니까? 그들은 하나님으로부터 그런 사랑을 받을 자격이 없었습니다. 하찮은 그들의 조상들은 몰락하던 시리아인들이었습니다. 아브라함의 아버지 테라는 아브라함과 나홀과 하란을 낳았고, 하란은 롯을 낳았습니다. 그들은 초라한 유목민들로 우상을 섬기며 소망도 없이 살고 있었습니다. 하나님께서 그들로부터 아브라함을 불러내서서 베푸신 사랑을 보십시오. 하나님께서는 나중에 아브라함을 친구라고 하셨습니다. 그런 사랑을 보셨습니까? 아브라함은 이스라엘의 조상이 되었고, 족장이 되었고, 카나안 땅의 왕이 되었고, 약속의 씨를 낳은 계보가 되었고, 예수 그리스도께서 그 계보에서 태어나셨습니다. 육신의 이스라엘뿐만 아니라 약속의 자손인 그리스도인들의 조상이 되었습니다.『너희가 다 그리스도 예수를 믿음으로 말미암아 하나님의 자녀들이 되었으니 너희 가운데 그리스도 안으로 침례를 받은 사람은 그리스도로 옷입었느니라. 유대인이나 헬라인도 없고 종이나 자유인도 없으며 남자와 여자도 없으니 이는 너희 모두가 그리스도 예수 안에서 하나이기 때문이라. 너희가 그리스도의 것이면 너희는 **아브라함의 씨요, 약속에 따른 상속자들이니라**』(갈 3:26-29).

아브라함은 주님의 약속을 믿으므로 말미암아 죽은 태에서 이삭을 얻었고, 또 그 이삭을 제물로 바치라는 주님의 명령에 아브라함은 자기의 뜻을 세우지 않고 순종함으로 인해서 그 아들을 다시 돌려받았습니다. 그는 또 하늘에 있는 도성을 기다리라는 명령을 의심없이 받아들였습니다. 이 도성은 우리들을 위한 약속입니다. 아브라함과 사라처럼 믿음을 고백한 사람들의 것입니다. 그는 참으로 대단한 믿음을 지닌 사람이었습니다(히 11장).

그러면 아브라함 개인은 이런 굉장한 복을 받을 만한 일을 했습니까? 아닙니다. 오직 하나님의 은혜였을 뿐입니다. 이스라엘 민족역시 하나님의 은혜로 종살이했던 이집트로부터 해방되었고, 광야에서 40년 동안이나 의식주를 공급받고 하나님을 섬길 수 있는 특권까지 받았으며, 그들의 기대와 소망인 가나안 땅을 약속받고 그 땅을 향해 가고 있었던 것입니다.

우리는 어떻습니까? 에베소서 2:5에 있는 것처럼『**죄들 가운데서**

죽었던 우리를 그리스도와 함께 살리셨으니』라고 했습니다. 우리도 이스라엘이나 아브라함처럼 무슨 자격이 있었던 것이 아닙니다. 『우리가 아직 죄인이었을 때 그리스도께서 우리를 위하여 죽으심으로써 하나님께서는 우리를 향한 그의 사랑을 나타내셨느니라… 우리가 원수 되었을 때에도 그의 아들의 죽음으로 인하여 하나님과 화해하게 되었으니 더욱더 화해하게 된 우리는 그의 생명으로 인하여 구원받게 되리라』(롬 5:8,10).

이스라엘이 했던 것은 하나님을 잘 믿고 그분의 말씀에 순종하겠다는 결심도 아니요 오직 『우리가 주 우리 조상의 하나님께 부르짖었』(7절)던 것이 전부였습니다. 하나님의 사랑은 숭고하며 자비롭고 오직 베풀어 주시는 사랑이었습니다. 그것이 바로 "자애로운 사랑"입니다. 자기 유익을 생각하지 아니하고 자기의 가장 좋은 것을 주시는 사랑입니다. 하나님께서는 이 자애로운 사랑으로 이스라엘 백성을 이집트에서 이끌어 내셨습니다. 자비나 긍휼은 하나님만이 하실 수 있는 일입니다. 인간은 하나님의 사랑을 흉내 낼 수 없습니다. 죄인들을 위해서 아들을 내놓은 그런 사랑을 어떻게 흉내 낼 수 있겠습니까? 오직 하나님의 은혜와 사랑을 알고 그분께 감사와 찬양을 드리고 바른 경배를 해야 합니다. 하나님께서 우리에게 사랑을 실천하라고 하시는 것은 쓰고 남은 것을 주는 값싼 사랑이 아니라 자기에게 소중한 그것을 주라고 하시는 것입니다. 이것을 배우고 실천해야 합니다.

사랑을 실천하는 그리스도인이 되라
II. 사랑은 받은 복의 일부를 돌려 드리는 것입니다(10,11절).

『이제 보소서, 오 주여, 주께서 내게 주신 그 땅의 열매를 내가 가져왔나이다." 하고 너는 그것을 주 너의 하나님 앞에 놓아두고 주 너의 하나님 앞에 경배할 것이며, 주 너의 하나님께서 너와 네 집에 주신 온갖 좋은 일로, 너와 레위인과 너희 가운데 거하는 타국인은 즐거워할지니라』(10,11절). 복이란 물론 영적이고 정신적인 풍요와 평안도 다 해당이 되지만 일차적으로는 물질적인 풍요를 말합니다. 하나님의 자녀들은 지상에서 아무리 풍요해도 그것을 세상 사람들처럼 즐기고 세상에 안주하려고 해서는 안 됩니다. 만일 하나님께서 주신 복을 세상에서 즐기고, 자랑하고, 그것에 보람을 느끼고, 가치관을 갖게 된다면 그들에게는 하늘나라에 대한 소망이 무가치하게 되는 것입니다. 실제로 육신적인 그리스도인들은 천국의 소망보다 현실을 더 사랑하는 사람들입니다. 그리스도인이라 하면서 이 세상에 안주하려는 생활자세를 갖는다면 성경에 역행하는 삶을 사는 것입니다.

카나안 땅은 그리스도 안에서 풍성한 복을 누리는 예표입니다. 풍성한 복이란 무엇을 말합니까? 건강과 욕망의 충족 등으로 인한 마음의 만족과 마음의 화평, 혼의 즐거움, 죄에 대한 승리, 온유한 섬김, 하나님과의 교제, 이웃을 위한 사랑 등을 말합니다. 무엇보다도 하나님께서 그 땅에 주신 복을 받고서 그 중의 일부를 하나님 앞에 가지고 와서 그분께 경배하는 것입니다. 『네 재물과 네 모든 소산물의 첫열매로 주를 공경하라. 그리하면 네 곳간이 가득 차고 네 포도즙틀에서는 새 포도주가 넘치리라.』(잠 3:9,10)고 약속하셨습니다. 십일조는 그리스도인의 기본입니다. 하나님께 받은 복 중에서 십분의 일을 돌려드리는 것은 기본자세입니다.

하나님을 기억하고 경배했으면 그 다음으로 할 일은 『주 너의 하나님께서 너와 네 집에 주신 온갖 좋은 일로, 너와 레위인과 너희 가운데 거하는 타국인은 즐거워할지니라』(11절)입니다. 여기서 보면 그냥 레위인이 아니라 "너와 레위인"이라고 했습니다. 네 가족과 주님의 일을 받드는 사람들을 기억하라는 말입니다. 『너희 가운데 거하는 타국인은 즐거워할지니라.』라고 하신 것은 받은 복을 움켜쥐고만 있지 말고 베풀고 살라는 것입니다. 자기 논에만 물을 가두어 두지 말고 물꼬를 열어 다른 사람의 논에도 물이 흘러 들어가게 하라는 것입니다. 그래서 함께 농사를 지어야 다툼이 없고 사이가 좋아지며 협력이 생기게 되는 것입니다. 자기의 풍요가 하나님으로부터 받은 것이 확실하다면 그 풍요를 향유할 줄 알아야 합니다. 움켜쥐고만 있으면 소유에 집착을 하게 되고, 소유에 집착하면 탐심이 되고, 탐심이 커지면 우상 숭배가 되는 것입니다. 재물을 하나님보다 더 소중히 여기는 사람은 하나님을 섬길 수 없습니다. 하나님과 재물을 동시에 섬길 수는 없기 때문입니다.

가지고 갈 수 없는 것을 움켜쥔 사람의 말로는 어떤 것입니까? 이 세상은 부도난 회사처럼 지금 막 끝나가고 있습니다. 이처럼 불확실한 미래가 어디 있겠습니까?『**그가 모태에서 나올 때 벌거벗었으니 그가 왔던 그대로 돌아가며 수고하여 얻은 것은 아무것도 손에 가지고 가지 못하리라. 이것 역시 심한 악이라. 모든 점에서 그가 왔던 그대로 가리니 바람을 위해 수고한 그에게 무슨 이익이 있으랴?**』(전 5:15,16) 이 글은 세계에서 가장 많은 부와 권세와 쾌락을 누렸던 솔로몬이 쓴 것입니다. 반면에 주님의 이름으로 베푸는 사람에게 주시는 약속들을 읽어 보십시오.『**내가 보았던 것을 보라. 사람이 먹고 마시며 그가 평생 동안 해 아래서 얻은 그의 모든 수고의 유익을 누리는 것이 선하고 온당하도다. 이는 하나님께서 그에게 주신 것이니 그의 몫이라. 하나님께서는 또한 모든 사람에게 재산과 부요를 주셨으며 능력을 주시어 먹게 하시고 그의 몫을 갖게 하시고 그의 수고함 가운데 즐거워하게 하셨으니 이것이 하나님의 선물이라**』(전 5:18,19).

지상에서 한정적인 삶을 사는 사람들은 모든 것이 자기에게 영원한 소유가 될 수 없다는 것을 인지하면서 살아야 합니다. 하나님으로부터 받지 않은 것이 어디에 있으며 그 사람이 태어날 때 움켜쥐고 나온 것이 무엇입니까? 벌거벗은 맨몸으로 왔다면 그 사람이 가지고 있는 모든 것은 하나님으로부터 받은 것입니다. 은혜를 감지한 사람의 반응은 베푸는 것입니다. 하나님께 바치는 것을 포함해서 자기가 가진 것의 극히 일부를 돌려드리는 것입니다. 이것이 은혜를 입은 사람이 취할 행보입니다. 그것도 주님께서는 자원하는 마음으로 바치라고 하셨습니다.

사랑을 실천하는 그리스도인이 되라
III. 특혜는 의무와 책임을 수반합니다.

『오직 주 나의 하나님의 음성에 경청하였으며, 주께서 내게 명령하신 모든 것에 따라 행하였나이다. 주의 거룩한 처소 하늘로부터 굽어보시고 주의 백성 이스라엘과, 주께서 우리 조상에게 약속하신 대로 주께서 우리에게 주신 땅, 곧 젖과 꿀이 흐르는 그 땅을 복 주시옵소서." 하라』(14-15절). 특혜라는 것은 늘 의무를 수반하고 특권이라는 것은 책임을 수반하는 것입니다. 자기가 해야 할 일들을 다하지 않은 채 특권을 누리려고 하는 것은 하나님의 법칙에 어긋나는 것입니다. 그러므로 의무는 혜택을 입은 사람들에게 지우는 것입니다. 우리의 죄들을 씻어 주시고 영생을 보장하시는 그분께서 헌신과 섬김, 순종을 요구하는 것이 무리한 요구입니까? 질병과 교통사고로부터 지켜 주시고, 우리의 생활을 풍요하게 만드신 분께서 극히 일부를 떼어서 하나님께 경배를 드리라고 하셨는데 그것이 아깝다면 그는 하나님의 사람이 아닙니다.

사랑은 입발림으로만 하는 것이 아닙니다. 사랑은 아까워하지 않으면서 주는 것입니다. 하나님께서는 그분의 가장 소중한 것을 주셨습니다. 하나님의 아들 예수 그리스도를 주신 것입니다. 그 아들을 받은 사람은 모두 영생을 소유한 사람인데 하나님께 무엇을 돌려드릴 수 있는 것입니까? 사람은 자기 몸보다 더 사랑하는 것이 없습니다. 그래서 하나님께서는 헌신하라고 하시며, 헌신은 합당한 예배라고 하셨습니다. 영생을 받은 사람에게 지상 생명을 달라고 하는데 그것을 아까워합니다. 전혀 하나님의 은혜도 사랑도 모르는 사람들입니다. 우리 믿음의 선조들은 하나님께 헌신해서 하나님의 명령대로 진리를 수호하다가 죽었습니다. 하나님께 헌신하기 싫은 사람들은 계속 그 사람들의 이름만 들먹거리며 노래 부르고 있습니다. 누구는 무슨 일을 했고, 누구는 기도 응답을 몇 번 받았고, 누구는 불에 타 죽고, 누구는 목 베임을 당해 죽고 등등... 몸은 그 사람이 가지고 있는 재산보다 더 중요합니다. 하나님께서는 네 몸을 달라고 하셨습니다. 그 몸을 하나님께 드린 사람에게는 물질이 아무것도 아니기에 시험에 들지 않지만 몸을 드리지 않은 사람은 물질에 시험이 드는 것입니다.

자기가 지켜야 할 주님의 명령을 다 지킨 하나님의 사람에게는 그들이 바라는 젖과 꿀이 흐르는 땅을 복 주시라는 바람이 있습니다. 우리 그리스도인은 어떻습니까? 나그네와 순례자처럼 잠시 지나치는 이 세상에서 젖과 꿀이 흐르는 약속된 땅을 바라보며 살아갈 때 어떤 것에다 더 큰 비중을 둬야 하는지 알아야 합니다.

『오늘 주 너의 하나님께서는 이 규례들과 명령들을 행하라고 명령하셨나니, 그러므로 너는 네 마음을 다하고 네 혼을 다하여 그것들을 준수하고 행할지니라. 네가 오늘 주를 네 하나님으로 인정하여, 그분의 길에서 행하고, 그분의 규례들과 그분의 계명들과 그분의 명령들을 지키며 그분의 음성에 경청하였으며, 주께서도 네게 약속하셨던 대로 오늘 너를 그분께 속한 독특한 백성으로 인정하셨으니, 너는 그분의 모든 계명들을 준수해야 하리라. 그분께서 지으신 모든 민족들보다 너를 칭찬과 명성과 영예로 높이시고 그분께서 말씀하신 대로 너를 주 너의 하나님께 거룩한 백성이 되게 하시리라』 (신 26:16-19). 너를 칭찬과 명성과 영예로 높여 주시고 이 세 가지보다 더 높은 거룩한 백성으로 만들어 주신다고 하셨습니다. 내가 거룩하니 너희도 거룩하라고 하셨습니다. 우리가 거룩함으로 강건해지고 혼이 잘 될 때 우리는 행복이라는 부를 얻게 됩니다. 다른 것 다 갖추고도 몸이 아파서 계속 약이나 먹어야 한다면 그것은 부를 향유하는 것이 아니며 행복도 아닙니다. 주님께서 그렇게 이루어 주시는 것은 우리의 섬김과 순종에 달려 있습니다.

결 론

『누구든지 예수를 하나님의 아들이라 시인하면 하나님께서 그 사람 안에 거하시고, 그도 하나님 안에 거하느니라』(요일 4:15). 이것이 우리가 기도에 응답받는 조건입니다. 『**하나님께서 우리를 향해 가지신 그 사랑을 우리가 알고 또 믿었으니, 하나님은 사랑이시라. 사랑 안에 거하는 사람은 하나님 안에 거하고 하나님께서도 그 사람 안에 거하시느니라**』(요일 4:16). 주님이 거하실 수 있는 조건은 사랑을 실행하는 것입니다. 『**이렇게 우리의 사랑이 온전해졌나니, 이는 우리로 심판 날에 담대함을 가지게 하려는 것이라. 이는 그분이 그러하심과 같이 우리도 이 세상에서 그러하기 때문이니라**』(요일 4:17). 그렇게 사랑으로 실천했더니 심판 날에 우리가 당할 것이 아무것도 없다는 것입니다.

사랑은 하나님으로부터 특혜를 받은 사람들이 실행하는 의무인 것입니다. 여러분은 하나님의 특혜를 받은 그리스도인으로서 의무를 실행하는 성도들이 되시기를 바랍니다.

21

울며 이를 갈고 있으리라

『"좁은 문으로 들어가려고 힘쓰라. 내가 너희에게 말하노니, 많은 사람이 들어가려고 하겠지만 들어가지 못하리라. 일단 집주인이 일어나서 문을 닫으리니, 그러면 너희는 밖에 서서, 문을 두드리기 시작하며 말하기를 '주여, 주여, 우리에게 문을 열어 주소서.'라고 하면 그가 너희에게 대답하여 말하기를 '나는 너희가 어디서 온 자들인지 모르노라.'고 하리라. 그러면 너희가 말하기 시작하기를 '우리가 주의 면전에서 먹고 마셨으며, 또 주께서도 우리의 거리에서 가르치셨나이다.'라고 하리라. 그러나 그는 말하기를 '내가 너희에게 말하노니 나는 너희가 어디서 온 자들인지 모르노라. 불법을 행하는 모든 자들아, 내게서 떠나가라.'고 하리라. 너희가 아브라함과 이삭과 야곱과 모든 선지자가 하나님의 나라에 있는 것과 너희 자신은 쫓겨나는 것을 볼 것이니 그때에 울며 이를 갈고 있으리라』(눅 13:24-28).

성경에서 "울며 이를 갈고 있으리라."는 말은 여섯 번 나옵니다. 그러면 어떤 사람이 이렇게 울며 이를 갈게 되는 것입니까? 기회를 놓쳐 버린 사람들이 후회하며 하는 행동이 바로 울며 이를 가는 것입니다. 모든 것은 때가 있는데 때를 놓쳐 버린 사람에게 남는 것은 후회밖에 없습니다. 때를 놓쳐 버린 사람은 울며 이를 갈고 있어야 하는 것입니다.

하나님의 초청을 다음 기회로 미루는 사람은 지옥에 떨어져 영원히 울며 이를 갈게 됩니다. 하나님께서 인류에게 구원 계획을 세워 놓으신 것은 대단한 사랑의 표현인 것입니다. 아들을 이 땅에 보내어 십자가에서 피 흘려 죽게 하시어서 모든 사람의 죄를 용서해 놓으시고, 그들로 하여금 예수 그리스도를 믿으면 죄의 형벌과 지옥의 심판으로부터 구원받을 수 있고 또 마귀의 책략으로부터도 보호받을 수 있게 하신 것은 대단한 사랑입니다.

사람들이 한 가지 알아야 할 것은 하나님의 초청 시간은 마냥 유효한 것이 아니라는 사실입니다. 이제 곧 문을 닫을 시간이 오는 것입니다. 하나님께서 그 문을 닫으시면 아무도 열 사람이 없습니다. 지혜 없는 사람들은 중요한 일들은 제쳐 두고 주식 시장이나 뒷골

목이나 게임방이나 술집을 기웃거리며 시간을 낭비하고 있는 것입니다. 어떤 사람은 쓸데없는 것을 배운다고 인생을 낭비하며 어떤 사람은 더러운 이익을 위해서, 또 어떤 사람은 육신적인 쾌락이나 사랑 때문에 인생을 허비하고 있습니다.

옛날에는 우리나라에도 통행금지가 있었는데 밤길에서 서성거리다 통행금지 시간에 걸리면 경찰서로 끌려가고, 즉결 심판에 회부되어 거기서 벌금을 물면 그 다음 날에야 나올 수 있었습니다. 그러나 하나님의 시간을 어기는 사람은 그 다음 날에 나가지 못하고 영원히 지옥에 떨어져 울며 이를 갈고 있어야 하는 것입니다.

죽은 사람에게 치아가 있느냐고 묻습니다. 하나님의 말씀을 의심하는 사람들은 혼이 불멸하며 혼이 우리의 몸과 똑같은 형태라는 것을 모릅니다. 혼은 몸과 똑같이 생겼습니다. 눈, 귀, 코, 입, 혀, 손, 발, 목구멍 등 모두 다 있습니다. 그래서 보고, 듣고, 냄새 맡고, 목마름을 느끼며, 뜨거워서 소리를 지릅니다. 다만 혼은 비물질이기 때문에 썩지 않습니다. 비물질이기 때문에 타지도 않습니다. 사람이 죽으면 모두 다 땅에 묻힙니다. 그리고 시간이 지나면 육신은 썩어 버립니다. 그러나 혼은 썩지 않습니다. 요즘은 땅이 부족해서 화장을 많이 하는데 화장을 하면 육신은 타 버리지만 혼은 아닙니다. 혼은 불멸입니다. 구원받지 못한 혼은 지옥에 가서 영원히 고통을 받지만 구원받은 혼은 천상에 가서 주님과 함께 영원을 향유하는 것입니다. 지옥에 관해서 자세하게 설명해 놓은 책은 성경밖에 없습니다. 지옥을 알려면 성경을 알아야 합니다. 사후의 생에 대해서 알려면 성경을 알아야 합니다. 한국에 교회가 5만 개 이상 있다고 하는데 지옥에 대해서 설교하는 교회를 보셨습니까? 지옥에 관해서 설교하는 사람이 없습니다. 왜 그런지 아십니까? 그 사람은 지옥에 대해서 안 믿기 때문에 설교를 못하는 것입니다.

울며 이를 갈고 있으리라
I. 하나님께서는 지옥을 알려 주셨습니다.

지옥은 인간의 지성으로는 믿어지지 않기 때문에 이 사실을 거짓 말하실 수 없는 하나님께서 하나님의 말씀으로 기록하여 계시해 주셨고, 이 일을 가장 순수하고 정직한 사람들인 거듭난 그리스도인들, 즉 하나님의 교회에 맡겨 전파하라고 하신 것입니다. 이 지옥에 대하여 설교하는 것은 구원받지 못한 사람들로 하나님의 부르심에 응하여서 기회를 놓치지 않게 하려는 것입니다. 그런데 교회라는 곳들이 복음은 전하지 않고 다른 일들에 정신을 빼앗기고 있습니다. 교회를 짓고, 무슨 방언을 한다거나 병을 고친다는 집회들을 열어 사람들이나 모으는 일들을 함으로써 복음 전파는 다음 기회로 계속해서 미루고 있습니다. 그래서 다음 기회가 있다고 생각하는 사람이 많습니다. 이들은 통행금지 예비 사이렌을 듣고서도 서두르지 않는 사람과 같습니다. 경찰서에 끌려간 주정뱅이는 벌금을 물면 그 다음

날 아침에 나올 수 있지만 하나님의 초청 시간을 어긴 사람은 영원히 지옥에서 울며 이를 갈고 있어야 합니다.

이 세상에는 아예 복음을 묵살하는 불신자들만 있는 것이 아닙니다. 이들보다 더 심각한 것은 가짜 복음으로 구원을 받았다고 착각하고 있는 사람들입니다. 이 사람들은 교회에 등록하고, 대문에는 어느 교회에 다닌다는 명패를 붙여 놓고, 가끔씩 기도도 하고, 헌금도 하면서 자신은 구원받은 사람이라고 생각하고 있습니다. 그러나 성경은 『**그들이 하나님을 안다고 고백하나 행위로는 부인하나니, 가증한 자요, 불순종하는 자요, 모든 선한 일에 버림받은 자들이라.**』 (딛 1:16)라고 말씀하십니다. 그리스도인 흉내를 내고 그리스도인 행세를 한다고 해서 모두 다 지옥의 형벌을 면하는 것은 아닙니다. 돌처럼 단단한 마음으로 하나님을 우롱하는 자들은 모두 큰 심판을 받게 됩니다. 그런 자들에게 주님께서 이렇게 말씀하십니다. 『**오늘 너희가 그의 음성을 듣거든 너희 마음을 완악하게 하지 말라**』(히 4:7). 『**보라, 지금이 기뻐 받아들여진 때요, 보라, 지금이 구원의 날이라**』(고후 6:2). 자기가 지성인이라고 생각한다면, 양심이 있고 의식이 있다면, 하나님의 초청을 무시해서는 안 됩니다.

성경은 좁은 문으로 들어가기를 힘쓰라고 말씀하십니다. 『**"좁은 문으로 들어가려고 힘쓰라. 내가 너희에게 말하노니, 많은 사람이 들어가려고 하겠지만 들어가지 못하리라**』(24절). 우리 앞에는 두 개의 문이 있습니다. 하나는 종교의 문이고 하나는 진리의 문입니다.

우리는 이 두 문 중에서 어디로 들어가야 할까요?

　종교의 문은 넓고 외양적으로는 아름답게 보이나 거듭나지 않고도 들어갈 수 있습니다. 자기 마음대로 들어갔다 나왔다 할 수 있으며 자기 양심을 속여도 되는 것입니다. 이 사람들은 성경을 무시하기에 어떤 특별한 법칙도 없고, 인간이 만든 규칙이기 때문에 갖다 붙이면 됩니다. 편리하기 때문에 무수한 사람들이 몰려들고, 세상이 인정하는 것입니다. 그러나 거기에는 구원이 없습니다. 편리해서 좋긴 하지만 거기에는 구원을 보장해 줄 만한 어떤 것도 없습니다. 그러므로 이 넓은 문으로 들어가서 종교 생활을 했던 사람들은 죽으면 모두 지옥에 가서 울며 이를 갈고 있어야 합니다.

　또 하나의 문이 있는데 그것은 진리의 문입니다. 하나님과 말씀이 제시한 문입니다. 이 문은 진리에 갈급하고 진리를 아는 사람들이 찾는 문입니다. 또 이 문은 협소합니다. 그러나 결코 들어가기 어려운 것이 아닙니다. 『**너희는 좁은 문으로 들어가라. 이는 멸망으로 인도하는 문은 넓고 그 길이 광대하여 그 길로 들어가는 사람이 많으나 생명으로 인도하는 문은 좁고 또 그 길이 협소하여 그 길을 찾는 자가 적음이니라**』(마 7:13,14). 그 문은 어려운 문이 아니라 협소할 뿐입니다.

　그런데 이 문을 찾는 사람들이 적습니다. 그러나 여기에는 생의 가치가 있고 영원한 생명이 있으며, 구원의 확실한 보장이 있고 썩지 않는 유업이 있습니다. 그리고 이 모든 일들이 하나님의 약속으로 보장되어 있습니다. 교회사를 통관해 보면 특히 A.D. 1500-1900년까지 소수의 무리들이 이 진리의 문을 택했습니다. 그러나 수십억의 사람들은 넓은 종교의 문을 택해서 멸망으로 들어갔던 것입니다. 이 진리의 좁은 문으로 들어가면 예수 그리스도께서 말씀하신 진리요 생명의 길이 보이는 것입니다. 그러나 넓은 문은 들어가자마자 어떤 보장도 없는 천 길 낭떠러지 같은 멸망의 길입니다. 이것이 바로 종교의 문이 제시하는 것입니다. 종교라는 멸망의 문에는 아무런 보장이 없습니다. 하지만 안타깝게도 무수한 사람들이 그 길로 가고 있습니다.

성경은 좁은 문으로 들어가도록 "힘쓰라"고 말씀하셨습니다. 진리의 문인 좁은 문으로 들어가려면 먼저 구원을 받아야 합니다. 예수 그리스도의 피로 죄 사함을 받아야 합니다. 죄인들은 이 좁은 문으로 들어가려고 힘써야 합니다. 하나님께서 말씀하신 이 문으로 자발적으로 자기가 택해서 들어가야 합니다.

구원받은 사람들은 두 주인을 섬길 수가 없습니다. 이것은 그리스도인의 특성입니다. 그리스도인들은 하나님께서 의도하신 생활에서 물질적인 축복을 받고 모든 것을 가질 수 있습니다. 그러나 그 재물이 하나님보다 더 중요한 것이 되어서는 안 되는 것입니다. 그 문이 저절로 사람들을 끌어당기는 것이 아닙니다. 자기 스스로 그 문으로 들어가야 합니다. 하나님께서는 그 진리의 문으로 들어오라고 여러분을 초청하고 계신 것입니다.

울며 이를 갈고 있으리라
II. 하나님께서는 우리를 초청하고 계십니다.

하나님께서는 우리를 진리의 문으로 들어오라고 초청하고 계십니다. 그러나 많은 사람들이 하나님의 초청을 무시하고 있습니다. 하나님의 초청을 무시하는 자는 누구입니까? 믿지 않고 믿음을 흉내 내는 자들입니다. 즉 기준 미달인 자들입니다. 『일단 집 주인이 일어나서 문을 닫으리니, 그러면 너희는 밖에 서서, 문을 두드리기 시작하며 말하기를 '주여, 주여, 우리에게 문을 열어 주소서.'라고 하면 그가 너희에게 대답하여 말하기를 '나는 너희가 어디서 온 자들인지 모르노라.'고 하리라. 그러면 너희가 말하기 시작하기를 '우리가 주의 면전에서 먹고 마셨으며, 또 주께서도 우리의 거리에서 가르치셨나이다.'라고 하리라』(눅 13:25,26). 복음도 전하고, 책도 펴내고, 다 했겠지요. 그러나 주님의 관점과 우리의 관점은 다릅니다.

하나님께서 죄인들을 초청하시는 시간은 마냥 여유 있는 것이 아닙니다. 하나님의 통행금지 시간이 되어서 하나님께서 문을 닫으시면 은혜의 복음은 그 효력을 상실하게 됩니다. 하나님께서는 참으로 오래 참아 주신 것입니다. 그래서 지옥으로 떨어진 사람들은 영원히 울면서 이를 갈아야 합니다.

1987년 4월 10일 파사데나 캘리포니아에서 AP통신이 버밍햄 뉴스에 난 기사를 인용했습니다. 지구의 중심은 태양 표면의 온도보다도 더 높다는 것입니다. 지구 중심의 온도는 약 6,000도나 됩니다. 이것은 서던캘리포니아대학 버클리 캠퍼스와 캘리포니아 기술 연구소의 과학자들이 발표한 것입니다. 과학자들은 성경보다 2,000년에서 3,000년 정도 늦습니다. 성경은 이것을 이미 '불못'이라고 했습니다. 여러분은 화산에서 용암이 솟구쳐 나오는 것을 보았습니까? 뉴스로라도 보았겠지요? 화산에서 용암이 솟구쳤다는 것은 무엇을 의미합니까? 우리가 상식적으로 보아도 땅 밑에는 뜨거운 것이 있다는 것입니다. 온천을 보더라도 땅 밑에 무엇인가 뜨거운 것이 있다는 것입니다.

A.D. 97년 폼페이시는 베스비어스 산의 화산 폭발로 16,000명의 시민 전부가 몰사했습니다. 우상 숭배와 도덕적 타락은 하나님의 심판의 대상이 됩니다. 왜 하나님께서 카나안 땅을 이스라엘 백성에게 주셨습니까? 카나안 땅이 우상이나 섬기고 도덕과 양심에서 벗어난 일을 했기 때문입니다. 소돔과 고모라(창 19장), 바빌론(사 13:20), 니느웨(슾 2:13)를 심판하신 하나님은 오늘날도 변함이 없으십니다. 5만 개의 교회와 1,000만 명의 교인들이 있는 한국 교회도 총체적인 배교의 길로 들어섰습니다. 성경대로 믿는 사람들이 없었다면 이 나라는 소망이 없었을 것입니다. 의인이 열 명만 있었더라도 소돔과 고모라를 멸망시키지 않았을 것이라고 하나님께서 말씀하셨습니다. 성경대로 믿는 사람들의 존재가 그 나라에 얼마나 대단한 것인지 여러분은 아셔야 합니다.

울며 이를 갈고 있으리라
III. 지옥은 실제의 장소입니다.

예수님께서는 지옥을 가리켜 "땅의 심장"이라고 말씀하셨습니다 (마 12:40). 지구의 지층이 약 80km라고 합니다. 다시 말해서 땅 밑으로 80km를 뚫고 내려가면 그 뜨거운 용암의 불길이 나오는 것입니다. 해저의 지층은 좀 더 얇아서 1.5km 정도가 되는 곳도 있습니다. 조셉 왈레스(Joseph Wallace)라는 사람이 쓴 〈깊은 바다〉라는 책 39쪽에 보면 바다 생물 중에서 가장 이상하게 생긴 지렁이가 있는데 그 길이가 2.5m입니다. 제 키가 179cm이니까 얼마만큼 긴 것인지 상상이 되십니까? 바다의 갈라진 틈에서 나온 것인데 이것이 〈내셔널 지오그래픽〉지에 소개되었고 텔레비전에서도 몇 번 방영이 된 것입니다.

마가복음 9:44,46,48에서 예수님께서 지옥을 세 번 강조하셨는데 개역성경에서 두 번 다 삭제해 버렸습니다. 『**그곳에는 그들의 벌레도 죽지 않고, 불도 꺼지지 아니하느니라.**』라고 했습니다. 욥기 25:6에 보면 『**하물며 벌레인 사람은 어떠하며 벌레인 사람의 아들은 어떠하겠느냐?**』라고 했습니다. 하나님께서는 사람을 벌레라고 하십니다. 백보좌 심판에서 구원받지 못한 사람들이 출현할 때의 모습이 바로 그것입니다. 바로 굼벵이고 바다 밑에서 나온 지렁이입니다.

핀란드 헬싱키의 신문 〈암메누사스티아〉에 실린 기사에 의하면

러시아 지질학자인 드미트리 아차코프(Dmitri Azzacove)는 "나는 천국도 성경도 믿지 않는 공산주의자였지만, 그러나 나는 과학자로서 이제 지옥의 실체를 믿게 되었다. 우리 시추팀이 땅 밑을 약 15km정도 뚫고 내려갔을 때 갑자기 시추봉이 겉도는 것을 알게 되었고 그 공간이 굉장히 넓다는 것을 알았다. 그러니까 거기 뻥 뚫린 곳에 시추봉이 도달한 것이다. 온도계가 갑작스럽게 약 1,000도까지 올라갔다. 우리가 놀라서 시추봉을 들어 올리자 가스가 품어 나오는 그곳으로부터 이빨을 가진 큰 괴물이 아주 흉측한 눈을 하고 비명을 지르면서 솟아나와 날아가는 것이었다. 그것을 보았던 몇몇 기술자들은 무서워 도망쳤지만 우리 몇 사람은 좀 더 알아보기로 했다. 그리고 시추봉이 내려졌던 구멍으로 마이크를 내려보냈다. 그런데 거기서 고통 때문에 울부짖는 수백만 명의 사람들의 소리가 들려오는 것이었다. 우리는 그 소리를 녹음할 수 있었다. 한 가지 확실한 것은 우리가 지옥의 문까지 시추를 했다는 것이다. 우리는 이제 우리가 본 것을 알게 되었고, 우리가 들은 것을 알게 되었다. 그것은 수백만 명의 울부짖는 소리였다. 지옥에 떨어진 구원받지 못한 혼들이 울며 이를 가는 소리였던 것이다."라고 실토했습니다.

이것은 현저한 차이입니다. 『**너희가 아브라함과 이삭과 야곱과 모든 선지자가 하나님의 나라에 있는 것과 너희 자신은 쫓겨나는 것을 볼 것이니 그때에 울며 이를 갈고 있으리라**』(28절). 하나님의 나라에서 영원히 사는 것과 거기서 쫓겨나는 것은 그야말로 무엇하고도 비교할 수 없는 현저한 차이입니다. 지옥은 이 세상에서 어떠한 것으로도 비교할 수 없습니다.

예수님께서는 이 지옥을 마태복음 25:41에서 마귀와 그의 천사들을 위해 준비한 곳이라고 했습니다. 지상에는 이 지옥과 비교할 수 있는 곳이 없습니다. 감옥도 아니고 포로 수용소도 아니며 시베리아의 강제 수용소, 아오지 탄광, 북한의 정치범 수용소도 아닙니다. 그곳은 비교되지 않습니다. 그곳은 어둡고(마 25:30), 불꽃이 타며(눅 16:24), 고통스럽고(눅 16:23), 울며 이를 갈고 소리 지르는, 영원한 형벌이 있는 곳입니다. 사람이 가면 안 되는 곳입니다. 예수님께서 강조하시고 거듭 당부한 것입니다. 설령 범죄해서 눈을 하나 빼 버리는 한이 있더라도 지옥에는 가지 말라는 것입니다. 팔을 하나 잘라 버리는 한이 있더라도 가지 말라는 것입니다(마 5:29,30). 그러나 사람들은 예수님의 말씀을 안 믿는 것입니다. 그러면서 그 넓은 종교의 문으로 계속 나아갑니다.

왜 이 땅에서 여러분에게 섬김을 요구하는 것입니까? 왜 여러분의 귀한 돈을 하나님께 바치는 것입니까? 왜 여러분의 교회를 사랑하시는 것입니까? 여러분은 영생을 지니셨고, 죄의 형벌과 지옥의 심판에서 구원받았고, 더더구나 중요한 것은 여러분은 하나님의 말씀을 기록된 대로 믿는 사람들이기 때문에 그런 것입니다.

예수님께서 왜 십자가에서 죽으셔야 했는지 여러분은 아셔야 합니다. 바로 인간들을 지옥에 보내지 않게 하시려고 죽으신 것입니다. 이 일을 위해서, 그분의 죽으심을 통하여 구원받을 수 있는 복음을 믿도록 인간들에게 제시하는 과업을 교회에 맡겨 주셨습니다. 그런데 교회가 아닌 단체들이 교회라고 속이고 이를 탈취해서 복음을 갖가지로 변질시켜 사람들을 지옥으로 보내고 있습니다.

누가복음 10:13-16을 보십시오.『코라신아, 너에게 화 있으리라! 벳새다야, 너에게 화 있으리라! 만일 너희 가운데서 행한 능력 있는 일들을 두로와 시돈에서 행하였더라면 그들은 벌써 베옷을 입고 재에 앉아 회개하였으리라. 심판 때에는 두로와 시돈이 너희보다 더 견디기 쉬우리라.』두로와 시돈은 완전히 우상 숭배하는 도시였습니다.『너 카퍼나움아, 하늘까지 높아진 너는 지옥까지 끌어내려지리라. 너희에게 듣는 자는 내게 듣는 것이요, 너희를 멸시하는 자는 나를 멸시하는 것이라. 또 나를 멸시하는 자는 나를 보내신 분을 멸시함이라."고 하시니라.』

결 론

종교 행위를 하는 자는 하나님께서 전혀 인정하지 않으십니다. 복음을 듣고 외면하면 우상을 섬기는 이방 나라보다 더 큰 벌을 받는다는 말입니다. 50년 전만 하더라도 목사들은 지옥을 믿었지만 과학자들은 안 믿었습니다. 그런데 지금은 과학자들은 지옥을 믿는데 목사들은 지옥을 안 믿는 것입니다. 이 나라에는 복음을 전한다고 세워진 교회들이 5만 개가 있습니다. 참으로 이 사람들이 지옥의 비참함을 알고 있느냐는 것입니다. 지옥을 전하는 교회는 참된 교회입니다. 누가 하나님의 복음을 전하는 사람들입니까? 울며 이를 갈 사람이 누구입니까? 울며 이를 갈 사람이 누구를 지옥의 형벌에서 구해낼 수 있다고 하는 것입니까? 왜 이들이 설교에서 지옥을 치워 버리는 것입니까? 방송국에서도 지옥을 말하는 것을 들어 본 적이 없습니다. 어떤 책에서도 본 적이 없고 어떤 설교에서, 어떤 신문에서도 본 적이 없습니다.

여러분은 이제 여러분의 주위를 둘러보아야 합니다. 구원받지 않은 친족들이 오늘 죽으면 지옥에 갑니다. 영원히 울며 이를 갈 것입니다. 복음을 전하는 사람은 책임감을 가지고 전해야 합니다. 복음을 전하는 여러분의 수고가 얼마나 값진 것인가를 알아야 합니다. 이 세상에서는 그 가치를 알아 줄 사람이 없습니다. 다만 성경을 아는 그리스도인들만이 그 가치를 알아 주는 것입니다. 그 가치를 아는 사람들만이 이 일을 한다는 것을 알아야 합니다.

22

하나님을 기억하라

『주께서는 너를 겸손하게 하시고 너를 배고프게 하셨으며 너도 모르고 네 조상도 모르는 만나로 너를 먹이셨으니, 이는 사람이 빵으로만 사는 것이 아니요 주의 입에서 나오는 모든 말씀으로 사는 것을 너로 알게 하려 하심이니라. 이 사십 년 동안에 네 옷이 낡아 해지지 아니하였고 네 발이 부어오르지 아니하였느니라. 너는 사람이 자기 아들을 징계하는 것같이 주 너의 하나님께서도 너를 징계하시는 것을 네 마음속에 생각할지니라... 또 네가 네 마음에 말하기를 "내 능력과 내 손의 힘이 내게 이 재물을 가져왔노라." 하지 못하게 하려는 것이라. 오직 너는 주 너의 하나님을 기억할지니, 이는 그분께서 네게 재물을 얻을 능력을 주시어 네 조상에게 맹세하신 그의 언약을 오늘과 같이 이루어지게 하심이라』(신 8:3-5,17,18).

미국과 영국의 연합군이 이라크를 침공한 지 오늘로 18일째가 됩니다. 사막의 모래 폭풍이 연합군의 진로를 막았고 이라크군은 연합군의 후방에서 보급 부대를 공격함으로써 미군은 세 끼의 식사를 두 끼로 줄여야 했고 하루에 2병 지급 받던 물을 한 병으로 줄였다는 기사를 보았습니다. 폭염 속에서 40-50kg의 무거운 배낭을 짊어지고 개인 화기와 여분의 실탄까지 가지고 사막을 걸어야 하는 그 고통을 이해할 수 있겠습니까? 전쟁은 이외에도 늘 목숨을 위협하기에 초조와 불안, 피곤함, 목마름과 배고픔 속에 쉬지도 못하고 잠도 제대로 못 자면서 명령에 복종해야 합니다. 실제로 전쟁 현장에 가 보지 못한 사람에게는 상상도 할 수 없는 끔찍한 참상들을 목도하고 경험하게 되는 것입니다. 그래서 전쟁은 이생에서의 하나님의 심판입니다.

제1차 세계대전 때는 1,000만 명이 죽었고, 제2차 세계대전 때는 5,400만 명이 죽었습니다. 지금도 세계 인구 중 4억 6천만 명이 하루 양식을 걱정하며 살고 있으며, 1분에 30명씩 굶어 죽고 있습니다. 뿐만 아니라 이름 모를 바이러스와 중증급성호흡기증후군이 전 세계로 번지면서 생명을 위협하고 있습니다. 현대의 전쟁은 지상군의 무력과 화기는 별 효력을 발휘하지 못합니다. 수백 km 떨어져 있는 함정과 잠수함에서 발사된 미사일이 정확히 목표를 찾아가서 명중시키고, 전투기와 전폭기에서 투하되는 폭탄들은 적의 방공망을 순식간에 초토화시켜 제공권을 장악해 버립니다. 그렇기 때문에 지상에서 아무리 탱크를 자랑하고, 장갑차를 자랑하고, 병사들을 자랑해 봐야 그것은 소용이 없습니다. 제공권을 빼앗기면 이런 것들은 무용지물이 되는 것입니다.

사람들은 먹고살기 위해서 땅에서 얻는 빵만을 의지할 수밖에 없습니다. 제1차 세계대전 후에는 2,700만 명이 굶어 죽었고, 1932년에서 1933년 사이에 러시아에서는 먹을 것이 없어 무엇이든 닥치는 대로 먹어야 했습니다. 개, 고양이, 말, 쥐, 새도 잡아먹고 나무껍질과 심지어는 말똥까지 먹었습니다. 중국도 마찬가지로 장개석 총통이 통치했던 1933년에서 1937년 사이에 엄청난 사람들이 굶어 죽었는데 개가 사람들의 시체를 먹었다는 외신을 접했던 기억이 있습니다. 예루살렘이 앗시리아의 침공으로 고립되었을 때에도 유대인들은 자기가 낳은 자식들을 잡아먹었다고 성경은 기록하고 있습니다.

하나님께서는 사람이 빵으로만 사는 것이 아니요, 하나님의 입에서 나오는 모든 말씀으로 사는 것임을 알게 하려 하신다고 지금 본문에서 말씀하고 있습니다. 곡식은 땅에서만 자라는 것으로 알고 있는 사람들에게 이 말씀은 "아, 그것은 성경에 있는 말씀" 정도로만 알 뿐 믿지를 않습니다. 이것은 전쟁이 지상군의 무력으로만 승리할 수 있다고 믿는 제1차 세계대전의 군인들과 정치가들, 국민들과 같은 것입니다. 그들은 하늘로부터 쏟아지는 미사일과 폭탄의 공격을 몰랐던 것입니다. 마찬가지로 빵은 땅에서만 얻을 수 있다고 믿는 사람들은 하늘에서 떨어지는 만나를 상상도 할 수 없었던 것입니다. 본문을 통하여 주님께서는 우리에게 무엇인가를 알게 하시려는 것입니다.

주님은 우리로 무엇을 알게 하셨는가?
I. 사람이 빵으로만 사는 것이 아니요, 주의 입에서 나오는 모든 말씀으로 사는 것을 알게 하십니다.

이 세상은 성도들에게 광야와 같은 곳입니다. 우리들에게 이 세상은 그저 지나치는 간이역 같은 곳입니다. 그러므로 우리들은 나그네와 순례자처럼 이 세상을 살아가고 있습니다. 왜냐하면 이 세상은 우리가 살아야 할 집이 아니고 우리의 시민권과 우리의 집은 예수님께서 약속하신 대로 저 하늘에 있기 때문입니다. 그러나 이 세상 사람들은 어떻습니까? 이 세상 사람들은 광야를 그들의 영구한 처소로 생각합니다. 집을 짓고, 우물을 파고, 농사를 지으며, 가축을 기르고, 생업을 튼튼히 하며, 반도체 공장을 짓고, 자동차 공장을 지으며, 백두대간을 허물어 골프장을 만들고 수출 산업을 위해서 국토를 오염시키고 있습니다. 그러면서 자손 만 대까지 그 더럽혀진 땅을 물려줄 것이라고 합니다. 생활 방식의 현저한 차이를 알 수 있습니다. 그래서 세상을 바라보고 사는 그들은 하늘에 대한 소망을 허구의 종교라고 여기는 것입니다.

하나님께서는 이스라엘 백성 200만 명을 40년 동안 인도하시던 광야의 모든 길을 기억해야 한다고 말씀하십니다. 광야는 농사를 지을 수 없는 곳입니다. 토양도 나쁘고 물도 없고 모래 폭풍이 있고, 또 언제 떠날지 모르기 때문입니다. 이스라엘은 40년 동안 광야에서 장막을 치고 거두기를 41번이나 했습니다. 광야는 그들에게 가나안으로 가기 위한 임시 숙박소에 불과하였습니다.

광야의 모든 길에서 인도하신 하나님을 기억하게 하심으로써 하나님께서 이스라엘에게 기대하셨던 것은 『**이는 너를 겸손하게 하시고 시험하사 네가 주의 계명들을 지키는지 그렇지 않은지 네 마음 속에 있는 것을 알려 하심이니라.**』(2절)라고 했습니다. 겸손이 무엇입니까? 사람의 능력과 현명함과 성실함과 주의함으로써 그들이 광야의 삶을 영위했던 것이 아니라 주님의 위대하신 능력 때문이라는 것을 알게 하시려고 했던 것입니다. 주님의 능력을 알면 그 사람은 하나님 앞에 겸손해집니다. 불치의 병과 사업의 파산과 전혀 앞이 안 보이는 캄캄한 절망 앞에 직면했을 때 인간이 할 수 있는 일은 전능하신 하나님 앞에 부르짖는 일밖에 없습니다. 하나님께서는 고난을 통해서 사람을 겸손하게 만드십니다. 인간은 역경과 불행이 없으면 하나님을 찾지 않습니다. 저를 포함해서 여러분 가운데 아마 90% 이상은 자기의 인생에 문제가 있기 때문에 하나님을 찾았을 것입니다. 그렇기 때문에 인생에서 고난이나 불행이란 다 나쁜 것만은 아닙니다. 나로 하여금 진리에 눈뜨게 하고 하나님께 다가서게 했다면 그것처럼 좋은 계기가 없을 것입니다.

이 세상 사람들은 땅에서 나는 식물만이 양식이 되는 줄 알고 그것을 얻기 위해 열심히 일을 합니다. 광야의 이스라엘 사람들은 하늘에서 내려 주시는 만나로 살 수 있다고 알고 있었습니다. 하나님께서는 만나뿐만 아니라 고기와 물도 주셨습니다(시 105:40,41). 그런데 주님은 땅에서 나는 빵도 아니요, 하늘에서 내려 주신 만나도 아니요, 하나님의 입에서 나오는 모든 말씀이 생명의 양식임을 일깨워 주고 계십니다(요 6:30-36). 사람들은 땅에서 나는 곡식으로 살 수 있다고 믿고, 광야의 이스라엘 백성은 40년 동안 하늘에서 내려온 만나를 그것으로 알고 있었지만, 예수님께서는 하나님의 입에서 나오는 모든 말씀으로 사는 것이며, "내가 바로 그 생명의 빵"이라고 하시는 것입니다.

주님은 우리로 무엇을 알게 하셨는가?
II. 하나님의 백성에게 내리시는 징계 역시 하나님의 보호 영역에 머물게 했던 수단임을 알게 하셨습니다.

『이 사십 년 동안에… 너는 사람이 자기 아들을 징계하는 것같이 주 너의 하나님께서도 너를 징계하시는 것을 네 마음속에 생각할지니라』(4,5절). 징계의 의의는 사람이 빵으로만 사는 것이 아니요, 주의 입에서 나오는 모든 말씀으로 살 수 있다는 법을 가르쳐 주기 위한 것이었습니다. 참으로 심오합니다. 공산주의자는 이 점을 오해하여 그리스도인들은 게을러서 일은 하지 않고 하나님만 찾는다고 간주하여 박해를 했습니다. 그들은 성도의 기도응답을 몰랐던 것입니다. 전능하신 하나님, 영원하신 생명의 빵이 있다 해도 그분과 아무런 관계를 맺지 못하고 산다면 무슨 소용이 있겠습니까? 예수 그리스도께서 이 땅에 오신 것은 우리의 삶을 풍성케 하시려고 오신 것입니다(요 10:10).

아버지는 아들을 바른 사람으로 세우려고 징계하는데 그 아들이 징계를 거부하면 아버지를 욕되게 하는 일만 하는 것입니다(히 12:6-11). 이것은 모든 그리스도인들에게 해당되는 것입니다. 하나님의 보호의 영역으로부터 벗어나면 안전의 보장이 없습니다. 세상을 살아오면서 겪었던 아픔과 슬픔, 시련과 고통이 없었다면, 또 눈물 젖은 빵을 먹어 보지 못한 사람이라면 주의 입에서 나오는 모든 말씀으로 산다는 그 법을 터득할 수 있겠습니까? 이러한 고충이 없었는데도 하나님께서 구원해 주신 사람이 있다면 그 사람은 얼마나 더 하나님께 감사를 해야겠습니까?

광야 생활 40년을 하나님의 도우심으로 보낸 것을 알았다면 하나님의 은혜를 망각해서는 안 됩니다. 그들이 범죄했을 때 하나님께서 징계하셨던 그 손길도 망각해서는 안 됩니다. 이 두 가지를 망각하는 것은 죄라는 사실을 알아야 합니다. 『그러므로 너는 주 너의 하나님의 계명들을 지켜 그분의 길에서 행하고 그분을 두려워하라』(6절). 이것이 은혜를 잊지 않는 사람들이 견지해야 할 자세입니다. 인간이 어려움에 봉착하면 주님을 기억하고 순종하지만 모든 일이 잘 되어 가는 듯하면 자만해서 하나님을 잊어버리고 사는 사람들이 많습니다. 우리 교회의 창립 멤버 중 어떤 사람은 오랫동안 직업을 얻지 못하고 있을 때 교회가 합심하여 기도해 직장을 얻었고, 어떤 사람은 사업이 완전히 망해서 왔다가 도저히 교회의 도움이 없이는 살 수 없었는데 교회가 4년 동안 도와줘서 이제 조금 살만하니까 하나님을 배반하고 간교한 짓을 하다가 나가 버렸습니다. 또 한 사람은 완전히 파산하여 유서를 써 가지고 왔다가 기도와 상담을 통해 문제들을 해결하고 이제 밥 먹고 살게 되니까 교회를 대적하고 나갔습니다. 그들은 광야로 쫓겨난 자들과 같습니다. 광야는 어떤 곳입니까? 그곳에는 불뱀과 전갈과 모래폭풍밖에 없습니다.

주님은 우리로 무엇을 알게 하셨는가?
III. 우리에게 재물을 얻을 능력을 주신 분이
주님임을 알게 하셨습니다.

세상 사람들은 이 세상에서 잘 살려고 애를 씁니다. 더 좋은 집을 짓고, 사람들로부터 인정을 받으며, 권세를 누리는 것을 성공으로 알고 삽니다. 왜냐하면 그들에게는 이 세상이 전부이기 때문입니다. 이들의 생활방식은 그리스도인의 삶과 어떤 관계도 없습니다. 그리스도인들은 천년왕국이라는 목적지가 있습니다. 마치 이스라엘에게 젖과 꿀이 흐르는 가나안 땅이 그 최종 목적지였기에 광야의 삶이 하나의 과정에 불과했듯이 천년왕국을 향해 가는 그리스도인들도 이 세상의 삶은 하나의 과정에 불과합니다. 그러므로 세상 사람들이 이 세상에 대해서 갖는 것과 똑같은 관심과 흥미를 가져서는 안 되는 것입니다.

하나님께서는 천년왕국의 풍요를 보여 주시면서 거기에서 우리에게 풍요를 마련해 주시는 것도 주님의 능력의 손길이니 잊어버리지 말라고 당부하셨습니다(7-14절). 물론 이것은 가나안 땅입니다. 이스라엘 백성이 광야에서 40년을 보내면서 약속의 땅을 소망으로 삼고 살았듯이 우리도 이 세상을 광야처럼 살면서 천년왕국이 우리의 소망이 되는 것입니다. 이제야 왜 주님께서 광야의 교훈을 통해 우리를 각성시키시는가를 알게 되었습니다.

이런 번영과 축복을 받을 자격 있는 사람은 누구이며, 어떤 삶의 자세를 갖추어야 합니까? 말씀으로 성령의 인도함을 받고 사는 사람을 말합니다. 『**주가 말하노라. 그러나 이러한 사람은 내가 보살피리니 곧 영이 가난하고 통회하고 내 말에 떠는 자라**』(사 66:2). 영이 가난한 자는 천국을 소유한다고 했습니다(마 5:3). 겸손함으로 하나님께 일치하고자 하는 생활자세를 말하는 것입니다. 통회한다는 것은 자신이 죄인이며 무능하고 자기 배만 아는 삶을 살아 하나님을 바로 알지 못하게 된 그 점을 자백하고 뉘우치는 것을 말합니다. 육신의 정욕, 안목의 정욕, 생의 자랑을 위해 자기 생을 쓰려는 자세를 참회하는 것입니다. 내 말에 떠는 자란 하나님을 두려워하여 하나님의 말씀을 단 한 톨도 땅에 떨어지지 않도록 받들고 지켜 행하는 사람을 말하는 것입니다. 그리스도인은 하나님의 말씀을 선별적으로 골라서 받아들여서는 안 됩니다.

하나님을 저주하고 모독한 자들이 누구입니까? 하나님을 믿는다고 하면서도 성경대로 믿지 않고 자기 기분대로 자기 뜻대로 골라서 믿는 자들입니다. 이들도 구원은 말합니다. 주님을 위해 아무 일도 하지 못하면서 구원만 자랑하고 있습니다. 『**누구든지 자기 하나님을 저주하는 자는 자기 죄를 담당할 것이요 주의 이름을 모독하는 자는 반드시 죽일지니, 모든 회중이 분명히 그를 돌로 칠지니라. 타국인도 그가 주의 이름을 모독하면, 그 땅에서 난 자와 마찬가지로 죽일지니라**』(레 24:15,16). 자기 하나님을 저주하고 주의 이름을 모독하는 자가 누구입니까? 하나님을 믿는다 하고, 자기도 구원을 받았다고 하면서 전혀 구원받은 열매가 없는 사람들입니다. 하나님의 교회를 대적하고 반역을 하면서도 구원을 받았다고 합니다. 하나님을 저주하고 하나님의 이름을 모독하는 자들은 천년왕국에 들어가지 못합니다. 거듭났으면 그 씨는 성장하고, 헌신과 순종과 섬김으로 이어지며 좀처럼 반역하지 않습니다. 하나님의 말씀을 읽고 그저 지나치게 되면 우리에게 번영과 복을 주신 분이 하나님이신 것을 알지 못하게 됩니다. 가장 크게 저주를 받아야 할 사람들은 하나님의 말씀을 자기 뜻대로 선별해서 믿으면서 자기 스스로 목자 된 사람들입니다.

유대인 랍비들은 유대인들에게 메시야가 오면 만나를 만들어 낼 것이라고 잘못 가르쳤습니다. 유대인들이 잘못 알고 있었던 것은 모세가 자기들에게 만나를 줬다는 것입니다. 그들이 가까스로 기억을 했던 것은 만나였습니다. 그러나 그들은 만나를 주신 분을 잊어버린 것입니다. 잊어버리면 안 되는 분을 잊어버리고 있었던 것입니다. 그래서 그들에게는 광야의 교훈이 헛된 교훈이 되고 말았습니다.

오늘날 그리스도인들이 잊고 있는 것은 구원을 말하면서도 정작 구원을 주신 그분을 잊고 사는 것입니다. 마음을 다하고 혼을 다하고 생각을 다하고 힘을 다해서 첫째로 사랑을 해야 할 분을 잊고 있었기 때문에 반역과 태만이 있는 것입니다. 그래서 자기 멋대로 하는 것입니다.

결 론

예수님께서 오셔서 그들에게 가르쳐 주신 것은 무엇입니까? 과거 광야에서 만나를 주셨던 분은 하나님이셨다는 것입니다. 그 만나는 광야를 위한 음식이었으며, 그 만나는 썩었고 벌레도 생겼던, 영원한 생명을 주는 양식이 되지 못했다는 것입니다. 왜냐하면 그 만나를 먹었던 사람들은 다 죽었기 때문입니다. 그러시면서 예수 그리스도께서는 자기 자신을 하늘에서 내려 온 빵으로 제시하셨습니다(요 6:33,38,41,42,50,51,58).

우리가 알아야 할 것은 구약의 빵은 영원한 생명의 빵이신 예수 그리스도의 모형이었을 뿐이라는 것입니다. 하늘에서 내려온 빵은 만나가 아니라 예수님 자신이셨습니다. 이 하늘에서 내려 온 그 빵은 이제 이스라엘만을 위한 빵이 아니라 세상에 생명을 주신 그분이시라고 했습니다. 유대인들은 예수님께 그 빵을 달라고 했지만 어떻게 먹는지를 몰랐습니다. 그들은 그 빵도 만나를 먹는 것 정도로 알고 있었습니다. 이 빵은 입으로 먹고 뒤로 나오는 그런 것이 아닙니다. 진리를 알고 믿으므로 영생을 소유하는 그 빵입니다.『**아들을 믿는 자는 영생을 가졌고 그 아들을 믿지 않는 자는 생명을 보지 못하고 오히려 하나님의 진노가 그 사람 위에 머물러 있느니라.**』(요 3:36).『**그 아들이 있는 자는 생명이 있고 하나님의 아들이 없는 자는 생명이 없느니라**』(요일 5:12). 예수님께서는 『**썩는 음식을 위하여 일하지 말고 영생에 이르는 음식을 위하여 일하라. 인자가 너희에게 그것을 주리니, 이는 아버지 하나님께서 그를 인치셨기 때문이라.**』(요 6:27)라고 권면하십니다.

사람은 빵을 배부르게 먹어도 죽고 만나를 아무리 많이 먹어도 죽습니다. 그러나 주의 입에서 나오는 모든 말씀으로 사는 사람은 광야에서나 이 세상에서도 부족한 것이 없을 뿐 아니라 천년왕국에 들어가서 영생을 사는 길을 완전히 알게 됩니다. 이것을 알게 하시는 것이 주님의 뜻입니다. 전에 기록된 것은 모두가 다 우리의 교훈을 위해서 기록된 것이라고 말씀하고 있습니다(롬 15:4). 여러분 가운데 아직도 예수 그리스도를 제대로 믿지 않고 소유하지 못한 사람이 있습니까? 지금 믿어야 합니다. 자신의 구원만 자랑할 것이 아니라 구원을 받았으면 생활로 드러나야 합니다. 그것이 그리스도인의 향기입니다.

> # 23

남을 실족시키는 죄

『그때에 제자들이 예수께 와서 말씀드리기를 "천국에서는 누가 가장 크니이까?"라고 하니 예수께서 한 어린아이를 불러서 그들 가운데 세우시고 말씀하시기를 "진실로 내가 너희에게 말하노니, 너희가 회심하지 아니하고, 또 어린아이들과 같이 되지 아니하면 결코 천국에 들어가지 못하리라. 그러므로 누구든지 이 어린아이와 같이 자기를 낮추면 그가 천국에서 가장 큰 자니라. 또 누구든지 내 이름으로 이런 어린아이 하나를 영접하면 나를 영접하는 것이니라. 그러나 나를 믿는 이런 어린아이들 가운데 하나를 실족케 하는 자는 연자 맷돌을 그의 목에 걸고 깊은 바다에 빠지는 것이 더 나으니라.

실족케 하는 일로 인하여 세상에는 화가 있도다! 실족케 하는 일이 일어나는 것은 어쩔 수 없는 일이라 하여도 실족케 하는 그 사람에게는 화가 있도다!』(마 18:1-7)

지방 순회 설교 중에 울산에서는 현대중공업을, 거제에서는 대우와 삼성중공업을 지나가게 되었습니다. 대형 선박을 만드는 엄청난 규모의 시설들이었습니다. 현대는 협력업체까지 합하면 그 종업원 수가 5만 명이나 되고, 대우는 약 3만 명이 일한다고 들었습니다. 세상일은 그런 사람들의 힘으로 완수가 됩니다. 기술 인력 5만 명이 힘을 합치면 못 이룰 일이 있겠습니까? 그렇기 때문에 그들은 선박이라면 못 만드는 배가 없고, 주문받은 선박은 기한 내에 모두 만들어 발주자에게 건네준다고 했습니다. 앞으로 3년간 일할 것이 계약되어 있다고 합니다.

세상일은 그렇고 하나님의 일은 어떻게 수행이 됩니까? 먼저 위로부터 오는 지혜와 능력을 받아야 합니다. 하나님의 일도 사람에 의해서 수행되지만 아무나 투입시킨다고 해서 이룩되는 것이 아닙니다. 하나님으로부터 지혜와 영력을 받은 사람들에 의해서만 수행이 되는 것입니다. 그러므로 현대중공업이나 대우중공업 직원 8만 명을 투입시킨다고 해도 우리 교회가 하고 있는 사역들, 즉 말씀보존학회나 킹제임스성경신학교, 월간 성경대로믿는사람들, 서울크리스찬중고등학교, 또 우리 교회가 수행하고 있는 구령과 거리에서 설교하며 세상의 죄인들을 그리스도께로 이겨오는 일들, 복음을 믿고 받아들인 후 믿음으로 인해 삶이 180도 전환되게 하는 그런 일들은 할 수가 없습니다. 그들뿐만 아니라 이 세상의 군대나 세상 정부도 이 일들을 할 수 없습니다. 오직 성경대로 믿는 하나님의 사람들만이 할 수 있는 일인 것입니다.

진리가 무엇입니까? 사람이 영원히 사는 이치를 터득하는 것입니다. 이 세상에는 영원한 것이 없습니다. 따라서 이 세상에는 진리가 없습니다. 영원하신 하나님, 영원한 말씀, 영원한 생명, 영원한 왕, 영원한 목적, 영원한 영광, 영원한 구속, 영원한 유업, 영원한 세계 등은 이 세상에 없습니다.

세상의 어떠한 방법이나 철학, 과학이나 인간의 노력으로서는 이러한 진리를 쟁취할 수가 없습니다. 그뿐만 아니라 영원한 것에는 영원한 심판과 영원한 저주, 영원한 지옥이 있습니다. 영원한 것이 다 좋은 것만이 아니라 나쁜 것도 있습니다. 하나님의 말씀대로 행하지 않으면 영원한 심판과 영원한 저주를 받고 영원한 지옥에 가게 되는 것입니다.

만일 세상에서 진리를 발견할 수 있었다면 보이지 않는 하나님을 아무도 믿으려고 하지 않았을 것입니다. 사람들에게는 믿음도 성경도 필요가 없었을 것입니다. 그러나 세상에는 무슨 일을 하더라도 영원한 것이 없기 때문에 하나님께서 하나님의 말씀을 통해 앞으로 일어날 일을 계시하셨고, 어떻게 인간이 죽었다가 다시 살아나며 영원한 세계에 들어가서 영원한 삶을 살 수 있는가를 성경을 통해 말씀해 주신 것입니다.

하나님의 사역은 멸망할 수밖에 없는 인간들에게 영원을 살 수 있는 길을 제시하는 것인데 이 길은 진리이신 예수 그리스도를 믿고 영접하는 데 있는 것입니다. 하나님의 아들을 믿는 자는 영생을 얻습니다. 그러나 하나님의 아들을 믿지 않는 자는 생명을 보지 못하고 오히려 하나님의 진노가 그 사람 위에 머문다고 했습니다(요 3:36). 이 진리를 깨닫지 못하고 이 진리를 소유하지 못한 사람은 그가 이 세상에서 무엇을 하고 있다 해도 우리의 부러움의 대상이 되지 못합니다.

하나님의 일은 하나님의 지혜와 영력에 의해서 수행되는 것을 사람들이 확실히 알았다면 이 세상을 살면서 오판을 덜했을 것입니다. 다시 말하면 지옥으로부터의 구원을 가볍게 여기는 일이나 하나님의 사역들을 경시하는 일, 하나님의 교회를 경시하는 그런 일들은 하지 않았을 것입니다.

많은 교회들이 복음을 이용하고 진리를 가장해서 사람들을 불러오는 일에 정열을 쏟고 있는데 이것은 복음을 전하는 것이 목적이 아니라 돈을 벌기 위함이요 자신들의 이름을 알리기 위한 것입니다. 많은 대형 교회들은 우리 교회가 하고 있는 일들을 하지 못하고 있습니다. 아무리 많은 사람들이 있다 해도 그들은 복음과 진리와는 무관한 일들을 하고 있는 것입니다.

하나님의 일에 합당한 사람이 되라

I. 하나님의 일에 합당한 사람은 겸손한 사람입니다(1-5절).

겸손의 반대말은 자부심입니다. 자부심은 인간의 생활에서뿐만 아니라 그리스도인의 생활에서도 불편한 것입니다. 자부심이란 자신의 행동과 삶에 벽을 쌓는 것입니다. 다른 사람과의 교제에 벽을 쌓는 사람은 고독합니다. 그리스도인은 세상 사람들과 친구가 될 수 없기 때문에 같은 영, 같은 믿음, 같은 지식, 같은 소망을 지닌 사람들과 교제하기를 원하는 것입니다. 그리스도인은 다른 사람들의 생활방식을 통해서 많은 것을 배웁니다.

자부심은 또한 귀를 막는 일입니다. 자신은 남의 말을 들을 필요가 없을 만큼 똑똑하다고 여기는 것입니다. 자부심은 또한 스스로 뭔가 된 줄로 착각하게 만듭니다. 예수님의 12제자들도 이런 경우가 있었던 것입니다. 자기들 중에 누가 가장 큰 자인가 하는 문제로 서로 논쟁을 했습니다. 12제자들 중에서 누가 가장 위대한 사람이라고 생각하십니까? 베드로는 물 위를 걸었고, 예수님께서 제자들에게 "너희는 나를 누구라고 하느냐?"고 물었을 때에도 베드로가 먼저 "주는 그리스도 곧 하나님의 아들이십니다."라고 했습니다. 예수님께서 기뻐하셨고 그의 고백에 따라 "이 반석 위에 내가 나의 교회를 세우겠다"고 하셨습니다. 또 예수님께서 베드로와 다른 두 제자를 변형산으로 데리고 가셔서 예수님의 부활한 몸을 보여 주셨습니다. 거기서 모세와 엘리야도 보았습니다. 베드로는 정말 우쭐했을 것입니다.

자부심이란 자신을 자기 실체보다 더 중요한 존재라고 생각하는 데서 비롯됩니다. 누가 이런 바람을 넣습니까? 마귀입니다. 마귀가 충동하는 대로 따라가면 그런 죄를 짓게 되는 것입니다. 왜 자신을 턱없이 높은 데 올려놓아 다른 성도들과 차별을 꾀합니까? 차별은 분리를 가져오고 분리는 곧 분열과 파당을 가져오며 분열과 파당은 이별을 가져오는 것입니다. 성경은 우리에게 이렇게 권면하십니다. 『그러므로 그리스도 안에 어떤 격려나 사랑의 위로나 성령의 교제나 인정이나 자비가 있다면 같은 생각이 되어 같은 사랑을 가지고 하나 되고 한 생각이 되어 너희는 나의 기쁨을 이루라. 어떤 일도 다툼이나 허영을 따라서 하지 말고 오직 생각의 겸손함으로 남을 자신들보다 존중하고 각자 자기 일만 돌보지 말고 남의 일도 돌아보라. 너희 안에 이 생각을 품으라. 곧 그리스도 예수 안에도 있는 생각이라』(빌 2:1-5).

12제자들이 "누가 우리 중에서 가장 큰 자니이까?"라고 묻고는 대답을 기다리고 있을 때 주님은 어린아이 하나를 불러서 그들 가운데 세우시고 누구든지 이 어린아이와 같이 자기를 낮추면 천국에서 가장 큰 자라고 하셨습니다. 어린아이는 자력으로 생활을 영위할 수가 없습니다. 그러므로 어린아이는 자부심을 가질 수가 없고 부모의 말씀을 거역할 수도 없습니다. 겸손하지 않으면 어떻게 됩니까? 겸손하지 않은 사람은 복음을 받아들이지 않습니다. 하나님의 말씀을 듣고 머리를 굴려가면서 그것이 정말일까 하고 의심하면 못 받는 것입니다. 세 살 먹은 어린아이가 엄마의 말을 믿고 따르듯이 하나님의 말씀을 믿고 받아들이면 구원을 받는 것입니다. 그래서 이 어린아이는 겸손의 표상이 된 것이고 주님은 겸손의 표상이 된 어린아이를 제시한 것입니다. 그렇기 때문에 겸손한 사람은 하나님의 일에 합당한 사람입니다. 반대로 자부심이 강하고 겸손하지 못한 사람은 하나님의 일에 합당하지 못한 사람입니다.

하나님의 일에 합당한 사람이 되라
II. 실족케 하는 사람은 합당한 사람이 아닙니다(6절).

죄인이 회심을 했다는 것은 옛 생활습관을 버리고 새로운 삶의 방식을 택하는 것입니다. 예전에는 자기를 즐겁게 하는 데 가치관을 두었지만 이제는 돌이켜서 성경적 생활방식으로 바뀌는 것입니다. 이것이 회개입니다. 그러나 제대로 회개하지 않은 사람은 설익은 빵과 같습니다. 설익은 빵은 먹지 못하고 쓰레기통에 버려야 합니다. 그리스도인이면 가야 될 곳과 가지 않아야 될 곳이 있고, 해야 할 말이 있고 해서는 안 될 말이 있으며, 불러야 할 노래가 있고 부르지 말아야 할 노래가 있습니다. 그리스도인은 그리스도인답게 살아야 합니다. 이제는 주님을 기쁘시게 하는 삶의 방식을 택해야 하는 것입니다. 이런 삶은 선한 양심이 하나님을 향해서 반응하는 것입니다. 누가 시켜서 하는 것이 아닙니다. 누군가 시켜서 한다면 율법행위입니다.

　말씀을 거역하고 교회를 대적하면서도 하나님을 섬긴다고 하는 것은 심한 거짓말입니다. 특히 과거를 청산하고 진리를 따라 살고자 결심하고 교회에 출석한 새 성도들을 감언이설로 꾀어서 실족케 하는 자들은 여기에 속하는 것입니다. 어린 성도를 진리로 일깨워 주고 그들의 질문에 성실하게 답변함으로써 그들로 연막에서 벗어나게 해야 함에도 불구하고 더 가리고 더 깊은 어둠 속으로 빠져들게 하는 것은 성령님께서 하시는 일이 아닙니다. 성령님께서 하시는 일이 아니면 마귀가 하는 일입니다. 거기다 한술 더 떠서 거짓말로 회유해서 실족시켰다면 그가 받을 벌은 중할 수밖에 없습니다. 주님으로부터 멀어지게 하고 말씀으로부터 멀어지게 하는 모든 일들은 마귀가 하는 일입니다. 바른 교회로부터 멀어지게 하고 교회를 파괴시키는 죄는 모두 마귀가 하는 일들입니다.

　성경은 순진한 어린아이 같은 믿음의 자세를 가지고 온 어린 성도들을 받아들이고 사랑하라고 권면합니다.『**믿음이 연약한 자를 너희가 받아들이되 의심스러운 쟁점을 피하라. 어떤 사람은 모든 것을 먹을 믿음이 있지만 연약한 사람은 채소만 먹느니라. 먹는 자는 먹지 못하는 자를 업신여기지 말고 또 먹지 못하는 자는 먹는 자를 판단하지 말라. 이는 하나님께서 그를 받으셨음이라**』(롬 14:1-3).

　실족에는 두 가지가 있습니다. 연약한 지체를 실족시킬 때는 혼란을 야기시킵니다. 그러나 성숙한 사람을 실족시킬 때는 거짓말을 합니다. 거짓말이 참말처럼 들리면 그 사람은 실족당하는 것입니다. 그 목적은 그리스도의 강성한 군대가 되지 못하게 하는 것입니다. 그리스도의 강성한 군사는 마귀에게 부담되는 적수이기 때문에 마귀의 세력들은 첩자를 통해 말씀을 흐리고 믿지 못하게 만듦으로써 강력한 군사가 되지 못하게 하는 것입니다. 전에는 몸을 도사리고 양인 체했지만 그들의 실체가 드러나기 시작하자 교회 안에 더 이상 머무를 수 없게 된 것입니다.

나이를 먹었어도 영적으로 성숙하지 못하면 어린아이와 같습니다. 구원받은 모든 형제자매들도 동일한 과정을 거친 것입니다. 구원받았다고 해서 하루아침에 영적인 사람이 되는 일은 결코 없습니다. 하나님의 말씀으로 잘 양육되고 있는 어린 지체들을 실족시키는 것은 마귀가 하는 일이라는 것을 알아야 합니다. 그러므로 그리스도인이 그런 데 걸려든다는 것은 그가 어린아이 상태로 머물러 있기 때문입니다. 성장하려고 노력하지 않으면 어린 양으로 남게 되며, 어린 양으로 있으면서도 자부심이 강하면 마귀의 밥이 된다는 사실을 알아야 합니다.

예수님께서는 이런 어린 지체들(나이를 많이 먹었어도 영적으로 어린 지체들)을 실족케 하는 죄를 짓는 사람은 연자 맷돌을 목에 걸고 깊은 바다에 빠지는 것이 낫다고 말씀하십니다. 같은 영, 같은 지식, 같은 믿음, 같은 소망을 가지고 하나님을 두려워할 줄 알고, 하나님의 말씀을 경외할 줄 아는 성도들은 다른 사람을 실족시키는 죄를 지을 수가 없습니다. 그리스도인은 다른 성도들을 세워 주는 일을 해야 합니다.

하나님의 일에 합당한 사람이 되라
III. 실족케 하는 일로 화가 있습니다(7절).

하나님의 사람들은 하나님의 일을 하는 데 여념이 없는 반면 마귀의 자녀들은 마귀의 일을 하는 데 여념이 없습니다. 그리스도인들은 교회를 세우는 반면에 마귀의 사람들은 교회를 허무는 일을 합니다. 예수님께서도 "나와 함께 모으지 않는 자는 흩트리는 자"라고 했습니다.

누가 영적으로 지어진 건물을 헐어 냅니까? 겸손하지 않은 자입니다. 참으로 겸손한 사람은 다른 사람을 세워 주지만 겸손하지 못한 사람은 오히려 남을 헐뜯고 허물어 버립니다. 사람들 간의 교제도 마찬가지입니다. 모이면 사람들을 헐뜯는 나쁜 습관을 가진 사람들은 교회를 허무는 자들입니다. 칭찬할 일 외에는 사람들이 모인 데서 다른 사람을 거명할 필요가 없습니다. 우리는 다 허물과 죄로 인해서 죽었던 아주 더러운 사람들입니다. 깨끗한 사람이 없습니다.

예수 그리스도께서는 "실족케 하는 일이 일어나는 것은 어쩔 수 없는 일"이라고 하셨습니다. 마귀가 살아 있는 한 실족케 하는 일은 계속 발생하게 되어 있습니다. 마귀는 쉬지 않고 일하고 있습니다. 지금

이 순간에도 마귀는 갖가지 방법으로 그리스도인 개개인과 가정과 하나님의 교회를 공격하고 있습니다. 한 번의 공격으로 끝나는 것이 아닙니다. 밀려오는 파도를 피하고 나면 또 다른 파도가 밀려오듯이 진리를 사랑하고 진리를 수호하려는 사람에게는 계속해서 마귀의 공격이 오는 것입니다. 마귀의 종들에게는 아무 일도 일어나지 않습니다. 마귀가 관장하는 가정이나 교회는 아무 일도 일어나지 않습니다. 그러나 마귀는 하나님의 승인 없이는 공격할 수가 없습니다. 허락하신 뜻 가운데서 일을 합니다. 그러므로 우리는 승자의 편에 서 있기 때문에 우리가 정신을 차리고 믿음으로 하나님의 약속을 붙들고 있으면 언제든 승리하는 것입니다. 다른 것은 다 버려도 진리만은 버릴 수 없다고 해야 우리 주님의 보호를 받을 수 있는 것입니다.

왜 그리스도인들에게 쉬지 말고 기도하라고 했습니까? 마귀가 쉬지 않고 일하기 때문입니다. 만약 성도들이 기도를 쉬게 되면 어떻게 됩니까? 마귀가 우세하게 되고 전쟁이 불리해집니다. 우리의 삶, 특히 영적 삶에는 실족케 하는 일이 다반사지만 실족케 하는 그 사람에게는 화가 있다고 했습니다.

그리스도인은 자기의 성품에서 두 가지 것을 제거해야 하는데, 먼저는 자신을 실족케 하는 원인을 제거해야 하며, 둘째는 다른 사람을 실족케 하는 일을 제거해야 합니다. 그렇게 하려면 겸손해야 합니다. 겸손한 사람은 먼저 예수 그리스도를 위해서 살고, 두 번째는 다른 사람을 위해서 살고, 세 번째는 자기 자신을 위해서 사는 사람입니다. 그렇지만 겸손하지 않고 교만이 강한 사람은 그 반대로 삽니다. 교만이 더 강한 사람은 남을 실족시키면서도 양심의 가책을 받지 않는데, 그런 사람은 마귀에게 점유당한 자입니다.

결 론

영원과 무관한 것은 하나님의 일이 아닙니다. 하나님의 일은 하나님의 사람들에 의해서만 이룩되기 때문에 하나님의 일을 가장한 일들이 마귀의 자녀들에 의해서 수행되고 있는 것입니다. 마귀의 일들은 영원과 무관한 파멸의 일들입니다. 영원을 견지하지 못하도록 파괴시키는 것이 바로 실족시키는 일입니다.

하나님의 일은 영원과 관련이 있고 세상의 일들은 임시적입니다. 우리는 영원한 것을 위해서 일을 합니다. 마귀는 현실에 집착하라고 합니다. 예수님을 은 삼십 개에 팔았던 유다 이스카리옷에게 주님은 "모든 일은 하나님의 예정대로 되겠지만 그는 차라리 태어나지 않았더라면 좋았을 것"이라고 하셨습니다.

남을 실족시키는 자도 마찬가지입니다. 연자 맷돌을 목에 걸고 깊은 바다에 빠지는 것보다는 차라리 태어나지 않았더라면 좋았을 것입니다. 주님은 인간에게 저주받을 길을 피하라고 구원의 복음을 주셨는데 진리를 외면한 죄인들은 저주의 심판을 향해 치닫고 있는 것입니다. 남을 실족시키지 않도록 각별히 주의하셔야 합니다.

24

심판과 은혜

『**하나님**께서 사람의 사악함이 세상에 창대해짐과 그 마음의 생각의 모든 상상이 계속해서 악할 뿐임을 보시고 주께서 땅 위에 사람을 지으셨음을 후회하셨으니, 그 일이 그의 마음을 비통케 하였더라. 주께서 말씀하시기를 "내가 창조한 사람을 지면에서 멸망시키리니, 사람과 짐승과 기는 것과 공중의 새들 모두라. 이는 내가 그들을 지었음을 후회함이라." 하시니라. 그러나 노아는 주의 눈에서 은혜를 찾았더라』(창 6:5-8).

2003년 8월 한 달 동안에 폭염으로 영국에서는 900명이 죽고, 프랑스에서는 1만 명 이상이 죽었습니다. 이라크 전쟁을 치른 미국과 영국의 연합군이 전쟁 후의 전사자를 포함해 2백 명이 조금 넘는 것과 비교해 볼 때 그 숫자는 엄청난 것입니다. 수십만 명이 가서 전쟁을 치르면서 당했던 희생보다 훨씬 많은 희생이 자연 재해로 일어난 것입니다. 이와 같이 자연을 관장하시는 하나님께서 조금만 덥게 해도 엄청난 재해가 발생하는 것입니다. 대환란 때에는 태양이 일곱 배나 더 뜨거워지므로 살아남기 어려울 것입니다.

8월 18일 프랑스 서남부에 위치한 아인호아 지방에서는 한 카톨릭 신부가 신도들 2백여 명과 함께 기우제를 지낸다면서 세 사람의 남자를 십자가에 매달아 놓고 그 밑에서 자기는 또 하나의 십자가를 들고 기도하는 모습이 매스컴에 소개되었습니다. 그 신부도 하나님께서 비를 관장하신다는 것은 어렴풋이 알았던 것 같습니다. 그러나 그런 어리석은 수법으로 하나님의 마음을 움직일 수 없다는 사실은 못 배운 듯합니다. 하나님께서는 왜 유럽에서 그처럼 많은 사람들이 폭염으로 죽도록 내버려 두셨을까요? 또 중국에서는 왜 그처럼 많은 사람들이 사스로 공포에 떨게 하셨을까요? 아프리카에서는 왜 그처럼 많은 사람들이 내전과 에이즈와 물과 식량난으로 고통을 당하고 죽게 하셨을까요?

우리는 성경을 읽고 공부하면서 한 가지 중요한 사실을 숙지하며 살아야 합니다. 그것은 죄악이 창대해지면 심판이 내려진다는 것입니다. 개인의 삶에도 죄악이 넘치면 징계를 받게 되듯이 한 나라에도 죄악이 넘치면 심판을 받게 되는 것입니다. 삶이 평안하고 안락하면 죄를 생각할 것이 아니라 하나님께 감사해야 합니다. 건강한 사람은 감사를 알고 그 건강을 허튼 데 쓰지 말아야 하는 것입니다.

세상 사람들의 인식, 특히 교육받은 사람들은 과학을 동원해서 지구상에서 일어나는 모든 일이 살아 계신 하나님과는 무관하고 다만 자연적으로 발생하는 것이라고 말합니다. 그러므로 죄인들은 의도적으로 하나님을 부인하며 자기 내적 성소에 들어가서 하나님을 보지 않으려고 마음의 창을 닫아 버리고는 계속해서 악을 즐기고 사는 것입니다. 이때에 형식적인 종교란 없는 것보다 못한 것입니다. 주일이면 TV 위에 놓인 먼지 낀 성경을 들고 십자가 목걸이를 걸고서 교회라는 곳에 나가 헌금을 내고 오는 것은 하나님과 아무런 관계도 없는 것입니다. 한 가지 알아야 할 것은 하나님께서는 절대로 죄를 묵과하지 않으신다는 사실입니다. 죄인은 죄를 잊어버려도 안 되고 죄를 무시해서도 안 됩니다. 회개하고 하나님께로 돌아와야만 합니다. 그러면 하나님과 관계 설정이 되는 것입니다.

하나님께서는 노아 때에 사람을 지으신 것을 후회하시고 물로 심판을 내리셔서 호흡이 있는 모든 것을 땅에서 진멸하셨습니다. 하나님께서 왜 인간을 지으신 것을 후회하셨습니까? 인간이 하나님을 버리고 계속해서 죄악을 행했기 때문입니다. 하나님께서는 노아의 가족 8명을 살리신 후에 한 가지 약속을 하셨는데, 이후로 물로는 심판을 하지 않으시겠다고 하신 것입니다(창 9:11). "이방인들의 충만함이 차기까지는," 곧 이 세상에 죄가 창대해지면 하나님의 심판은 다시 내리게 되지만 물이 아닌 불로써 심판하시는 것입니다. 지금이 바로 그 심판의 문턱에 이른 때입니다.

무엇이 하나님을 비통하게 만들었는가?
I. 하나님의 존재를 무시하는 자들의 행위들(5,6절)

하나님을 섬긴다고 하면서도 하나님이 어떤 분이신지 모르는 자들이 있습니다. 자기 멋대로 생각하고 마음대로 조종하면 이렇게 저렇게 되는 하나님으로 생각하는 것입니다. 하나님은 한 영이시지만 인격적인 영이십니다. 인간은 살과 뼈를 가진 몸이 있지만 하나님은 영적인 몸을 가지고 계십니다. 영적인 몸을 가지신 하나님을 알려면 구원받은 사람이 성령의 도우심으로 성경을 통해서만 알 수 있는 것입니다. 성경을 통해서 자연도 알 수 있지만 성경 없이는 자연을 이해할 수 없는 것입니다.

하나님은 예수 그리스도를 통하여 그분의 자녀들에게 자신의 실체를 알게 하셨습니다. 『**그는 하나님의 영광의 광채시며 그분의 인격의 정확한 형상이시고, 그의 능력의 말씀으로 만물을 붙들고 계시며, 친히 우리의 죄들을 정결케 하시고 높은 곳에 계신 위엄 있는 분의 오른편에 앉으셨으니**』(히 1:3). 사람은 하나님의 모습대로 만들어졌습니다(고전 11:7, 약 3:9). 세상에는 하나님을 모르는 자들이 하나님을 부르며 심지어는 아버지라고 부르기도 합니다. 경배와 찬양을 외치기도 하며 성전이라고 이름하는 건물을 지어 놓고 그 안에다 하나님을 가두어 두려고도 하고, 때로는 복 주는 대상이라며 우상에게 하듯이 헛된 기도를 반복하는 자들도 있지만 이 모든 종교적인 행위는 가증함 외에 아무것도 아닙니다.

하나님께서는 영과 진리로 다가오는 그분의 자녀들의 경배만을 받으시고 그들과 교제하시며, 그분의 뜻 가운데서 기도에 응답하시는 분이십니다. 무엇보다 말씀을 믿는 믿음을 중요시하므로 믿음이 없으면 그분을 기쁘시게 할 수 없습니다. 그분은 우리의 지상 생명보다 더 중요하시기 때문에 많은 믿음의 선배들은 믿음을 부인하지 않고 더 좋은 부활을 얻기 위해 기꺼이 목숨을 바쳤던 것입니다. 진리를 부인하지 않는 것이 신앙입니다. 그러므로 진리를 사랑하는 사람은 비진리를 미워해야 합니다. 진리만을 사랑한다고 하면서 오류를 증오하지 않는 사람은 진리를 사랑하는 사람이 아닙니다. 성경대로 믿는 사람과 성경대로 믿지 않는 사람의 차이가 거기에 있습니다. 그래서 성도가 하나님과 온전한 관계에 있으려면 세상을 사랑하지 말고 죄를 증오하며 말씀대로 주님을 섬겨야 하는 것입니다.

하나님의 최초의 계획은 아름다운 땅에서 인간들과 더불어 즐거운 교제로 좋은 삶을 오래 누리는 것이었지만 인간은 하나님을 버리고 마귀와 동조하여 자신들의 뜻대로 행함으로써 하나님의 계획을 무산시켰던 것입니다. 하나님의 계획을 무산시키는 것은 큰 죄이고 그 죄에 대한 심판은 당연한 것입니다. 인간의 그러한 행동들은 하나님을 비통하게 만들었고 하나님께서는 그 결과 심판을 내릴 결심을 하셨던 것입니다. 이것이 노아의 홍수입니다.

무엇이 하나님을 비통하게 만들었는가?
II. 내가 창조한 사람을 지면에서 멸망시키리니(7절).

아담에서 노아까지는 약 1,700년입니다. 타락한 성품을 타고난 인간은 하나님을 두려워할 줄 모릅니다. 어느 시기, 어느 환경, 어느 지역이나 마찬가지입니다. 인간이 생활하는 곳에는 반드시 쓰레기가 나오듯이 인간이 생활하는 곳에는 반드시 죄가 넘쳐납니다. 죄는 외적 죄뿐만 아니라 내적인 상상의 죄도 포함되는 것입니다.

죄가 어디서 나옵니까? 잠언 4:23에서 삶의 문제들은 마음에서 나온다고 했으며 또한 예레미야 17:9에서는 **『마음은 만물보다 거짓되고 심히 악하』**다고 했습니다. 인간의 외적 삶을 결정짓는 것은 내적 삶입니다. 생각은 행동을 낳고, 행동은 습관을 낳고, 습관은 성격을 낳고, 성격은 운명을 낳는 것입니다. 여러분들이 구원을 받았으면 믿음으로 지켜야 하고 성장해 나가야 합니다. 왜 많은 사람들의 가정이 파괴됩니까? 바로 이 원리 때문에 그런 것입니다. 거짓말, 시기, 증오, 반역의 마음을 지닌 사람이 장소를 옮긴다고 해서 선한 사람이 될 수 있다면 죄인들을 감옥에 가두는 것은 대단히 잘못된 것입니다. 다른 장소로 옮겨야 되지 않겠습니까? 그러나 거짓말, 시기, 증오, 반역의 마음을 지닌 사람은 죽을 때까지 그대로 가는 것입니다. 감옥에 넣어 두면 그곳에서 더 중한 범죄자가 되어 나옵니다. 다만 하나님의 진노를 두려워하여 회개할 때만이 변화를 받을 수 있는 것입니다. 심지어 그리스도인까지도 기도할 때 외에는 죄를 짓고 있다는 것을 알아야 합니다.

"사람들의 생각이 계속 악하다"는 말은 회개할 줄 모르는 마음을 말합니다. 사람들은 인간이 내린 판단에 거의 동의하지 않고 있습니다. 왜냐하면 세상 법은 범행의 동기나 원인을 참작하는 것이 아니라 그 결과만을 가지고 판단하기 때문입니다. 성경을 치워 버린 사람은 하나님을 두려워하지 않지만 하나님께서는 성경이 제시한 것을 위반할 때 죄로 단정하시고 그에 상응하는 벌을 내리십니다. 공의의 하나님, 의로 심판하시는 하나님이시지만 그러나 처벌이 먼저가 아니고 회개하고 돌아서게 하시는 하나님이십니다.

예수 그리스도께서는 지금 이 교회 시대를 노아의 때와 같다고 말씀하셨습니다(눅 17:26). 지금 교회 시대는 심판의 전야와 같은 날들입니다. 『노아의 날들에 일어났던 것같이 인자의 날들에도 그러하리라. 노아가 방주에 들어가던 날까지 그들은 먹고, 마시고, 장가가고, 시집가고 하였으나, 홍수가 나서 그들을 다 진멸시켰느니라』(눅 17:26,27).

왜 주님은 이 교회 시대를 노아의 날들과 같다고 하셨습니까? 성경은 놀라운 책입니다. 2,000년, 3,500년, 4,000년의 간격을 두면서도 별로 차이가 없습니다. 『그러나 백성 가운데도 거짓 선지자들이 있었던 것처럼 너희 가운데도 거짓 교사들이 있으리라. 그들은 저주받을 이단들을 비밀리에 불러들여서 자기들을 사신 주를 부인하기까지 하며, 급격한 파멸을 스스로 불러들이느니라. 또한 많은 사람들이 그들의 파멸의 길을 따르리니 그들로 인하여 진리의 길이 비방을 받을 것이라. 그들은 탐욕을 품고 지어 낸 말로 너희에게서 이득을 취하리니, 이제 그들의 심판은 예로부터 지체하지 않으며 그들의 멸망은 졸지 아니하느니라』(벧후 2:1-3). 진리의 길이 비방을 받고 있는데도 하나님을 믿는다고 하는 사람들이 아무도 개의치 않는 것입니다. 마치 예수 그리스도 없이 구원받은 것처럼 자기들을 사신 주마저 부인해 버립니다. 그들에게는 말씀과 예수 그리스도와 복음과 진리가 어떻게 되든지 그것은 문제가 될 것이 없고 오직 자기 교회의 성장만이 중요한 것입니다. 『이들은 잡혀서 멸망케 된 본성이 잔인한 짐승 같아서 자기들이 알지 못하는 것을 비방하다가 그들 자신의 타락 가운데서 완전히 멸망하게 되리라. 그들은 불의의 대가를 받게 되리니 대낮에 흥청거리는 것을 낙으로 여기며, 너희와 더불어 잔치를 즐기는 동안에도 자신들의 속임수로 방탕하니 그들은 점과 흠이요, 음욕이 가득 찬 눈을 가지며 죄로부터 단절될 수 없고, 견고하지 못한 혼들을 유혹하며 그들은 마음이 탐욕으로 단련되었으니 저주받은 자식들이니라』(벧후 2:12-14). 이런 것들이 바로 하나님을 비통하게 하셨으며, 인간들을 지상에서 진멸하기로 결심하시게 만든 것입니다.

무엇이 하나님을 비통하게 만들었는가?
III. 그러나 노아는 주의 눈에서 은혜를 찾았더라(8절).

성경에서 최초로 은혜가 등장한 곳입니다. 죽게 될 것으로 정해진 사람이 구제된 것입니다. 죄를 용서받을 일을 한 것이 없는데 심판을 받지 아니하고 살아나게 하신 것입니다. 영생을 받을 행위를 한 적이 없는데 심판과 죄의 형벌로부터 구원해 주신 것입니다. 구약의 맨 마지막에는 "저주"라는 말이 나옵니다. 『**내가 와서 땅을 저주로 치지 않게 하리라.**』(말 4:6)라고 끝이 나지만 신약의 맨 마지막은 "은혜"로 끝이 납니다. 『**우리 주 예수 그리스도의 은혜가 너희 모두와 함께 있을지어다. 아멘**』(계 22:21). 십자가 이전과 십자가 이후는 대단히 큰 차이가 있습니다. 하나님께서 은혜를 베풀어 놓으셨는데 그 사실을 믿지 않으면 그 사람은 저주 아래 있게 됩니다.

노아는 어떻게 해서 하나님으로부터 은혜를 입을 수 있었습니까? 창세기 6:9을 보면 『**노아는 의인이요 그 당대에 완전한 사람이었으며 하나님과 동행**』하였던 사람입니다. 하나님과 동행한다는 사람은 어떤 사람입니까? 하나님의 말씀을 자의로 해석하지 않고 하나님께서 말씀하신 그대로 받고, 믿고, 행한 사람입니다.

에녹은 하나님과 동행하다가 없어진, 최초로 휴거된 사람이었습니다. 에녹은 성경에서 가장 오래 살았던 므두셀라의 아버지였습니다. 아담으로부터 687년 되었을 때 므두셀라가 태어나 969세를 살고 죽었습니다. 하나님께서는 이 땅에 심판을 내리실 것을 노아에 앞서 먼저 에녹에게 말씀하셨습니다.『아담의 칠 대 손 에녹도 이들에 대하여 예언하여 말하기를 "보라, 주께서 수만 성도들과 함께 오시나니 이는 모든 사람을 심판하시고 그들 가운데 있는 경건치 않은 모든 자가 경건치 않게 행한 모든 경건치 아니한 행위와 경건치 아니한 죄인들이 주를 거슬러 말한 모든 거친 말에 대하여 정죄하시려는 것이라."고 하였느니라』(유 1:14,15). 하나님께서는 그 악한 세상에 969년이라는 유예 기간을 주심으로 심판을 유보하셨던 것입니다. 하나님께서는 이 두 사람을 성경에 등장시켜 하나님의 계획을 알려 주셨습니다. 그 969년의 마지막 120년 동안이 노아가 방주를 지으면서 이제 곧 홍수 심판이 닥칠 것이라고 설교했던 기간입니다.

『그들은 전에 노아의 날에 방주를 예비하는 동안 하나님께서 오래 참고 기다리셨을 때에 순종하지 아니하던 자들이라. 방주에서 물로 말미암아 구원을 받은 사람이 몇 명뿐이니 곧 여덟 혼들이라』(벧전 3:20). 하나님과 동행하며 심판을 외쳤던 에녹은 휴거 되었고, 심판을 외쳤던 노아는 살아남아서 아담이 빼앗겼던 지상의 왕권을 다시 차지했습니다.

주님은 교회 시대를 노아의 시대와 같다고 하셨습니다. 노아 시대의 특징은 인구가 증가했고, 도덕적 타락이 절정에 이르렀으며, 폭력이 난무하고, 불필요한 지식들의 확장으로 양심의 기능이 상실되어 버린 것입니다. 진리대로 또한 성경대로 믿는 사람들이 극히 적습니다. 주님께서는 이 시대도 심판하시겠다고 하시면서 물이 아닌 불의 심판이 있을 것이라고 하셨습니다(벧후 3:3-10).

결 론

노아의 때에 사람들은 먹고 마시고 장가가고 시집가고 하며 살았습니다. 자신들의 삶에만 마음을 쓰고 살았지 심판에 관해서는 대비하지 않고 살았던 것입니다. 이것이 하나님을 모르고 산 사람들의 생활자세입니다. 노아가 방주를 지으면서 계속해서 심판을 외쳤을 때나 지금 우리가 거리에서 설교하고 복음을 전파하며 하나님의 말씀을 펴내고 진리의 지식의 책들을 펴내는 것과 똑같습니다. 그 어느 시대나 마찬가지로 진리대로 믿고 하나님의 말씀을 경청하는 사람은 극소수인 것을 알아야 합니다. 그래서 여러분 옆에 있는 형제, 자매들을 귀히 여기셔야 합니다. 진리를 진리되지 못하게 하는 죄는 가증한 죄인 것입니다. 사람들의 수를 보고 믿음의 행보를 결정하는 자들은 어리석은 자들이며 멸망당할 자들입니다.

성경을 아는 성도는 주님의 말씀에 고정하고 살아야 합니다. 지금 세상의 모든 추세로 볼 때 휴거는 오래 남지 않은 것 같습니다. 휴거되기 원하면 에녹과 노아처럼 주님과 동행하는 사람이 되어야 합니다. 이것이 잘 믿고 잘 사는 것입니다. 심판이 없다거나 아직 멀었다고 생각하는 자들은 하나님을 두려워하지 않고 먹고 마시면서 멋대로 살고 있습니다. 예수님께서 다시 오신다고 약속하신 것을 믿고 사는 사람은 참으로 잘 믿고 잘 사는 사람입니다. 그 믿음이 주님의 신뢰를 받을 수 있다는 것을 마음속에 간직하고 실행해야 하는 것입니다.

25

그리스도의 천 년 통치

『정녕, 모든 왕들이 그의 앞에 엎드리며 모든 나라들이 그를 섬기리이다』(시 72:11).

2009년 작년 가을에 김포 들길을 걸으면서 보니 어떤 논에는 피가 많아 벼 반 피 반으로 주인이 농사를 포기해 버린 것처럼 보였습니다. 밭으로 치자면 곡식밭에 독보리가 반 이상 차지해 버린 것입니다. 독보리는 원수가 뿌려 놓은 것이라고 했습니다. 농부가 잠자고 있는 사이에 마귀가 와서 뿌려 놓은 것이기에 식별이 어려워 뽑아내지 못했고, 또 뽑으려고 시도했다가는 오히려 곡식을 잘못 뽑을 것 같아서 다 자란 뒤에 뽑아 불태우려고 그대로 두는 것이 하나님의 계획인 것입니다. 지금도 수많은 독보리들이 그리스도의 교회라는 곳에 들어와서 그리스도인으로 가장하고 행세를 하고 있습니다.

배교란 사람들이 믿음에서 떠나 버린 것을 말합니다. 그러므로 배교란 믿음 없는 사람들에게서 생겨난 것이 아니라 믿었으나 잘못되어 버린 사람들, 혹은 처음부터 잘못 믿었던 사람들에게서 일어나는 현상입니다. 잘못 믿었거나 믿었으나 잘못 성장한 사람들이 잘못된 밭, 즉 그들의 종교생활을 인정해 주고 용납해 주는 토양에서는 얼마간 견딜 수 있을지 모르지만 좋은 토양에서는 즉시 독보리로 드러나는 것입니다. 변화되고 나서 성장하지 아니하면 그런 사람들은 무척 힘들게 교회 생활을 하다가 결국에는 떨어져 나가게 되는 것입니다.

배교하는 일이란 떨어져 나간다는 말입니다(살후 2:3). 즉 믿음의 뿌리가 잘못되어 썩어 버렸거나 과일의 꼭지가 썩어서 떨어지는 것을 말합니다. 그래서 어렵게 붙어 있으려 해도 썩은 뿌리 때문에 쓰러지고 썩은 꼭지로 인해 과일을 매달고 있을 수 없기에 떨어져 버린 것이고, 또 하나님 편에서는 썩었기 때문에 뽑아 버릴 수밖에 없는 것입니다. 그 반대 현상도 있습니다. 교회인 줄 알고 신실하게 섬겼으나 알고 보니 썩은 토양인지라 곧 질식할 것 같고, 주위를 아무리 살펴보아도 진리의 냄새가 없을 때 숨 쉴 곳을 찾아 나서게 된 경우입니다.

그렇다면 썩게 만든 책임은 누구에게 있습니까? 두말할 것도 없이 본인 자신에게 있습니다. 서 있는 줄로 생각하는 자는 넘어지지 않도록 주의하라는 말씀을 무시하고 산 죄의 결과인 것입니다. 『하나님께서 본래의 가지들도 아끼지 아니하셨으니 너도 아끼지 아니하실까 주의하라. 그러므로 하나님의 선하심과 준엄하심을 보라. 넘어지는 자들에게는 준엄하시니 만일 네가 그분의 선하심에 머물면 그 선하심이 너에게 있을 것이나 그렇지 아니하면 너도 꺾이리라』(롬 11:21,22).

하나님께서는 교회에 들어온 성도들에게 넘어지지 않고, 썩지 않고, 꺾이지 않을 그런 기회들을 주셨지만 그들이 여러 가지 형태로 거부했기 때문에 떨어져 나가는 비극이 발생했던 것입니다. 성경 공부, 주일 설교, 수요기도회, 성도의 교제, 섬김의 기회 등을 주었지만 그들은 그런 기회들을 이 핑계 저 핑계를 대면서 모두 거부하더니 급기야 약을 쓸 수 없을 만큼 썩어 버린 것입니다. 대충대충 믿는 데는 믿음이 자라지 않습니다.

십자가는 하나님의 피가 흘려진 장소라는 것을 알아야 합니다. 믿음을 지키기 위해서는 예수 그리스도의 피의 도움이 필요합니다. 배교에는 처방약이 없습니다. 많은 실족자들이 자기의 부패가 심한 것은 인정하지 않고 소금이 잘못된 것처럼 교회와 목자를 음해하기도 합니다. 그러나 목자도 썩었으면 뽑힌다는 사실을 알아야 합니다. 하나님께서 목자라고 봐주시는 것이 아닙니다. 그러나 많은 교회들이 목자가 썩었는데도 불구하고 하나님을 두려워하지 않기 때문에 그 목자를 봐주는 것입니다.

본문은 주님의 천 년 통치를 쉽게 기록해 놓았습니다. 우리가 소망하는 새 세대의 상황을 어떤 주석의 도움도 필요 없이 말씀을 묵상하면 쉽게 알 수 있습니다.

천 년 통치를 바라고 있는가?
I. 모든 세대에 걸쳐 주를 두려워할 것입니다.

『오 하나님이여, 주의 판단력을 왕에게 주시고 주의 의를 왕의 아들에게 주소서. 그가 주의 백성을 의로 판단하며 주의 가난한 자를 공의로 판단하리이다. 산들이 의로 인하여 백성들에게 화평을 가져다 주며 작은 산들도 그러하리이다. 그가 백성의 가난한 자들을 판단하고 궁핍한 자의 자손들을 구원하며 압제자들을 쳐부수리니 해와 달이 있는 한 그들이 모든 세대에 걸쳐 주를 두려워하리이다』(시 72:1-5).

주님은 태양이십니다. 그분의 교회, 즉 성도들은 달입니다. 우리는 태양 같은 빛이 아니라 그 빛을 받아 반사시키는 빛입니다. 따라서 우리는 태양 빛을 세상에다 반사시킬 수 있어야 그 빛을 가려서 그림자를 만들어서는 안 되는 것입니다. 많은 자들이 주님의 이름을 부르면서도 그리스도의 영광스러운 복음의 광채가 세상에 비치지 못하게 하고 있습니다. 이것은 세상 신인 마귀가 믿지 않는 자들의 마음을 어둡게 했기 때문입니다(고후 4:4). 어둠 속에서 마귀의 자식으로 살았던 자들이 복음을 믿어 빛으로 나왔다고 고백했으면서도 다시 어둠 속으로 찾아 들어간 후에 그들은 거짓되이 빛 가운데 있다고 말하고 있습니다. 『**그분께서 우리를 흑암의 권세로부터 구하여 내셔서 그분의 사랑하는 아들의 나라로 옮겨 주셨으니 그 안에서 우리가 그의 보혈을 통하여 구속, 곧 죄들의 용서함을 받았느니라**』(골 1:13,14). 흑암의 권세는 마귀의 권세를 말합니다. 〈개역성경〉에는 "그의 보혈을 통하여"라는 말이 없습니다. 예수 그리스도의 보혈 없이 구원받을 수 있습니까?

불신의 네 단계를 보면 첫째, 복음을 믿고 받아들이지 않으면서 교회만 다니려고 하는 것입니다. 순수한 복음 없이 다른 복음, 즉 순복음, 천국복음, 치유, 방언, 귀신 쫓아내는 것은 복음이 아닙니다. 이런 것들은 복음을 받아들이는 데 방해 요인이 됩니다.

둘째, 성경의 예수 그리스도를 믿지 않는 것입니다. 그들은 말씀을 믿지 않고 성경을 배우지 않으면서 순복음 교리나 베뢰아 신학, 다락방 교리 같은 것들을 배우는데 그런 것들은 말씀을 아는 데 방해 요인이 될 뿐입니다. 제도화된 교회나 은사주의 교회에 오래 있다가 우리 교회에 오면 새로운 진리의 지식이나 향상된 계시를 받아들이는 데 무척 힘이 듭니다. 왜냐하면 자신이 가지고 있었던 썩어 버린 옛 것들을 다 토해 내야 되는데 그렇지 못하기 때문입니다.

옛날에 가지고 있던 지식 때문에 새로운 것을 받아들이는 것이 무척 어렵게 되는 것입니다. 지금 한국 교계는 〈개역성경〉을 쓰고 있는데, 바른 성경이 나왔음에도 그 성경을 놓지 못하는 것입니다.

셋째, 그들은 예수 그리스도의 부활과 성도의 부활을 믿지 않습니다. 소망 없이 즐거워하는 자들입니다. 지상에 사는 동안 번영하고 복 받기를 원하는 것입니다. 그것은 하나님께서 가르치신 것이 아니며 성경이 가르치는 교훈이 아닙니다. 넷째, 그들은 그리스도의 천 년 통치를 믿지 않는 것입니다. 예수님이 오셔서 이제 곧 이 땅을 천 년간 통치하시게 되는데 얼마나 많은 자들이 무천년주의, 후천년주의 종말론을 붙들고 있는지 보십시오. 그리고 자기가 전천년주의를 믿는다 하면서도 실제로는 예수 그리스도의 천 년 통치를 안 믿는 것입니다. 예수 그리스도의 천 년 통치를 믿지 않으면 그의 믿음은 아무것도 아닙니다. 왜 그렇습니까? 성경을 공부하지 않고, 성경을 믿지 않기 때문입니다. 성경대로 믿는 교회에 다니면서도 더러운 양심을 말씀의 물로 씻지 않은 채 다니기 때문에 불신의 병에 걸리게 되는 것입니다. 불신이 만성이 되면 치료약이 없다는 것을 알아야 합니다.

"예수"라는 이름은 존귀한 이름이지만 그분의 인간으로서의 이름입니다. 『갈릴리 나사렛의 선지자 예수』(마 21:11)는 예수님께서 초림 때 선지자로 오신 이름입니다. 신명기 18:18에서는 모세와 같은 선지자로 예언되어 있습니다. 예수님이 십자가에서 죽으시고 부활하신 후에는 제사장으로 불리셨습니다(히 3:1; 4:15). 그분의 왕 되심을 나타내는 이름은 "그리스도"입니다. 기름부음을 받은 분이란 뜻의 이 이름은 그분의 사역을 나타내고, 그분이 메시아임을 나타내며, 그분이 왕 되심을 나타내는데 사탄이 이 이름을 도용해서 쓰고 있는 것입니다. 그래서 여러분이 그리스도라는 이름을 쓸 때는 신중해야 합니다. 주 예수 그리스도라는 주님의 완전한 이름 대신에 그리스도라고만 부르는 집단들을 경계해야 합니다. 예수 그리스도의 천 년 통치는 하나님께서 다윗과 맺으신 언약이 문자적으로 성취되는 것입니다(삼하 7:12,13,16,18-21,24-26, 시 89:34-37).

천 년 통치를 바라고 있는가?
II. 그의 이름이 영원히 있을 것입니다.

『광야에 거하는 자들이 그의 앞에 절하고 그의 원수들이 먼지를 핥으리이다. 타시스와 섬의 왕들이 예물을 가져올 것이요, 시바와 스바의 왕들이 예물을 드리리니 정녕, 모든 왕들이 그의 앞에 엎드리며 모든 나라들이 그를 섬기리이다. 그는 궁핍한 자가 부르짖을 때에 구해 주며 도울 이 없는 가난한 자도 구해 주리이다. 그는 가난한 자와 궁핍한 자를 아끼며 궁핍한 자들의 혼을 구원하리이다. 그가 그들의 혼을 속임수와 폭력에서 구속하리니 그들의 피가 그의 목전에서 귀하리이다. 그가 생존하리니 시바의 금이 그에게 드려질 것이요, 기도도 그를 위하여 계속해서 드려지며 그가 날마다 찬양을 받으리이다. 산꼭대기의 땅에도 곡식이 풍성하며 그 열매도 레바논 같이 물결칠 것이요, 성읍의 사람들도 땅의 풀처럼 번성하리이다. 그의 이름이 영원히 있을 것이요, 그의 이름이 해가 있는 한 계속될 것이며 사람들이 그의 안에서 복을 받을 것이요, 모든 민족들이 그를 복 받은 자라 하리이다』(9-17절).

예수님께서는 예수님을 심문하던 빌라도에게 분명히 말씀하시기를 『나의 왕국은 이 세상에 속한 것이 아니니라.』라고 하셨습니다 (요 18:36). 그리스도인들도 세상에 속하지 않습니다(요 17:14). 세상 사람들과 그리스도인의 차이점은 그들에게는 말씀이 없고 우리에게는 말씀이 있다는 것입니다. 만약 어떤 사람들이 말씀대로 행하지 않으면서 하나님의 자녀라고 한다면 그는 거짓말을 하고 있는 것입니다. 마귀는 거짓말의 아비입니다.

그들은 태양이신 예수 그리스도를 태양신 바알로 대체해서 섬깁니다. 여호와 하나님을 알라(Allah)라는 이름으로 대체한 것이 모슬렘이듯이 그리스도와 무관한 자들이 태양만을 섬기려고 할 때 바알을 섬기게 된다는 사실을 알아야 합니다. 인간이 성경을 모르면 우상을 섬기게 되고 무지하게 되는 것입니다. 이스라엘 민족이 가나안 땅에 들어오기 전에 가나안 사람들은 바알을 섬기고 있었습니다. 토속신앙이나 무속신앙은 홍수나 가뭄으로 농사가 안 되었을 때, 맹수들이 사람이나 가축을 해쳤을 때, 전염병이나 전쟁으로 많은 사람들이 죽었을 때 믿는 미신입니다.

왜 이스라엘이 바알을 섬기게 되었습니까? 이스라엘은 출애굽 이후 바람과 모래밖에 없는 광야에서 40년을 지내다가 풍요로운 카나안 땅에 들어왔을 때 그들은 순간적으로 만나와 메추라기로 먹이시고 반석에서 생수를 주신 하나님을 잊어버리고 풍요를 줄 수 있다고 믿은 카나안의 신 바알에게 마음을 빼앗기게 된 것입니다. 그때부터 여호와 하나님과 바알을 동시에 섬겼던 것입니다. 인간을 망치고 성도의 믿음을 파괴시키는 것이 있다면 그것이 재물이든 사람이든 거짓 교리든 그것을 멀리해야 되지 않겠습니까? 하나님에 대한 무지가 우상을 신으로 섬기게 한 것입니다. 기드온의 이름이 여룹바알이었는데 "바알과 싸우는 사람"이라는 의미입니다. 우상과 싸우는 사람, 그가 바로 하나님의 사람입니다.

천 년 통치를 바라고 있는가?
III. 온 땅에 그의 영광이 충만할 것입니다.

『주 하나님, 곧 홀로 경이로운 일들을 행하시는 이스라엘의 하나님을 송축하며 그의 영화로운 이름을 영원히 송축할지어다. 온 땅에 그의 영광이 충만할지어다. 아멘, 아멘. 이새의 아들 다윗의 기도들이 끝났도다』(18-20절).

모슬렘의 테러를 방관만 하고 있었다면 어떻게 되었겠습니까? 세계는 오스만 투르크나 십자군 때처럼 많은 나라들을 모슬렘에게 내어 주었을 것입니다. 세계의 반전운동은 사람들이 마귀에게 이용당하고 있다는 증거입니다. 테러를 방관하게 되면 호미로 막을 수 있는 것을 나중에는 가래로도 못 막게 되는 것입니다. 테러와 인질에 겁먹은 자들이 의리를 저버리고 연합군에서 이탈해 버렸습니다. 테러를 무서워하면 그것을 이용해서 더 큰 요구를 할 수 있습니다. 전쟁에 왜 희생이 없겠습니까? 전쟁에는 용감히 싸운 사람에게 주는 많은 훈장도 있습니다. 전쟁이 없는데 왜 군인이 필요하겠습니까? 군인은 자기 나라와 자기 가족의 평화와 안녕을 위해서 목숨을 걸고 싸워야 합니다.

성경은 인간의 노력이나 유엔의 중재나 강대국의 무력으로 이 땅에 평화를 정착시킬 수 있다고 말씀하고 있지 않습니다. "온 땅에 그의 영광이 충만"해지기 위해서는 한 가지 방법밖에는 없는데 그것이 곧 영광의 왕이 오셔서 그의 영광의 보좌에 앉아 통치하시는 것입니다. 모슬렘 테러분자들이 극성을 부리는 한 전쟁은 끝나지 않을 것입니다. 귀한 젊은이들의 피는 계속 흘려지게 될 것입니다. 사탄이 모슬렘을 부추기기 전에는 공산주의를 부추겼습니다. 1917년 러시아의 10월 혁명 이래 얼마나 많은 사람들이 공산주의 때문에 피를 흘렸습니까? 공산주의가 무너지자 다시 모슬렘이 발악을 하고 나서는 것입니다. 만약에 모슬렘이 수그러들게 되면 인종 간의 전쟁과 동시에 종교 간의 전쟁으로 서로 죽이게 될 것입니다.

결 론

　인류의 전쟁 문제를 해결하는 유일한 열쇠는 유엔에 있는 것이 아니고 우리 주님께 달려 있습니다. 화평의 통치자가 없이는 화평이 없으며 왕이 없으면 왕국도 없습니다. 예수 그리스도가 없으면 교회도 없습니다. 하나님과 성경이 없으면 인류는 소망이 없습니다. 십자가 없이는 면류관도 없습니다. 여러분은 기도하실 때 예루살렘의 화평을 위해서 기도를 하셔야 합니다. 예루살렘의 화평을 위해서 기도하는 것이 바로 예수님을 속히 오시라고 하는 것입니다. 예수 그리스도는 속히 오셔야 합니다.

이송오 목사 설교집 4

조국을 위한 그리스도인의 임무

초판인쇄 / 2025년 4월 1일
초판발행 / 2025년 4월 12일
지은이 / 이 송 오
펴낸이 / 말씀보존학회
펴낸곳 / 말씀보존학회
등록 / 제409-2022-000036호
주소 / 서울 강서우체국 사서함 90호
전화 / (02) 2665-3743 · 팩스 / (02) 2665-3302
인터넷 / www.biblemaster.co.kr
판권소유 / 말씀보존학회

잘못된 책은 바꿔 드립니다.
값 20,000원